贵州魔芋产业技术研究与应用

丁海兵　主编

中国农业出版社

北　京

图书在版编目（CIP）数据

贵州魔芋产业技术研究与应用／丁海兵主编. —北京：中国农业出版社，2023.12
ISBN 978-7-109-31322-4

Ⅰ.①贵… Ⅱ.①丁… Ⅲ.①芋－产业经济－研究－贵州　Ⅳ.①F326.13

中国国家版本馆 CIP 数据核字（2023）第 209747 号

中国农业出版社出版

地址：北京市朝阳区麦子店街 18 号楼
邮编：100125
责任编辑：司雪飞
版式设计：杨　婧　责任校对：周丽芳
印刷：北京通州皇家印刷厂
版次：2023 年 12 月第 1 版
印次：2023 年 12 月北京第 1 次印刷
发行：新华书店北京发行所
开本：700mm×1000mm　1/16
印张：16.75　插页：8
字数：272 千字
定价：68.00 元

编 写 委 员 会

序

2008 年我开始从事魔芋产业技术研究与推广工作至今，一直都有出版贵州魔芋方面专著的想法，平时工作烦杂，加上缺少强烈动力，就一拖再拖。所幸这几年里，贵州魔芋产业技术有了一些重要突破，也形成了一些引领产业发展的理论出来，在理论和技术上有全国领先的东西，这也就促成了本书的编写和出版。

作为科技工作者，我们想把贵州魔芋产业发展的几个历史阶段交代清楚，让从事这个行业的人知道发展的历程，以供他们对未来产业发展态势作出分析判断。我们将贵州乃至全国魔芋产业发展的想法融汇进去，提出了一些产业发展建议，未必正确，只是基于 15 年行业经验分析后的预测，以资参考，如能对他们有所启发，将不胜荣幸。

进入魔芋行业以来，时光如白驹过隙。一路走来有点艰辛，中途也曾想过放弃，过点轻松日子，不想这样辛苦。而现在，有了诸多家公司、合作社、种植大户等经营主体的期盼，只能继续担起这个责任毅然前行。要在各个场合为产业发声，成为魔芋产业代言人，将这个大健康的富民产业推介出去，让更多人了解，从而吸引更多人才、资源、资金助力产业发展。

从一个人独自探索，到遇见一帮努力奋斗的"魔芋人"，他们用勤奋与坚守发展魔芋种植业、加工业，用对未来美好生活的憧憬来应对当下艰苦的劳作，这些景象都强烈冲击着我的内心，成为支持我走下去的重要支柱。当看见公司、合作社、农户在发展魔芋产业上亏钱，我非常心痛，就想着组建技术团队，加强技术推广应用，降低生产风险，让经营主体少走弯路、少亏钱。于是，我把毕节市中药研究所的邹涛、贵州省现代中药材研究所的刘海、贵阳蔬菜技术推广站的赵宏、威宁山地特色农业科学研究所的刘军林、黔东南州农科院的王飞等科技人员拉入伙，把各个县区优秀企业负责人、技术骨干进行整合，组成覆盖各地的技术服务团队，尽我们微薄之力为生产经营主体提供技术服务和指导，降低他们发展产业的风险。目前看来，初见成效，魔芋种植成功率从十年前20％～30％提升到50％～60％，团队亲自指导的地方成功率在80％～90％，这也算是一个值得欣慰的成果吧。

这一路走来得到很多人的帮助，企业负责人就不逐一写入，因为数量太多，非常感谢他们。在毕节市，邹涛开展了大量工作，他以无穷的热爱，将所有的时间、精力都投身到魔芋事业中，这样的热情与挚爱是其他人难以相比的，在别人眼中他就是个"魔疯子"，只要谈到魔芋就两眼放光，说话声音洪亮得要震破耳膜。把邹涛拉入伙是行业的幸事，也是他的幸事，这几年我见证了他的成长，他逐渐可以独当一面了，对毕节市魔芋产业的宣传推介发挥了重要作用，现在他成为市政协委员、市级拔尖人才。刘海、赵宏、刘军林、王飞等都是被我描绘宏大的产业前景所"蒙蔽"入伙，都在不计报酬地为魔芋产业发展做贡献。看着弟兄们成长，我很是欣慰，希望他们继续在这条路上成长进步。物以类聚，人以群分，我相信这群无私奉献的人会吸引更多人才的加入，我们的团队会越来越大，人才越来越多，产业也越来越有希望。

最后，我想用几句经典的诗句表达我对所有"魔芋人"以及关心魔芋产业的领导、专家、朋友们的崇敬之意——"路漫漫其修远兮，吾将上下而求索""世上无难事，只要肯登攀""千磨万击还坚劲，任尔东西南北风""雄关漫道真如铁，而今迈步从头越""大鹏一日同风起，扶摇直上九万里""仰天大笑出门去，我辈岂是蓬蒿人"！

丁海兵

2023 年 5 月 1 日

前　言
FOREWORD

　　魔芋是贵州具有全球竞争力的一个优势特色作物，其经济价值高，产业链条长，带动能力强，亩*产值可达万元以上，在脱贫攻坚及乡村振兴阶段，在带动农民增收致富方面都发挥了重要作用。魔芋是极为特殊的蔬菜，是一个100%加工率的农产品，对于提高贵州农产品加工率有重要作用，符合贵州省委、省政府产业发展的要求，有巨大的成长空间。

　　近十年，贵州魔芋产业有长足进步，在全国也有了一定名声，这是在科技助力下取得的成果。本书将产业发展历程进行了分阶段书写，将存在的问题进行了梳理，对未来发展方向进行了思考，对取得的技术成果进行提炼，将魔芋应用领域、品种及栽培技术、病虫害防治、加工工艺等方面进行全面概括，为从事这个行业的人提供了一个具有实践指导作用的专业参考。

　　全书共计十章，各章节主要内容如下：第一章主要描述贵州魔芋产业发展的基本情况，将发展过程分了六个阶段，总结了十个"十三五"以来取得的重大科技成果，并对魔芋的功能功效、市场前景等进行了分析判断；第二章主要围绕贵州产业实际，剖析了存在的问题，并分析了贵州魔芋产业发展的优势和前景；第三章主要是主编十余年对贵州魔芋产业创新发展思路的总结提炼，为全省魔芋产业高质量发

---

　　* 亩为非法定计量单位，1 亩＝1/15公顷。

展提供借鉴思路；第四章主要介绍了魔芋的生物学特性，对魔芋主要器官的形态结构及生长周期进行了描述；第五章围绕当前贵州魔芋三大主要栽培品种的生理特性及高效栽培技术进行编写，重点是将贵州在高效栽培方面取得的技术成果进行集成，为生产经营主体提供种植技术指南；第六章选取国内有代表性的魔芋品种进行介绍，并就组织培养技术进行了详细描写；第七章围绕魔芋生产中主要病虫草害的暴发原因、过程及防治措施等进行介绍，并将"生态控草技术"研发思路、过程及技术要点进行了重点描述；第八章介绍了魔芋采收及储运管理，重点指出全程筐装运输指标的重要性；第九章介绍了贵州魔芋加工现状及综合利用，对主要制品的生产工艺及魔芋家常菜烹饪进行了详细描述；第十章介绍了政府资金对产业的支持，并将贵州两个典型乡镇发展案例进行了剖析。

本书的编撰得到了许多科研人员的支持，参与本书编撰的主要人员有：贵州省生物技术研究所的丁海兵、罗林丽、赵兴丽、贺圣凌、魏茹蕙、陈恩发、姚明勇、罗可、刘思睿，贵州省食品加工研究所的潘牧、王辉、陈朝军、王梅、黄珊，毕节市中药研究所的邹涛、王彩云、张翔宇、柳敏，贵州省农业农村厅的龚正发、胡蓉、候萍，威宁自治县山地农业研究所的刘军林，大方县乡村振兴局的侯俊。在全体编委的努力下，经过数次修改，历时 2 年终于成形，大家都是竭尽所能编写该书，但由于水平有限，本书中的错误之处在所难免，还请读者指正。

本书出版得到了贵州省省级科技计划项目资助（合同编号：黔科合服企［2019］4009、黔科合服企［2021］11 号、黔科合支撑［2023］一般 051、黔科合支撑［2021］一般 206、黔科合平台人才［2019］5265 号、贵州省人才基地项目（RCJD2020-21），在此对组织和科技部门的支持表示衷心感谢！

目　录

CONTENTS

第一章 贵州魔芋产业发展情况

第一节 贵州魔芋产业发展历程

一、产业波浪式前行

(一)产业兴起阶段 (20 世纪 80 年代中期—20 世纪 90 年代初)

魔芋 (Konjac) 又称蒟蒻、蒻头、鬼芋、花梗莲、花麻蛇、南星头、蛇六谷、山豆腐、鬼头等,在植物学分类上属于天南星科魔芋属多年生草本植物,栽培学上属薯芋类植物,古时称蒟蒻,目前日本仍然沿用中国古称。中国是魔芋起源地之一,是最早对魔芋进行栽培利用的国家,有两千多年的栽培利用历史,日本的魔芋就是从中国传入并进行产业化发展的。

日本魔芋产业化技术研究较早,在室町时代初期,奈良县就成立"蒟蒻同业公会",拉开了全球魔芋产业化发展的帷幕,随着江户时代后期 (19 世纪 50—60 年代) 魔芋精粉加工技术的出现,推动了魔芋产业快速发展。中国魔芋产业化发展时间较晚,开始于 20 世纪 80 年代中期,这跟日本魔芋种植业受自然灾害导致魔芋产量大幅降低有关,日本在 1982—1984 年间持续从中国进口魔芋精粉,这样的外贸活动引起了中国经贸、科技等部门的重视,1985 年国家科学技术委员会、四川省科学技术委员会设立"魔芋综合利用研究"项目,由原西南农业大学和原达县专区农业科学研究所牵头实施。项目组提出了有机溶剂湿法加工及干法加工魔芋精粉的技术路线,并与原航天部 7317 研究所合作研发出 MJJO-1 型魔芋精粉机,对中国魔芋产业发展起到了巨大的推动作用。

在 20 世纪 80 年代以前,贵州魔芋都是野生或农户房前屋后零星种植,主要用于加工魔芋豆腐进行食用。1982—1984 年,日本从我国采购精粉,引起魔芋价格暴涨,部分农户开始尝试收集野生资源开展小规模种植。贵州有制作魔芋豆腐食用的传统，在黔西南州有魔芋豆腐锅巴、安顺有魔芋筋等特色食品，于是小规模种植有了一定市场支撑，他们生产的魔芋主要销售给当地个体户加工魔芋豆腐。

（二）快速发展阶段（1994—1999 年）

在 20 世纪 90 年代中后期，日本对魔芋的需求量急剧增大，但日本国土面积仅 37.8 万平方公里，且 70％左右为山地和丘陵，加之每年受台风危害、病害及社会老龄化严重等因素影响，种植面积下降。日本在 1991 年精粉量达 15 286 吨高峰后，其魔芋种植面积和精粉量开始逐年减少，就需要从中国、印尼等国家进口魔芋精粉、魔芋制品以满足其国内需求。

中国适宜魔芋种植的区域较为广泛，部分地方政府将魔芋列为山区特色作物进行发展，并用扶贫资金支持生产基地和加工厂建设，贵州魔芋产业在这一时期得到快速发展。1996 年 10 月 23 日，中共贵州省委、贵州省人民政府印发了《关于大力发展绿色产业的决定》，要求"以开发生物资源为基础，大力发展绿色产业，推进农业产业化建设"，提出"确定在'九五'期间，在决不放松粮、油、烟、猪生产的同时，培育和发展山羊、肉牛、油桐、银杏、杜仲、猕猴桃、刺藜、魔芋、茶叶、桑蚕、竹、棕、五倍子、核桃、板栗等主导产业，建设草食畜牧、木本油料、中药材、保健食品原料、轻工化工原料、干鲜果品等生产基地，形成新的支柱产业""今年重点启动山羊、肉牛、油桐、银杏、杜仲、猕猴桃、刺藜、魔芋 8 项"，并成立了省绿色产业建设领导小组，由时任省委副书记、代省长吴亦侠任组长，省委常委、副省长袁荣贵、省委常委李万禄、副省长楼继伟任副组长，下设绿色产业领导小组办公室，由省乡企局、省经委负责魔芋项目实施。

按照贵州省委、省政府的部署，省财政在 1996 年到 1998 年之间，每年安排 500 万元作为启动资金，建立省绿色产业发展周转金进行有偿滚动使用，这一时期的扶贫资金和农业产业发展资金也重点投入到了"八大绿色支柱产业"中，贵州省魔芋产业得到快速发展。在政策引导和项目资金支持下，全省 30 多个县大力发展魔芋产业，种植面积达 4.5 万亩，年产鲜芋 3 万余吨，各地迅速建设一批魔芋精粉加工厂，全省加工厂有 50 余家。1996 年全国魔芋行情暴涨，每吨商品芋价格花魔芋突破 2 000 元，白魔芋突破 4 000 元，每吨干片（芋角）价格花魔芋 1.7 万～1.8 万元，白魔芋达 2.2 万元以上。价格的暴涨降低了我国魔芋在国际市场的竞争力，当时中国魔芋干片、精粉以出口日本为主，受国际出口限制较大，由于管理不规范、技术不成熟，生产的产品质量不稳定，导致在 1999 年的魔芋价格暴跌，花魔芋的商品魔芋、魔芋干片（芋角）每吨价格分别为 1 000 元、8 000 元，白魔芋的商品魔芋、魔芋干片（芋角）每吨价格分别为 1 800 元、1.4 万～1.5 万元，并且销售困难。

（三）十年低谷阶段（2000—2010 年）

进入 21 世纪，由于受到 1999 年魔芋价格暴跌的影响，全省魔芋种植农户丧失了发展信心，魔芋种植面积锐减，许多加工企业亏损、倒闭，魔芋加工企业减少到 10 余家。这一时期贵州省除了魔芋豆腐需要原料外，出口的魔芋干片、精粉极少，加上魔芋产品开发、推广不足，魔芋应用领域也未得到拓展，贵州魔芋产业进入了长达 10 年的低谷期。这一阶段除威宁、织金、雷山、盘州、兴义有部分农户种植外，其他县区基本没有规模化种植，导致产业发展落后于云南、四川、陕西、湖北等省。

（四）逐步恢复阶段（2011—2015 年）

在贵州魔芋的十年低谷阶段，云南省仍然在坚持发展魔芋产业，其中，曲靖市的富源县起到了较好的带动示范作用。在政府长期的政策、资金、人才等方面的支持下，富源县魔芋产业得到长足发展，魔芋种植面积从 2001 年的 1.1 万亩发展到 2011 年的 10.6 万亩，面积万亩以上的乡镇有 4 个，千亩以上村有 30 余个，产业链条也得到延伸，从种植业拓展到了初加工、精加工、深加工领域，产品包含了干片、精粉、纯化粉、魔芋胶以及魔芋仿生食品等。

随着全国魔芋行业的整体回暖，在云南、四川等周边省份带动下，贵州魔芋产业呈现逐渐恢复状态，出现由公司、合作社、农户自主发展的局面。魔芋种植收益高，销售渠道稳定，部分地方政府将其列为带动农民脱贫致富的产业，推动了产业的快速发展，七星关区、六枝特区、务川县、台江县、湄潭县等把魔芋列为特色经济作物进行推广，贵州魔芋产业发展速度位居全国前列。

2009 年，七星关区委区政府引进贵州神农果科技开发有限公司发展魔芋产业，在梨树镇二堡村新建占地面积 103 亩的魔芋加工厂，采用"公司＋农户＋基地"的模式，2011 年在生机、朱昌、鸭池、小坝、海子街、层台等 6 个乡镇建设魔芋种植基地 5 000 余亩，带动长春堡、撒拉溪、燕子口、杨家湾、放珠、何官屯、林口等 11 个乡镇建设魔芋基地达 14 000 余亩。2012 年，六枝特区重点发展蛋禽、中药材、魔芋三大产业，并在特区农业局成立了魔芋产业领导小组，引进六枝特区宜枝魔芋生物科技有限公司在郎岱现代高效农业扶贫产业园区建设占地面积 182 亩的加工厂区，建成标准化厂房 18 000 平方米、鲜芋大棚 5 000 平方米，安装烘干生产线 3 条，日处理鲜魔芋可达 60 吨，并安装了魔芋精粉、休闲食品等加工生产线，开发了魔芋营养代餐粉、魔芋果蔬粉、魔芋胶、魔芋洗颜绵等产品，推动了六枝特区魔芋产业的发展，2014 年六枝特区获得"全国魔芋产业重点基地县"称号，"六枝魔芋"认证成为地理标志产品。2011 年，务川县政府把魔芋产业纳入"十二五"农业"六个一"产业致富工程，成立魔芋产业发展领导小组，在县农林畜牧局设立魔芋产业办公室指导产业发展，县人民政府办公室下发《关于进一步加快 2011 年魔芋产业发展的通知》（务府办发〔2011〕144 号），政府整合涉农资金、集团帮扶资金，按照 580 元/亩标准对种植农户、合作社、公司进行补助，引进贵州务川天娇农业开发有限公司进行产业推广。2012 年，台江县通过招商引资引进了上海巴莱集团成立贵州巴莱农业科技有限公司发展魔芋产业，2014 年台江县"魔芋标准化栽培技术集成示范与加工开发"项目获科技部"富民强县专项行动计划"立项支持，并于同年 7 月举办首届东西部魔芋产业高峰论坛，拓展了影响力。

贵州魔芋产业发展得到了全国魔芋行业的一致认可，2015 年 9 月 21—22 日由中国园艺学会魔芋协会主办，贵州省农业科学院承办的 2015 年中国魔芋产业发展研讨会在贵阳市航天酒店召开，全国 150 多家从事魔芋科研、种植、加工、销售的大专院校、科研单位、公司、合作社的 400 余人参加，贵州省农科院、省财政厅、省农委领导出席会议。2015 年 12 月 16 日，贵州日报以"魔芋产业'魔力'绽放正当时"为题进行专版报道，2015 年 9 月 26 日的贵州新闻联播也对此进行了报道。

（五）高速发展阶段（2016—2020 年）

"十三五"期间，脱贫攻坚进入纵深阶段，大量扶贫及农业产业发展资金投入到农业农村，作为经济产值高、加工链条长、销量有保障、带动能力强的产业，魔芋在毕节-六盘水-兴义一带种植面积增长迅速，加工企业大幅增加，贵州省魔芋产业进入高速发展阶段。

2016 年 4 月 11 日，民革贵州省委向中共贵州省委提交了《关于加快我省魔芋产业发展的建议》的专报，省委书记陈敏尔批示"请远坤同志调研"，刘远坤副省长作出"魔芋在贵州应该是好东西，但也同时经历了起起落落。请省农委原从事过这项工作的同志作些现状调研，支持有基础的企业继续开发"的批示，省农委收到专报批示后，袁家榆主任亲自安排部署，委托向青云总经济师牵头，尽快调查研究，抓好落实。向青云总经济师抽调省农委经作处、省果蔬站人员，邀请省农科院魔芋专家丁海兵组成调研组，到主产区进行实地调研，并形成调研报告上报省委省政府。2016 年 10 月，省财政厅、省农委联合印发《关于下达 2016 年度省级财政专项扶贫资金（蔬菜发展资金）的通知》（黔财农〔2016〕221 号）的文件，从蔬菜产业发展项目中列支 300 万元用于支持兴义市、六枝特区、义龙新区、务川县等地的魔芋产业发展。

脱贫攻坚时期，黔西南州获得 2 个农业产业扶贫子基金的支持，有力推动了产业发展。2017 年贵州黔心黔意农业科技有限公司获得产业扶贫子基金支持，由国企兴义市万峰工业贸易有限公司控股成立贵州海福农业发展有限公司推广魔芋产业，在兴义市敬南镇农业产业园建设占地面积 40 余亩的现代加工企业，建成加工魔芋干片、魔芋精粉、魔芋胶、纯化粉及休闲食品等产品的现代化企业，自建种植基地 600 余亩，辐射带动 5 000 余亩，打造"兴意爽"品牌，产品销往云南、山东、广东、湖北、陕西等省，并出口日本、韩国、泰国、缅甸等国家和地区。同年，望谟县兴旺魔芋产业发展有限责任公司获得产业扶贫子基金支持，由国企望谟县天马开发有限公司控股成立望谟县兴旺魔芋产业发展有限责任公司推广魔芋产业，通过"种植＋加工＋销售"的模式，在乐宽坝区、乐旺坝区、石屯坝区及拉让坝区建设珠芽魔芋共 3 650 亩,年加工生产魔芋精粉 600 吨。

"十三五"期间,毕节魔芋种植、加工业的高速发展,是贵州的亮点,也是全国的典型。在世行贷款项目、涉农整合资金、坝区奖补资金、科技项目资金等投入的拉动下,毕节成为全国魔芋产业发展的典型。在以贵州威宁鼎诚魔芋科技有限公司、贵州大方芦笙妹食品有限公司等为代表的经营主体带动下,毕节魔芋种植面积从 2016 年的 5.03 万亩增长到 2020 年的 10.83 万亩,增长了 1.15 倍,其中,威宁县从 2016 年的 2.26 万亩增长到 2020 年的 5.88 万亩,增长了 1.6 倍,最突出的是威宁县麻乍镇从 2016 年的 0.19 万亩增长到 2020 年的 2.03 万亩,增长了 9.68 倍。2018年,经中国魔芋协会评选,威宁县获得"全国魔芋产业重点县"称号,成为贵州省唯一荣获该称号的县;2019 年,贵州威宁魔芋农业科技示范园区获得省科技厅立项支持,成为贵州首个省级魔芋农业科技园区,同年,获得毕节市市级科普基地称号,有力地推动了产业发展;2020 年 4 月,威宁县麻乍镇魔芋科普示范基地被省科协列为"2020 年贵州省基层科普行动计划",成为省级科普惠农兴村示范基地。

"十三五"期间,六盘水的盘州市魔芋产业发展速度也较快,由市交通投资公司牵头,联合全市合作社在 10 余个乡镇推广魔芋种植,已经形成了公司、合作社、种植大户共同带动当地产业发展的格局,六枝特区、水城县的魔芋产业也在稳步发展。在政府部门的支持下,通过发挥企业市场引导力,全省魔芋种植面积从 2016 年的 13.24 万亩增长到 2020 年的 28.85 万亩,增长了 1.18 倍。同时,魔芋加工业也得到快速发展,"十三五"期间,毕节市新增魔芋加工厂 8 家,六盘水市新增小型魔芋加工厂 3家,黔西南州新增中型魔芋加工厂 2 家,小型魔芋加工厂 3 家,贵州逐步从魔芋干片、精粉加工销售,向魔芋制品加工销售方向升级。

(六)高质量发展阶段(2021 年以来)

"十三五"收官,贵州打赢脱贫攻坚战,整体实现脱贫摘帽。"十四五"时期,是全面推进乡村振兴、加快农业农村现代化的第一个五年,也是巩固脱贫攻坚成果向乡村振兴有效衔接阶段,省委、省政府以习近平新时代中国特色社会主义思想为指导，全面贯彻党的十九大和十九届二中、三中、四中、五中、六中全会精神，认真落实习近平总书记对贵州工作的重要指示要求，牢固树立新发展理念，纵深推进农村产业革命，打造乡村振兴样板，推动农业农村高质量发展，实现农业高质高效、乡村宜居宜业、农民富裕富足目标。

2021年，是贵州魔芋产业转型发展，由数量向质量转变，实现延长产业链、完善供应链、提升价值链的起始年，实现了种植业的快速发展，突破了部分种植关键技术，为产业的规模化发展夯实了基础。贵州魔芋产业也将从追随向赶超奋进，从以种植和初加工为主，向完善良种繁育和商品芋生产体系转变，推动魔芋新产品新技术研发和精深加工，制定种植、加工、生产、销售技术标准，培训技术人才，实现打造成为全国优良种芋生产基地、全国高品质商品芋生产基地及全国重要魔芋产品贸易区的战略目标。

2021年，贵州魔芋产业在"十四五"开新局时取得较好成绩：8月2日，省委副书记、省长李炳军视察了施秉县林下魔芋产业发展，对该产业给予高度评价，其后，省委常委、副省长胡忠雄，黔东南州州委副书记、州长安久熊分别进行了林下魔芋产业调研；9月23日，在重庆召开了中国园艺学会魔芋协会第七届会员大会，贵州省生物技术研究所魔芋研究室主任丁海兵当选为副会长，实现了贵州魔芋行业会长级人选零的突破，毕节市中药研究所魔芋课题负责人邹涛、贵州威宁鼎诚魔芋科技有限公司董事长锁才邦当选为常务理事，这也是全国魔芋行业对贵州产业发展的认可；12月8日，省科技厅代表到威宁县双龙镇优质魔芋种源基地调研指导并参与魔芋测产工作，对魔芋产业高度认可；12月22日，毕节市委人才工作会议召开，省委常委、市委书记、市委人才工作领导小组组长吴强出席会议并讲话，市委常委、市人大常委会、市政府、市政协有关领导同志，市各高等院校主要负责同志参加会议，市委常委、市委组织部部长肖虎宣读了《关于对毕节市第五批人才团队进行命名的通知》，并对"毕节市魔芋产业创新人才团队"授牌，这为毕节魔芋产业高质量发展注入了新动能。同时，社会资本也开始关注魔芋产业发展，进行产业调研，谋划切入行业发展，共享产业红利，这为贵州魔芋产业的高质量可持续发展注入了新的动力。

2022 年 8 月 6 日，省内外 105 家单位在贵州省农业科学院成立了贵州省果蔬行业协会魔芋分会，以协会为基础，开启了走全省联合发展的道路。2023 年 2 月 2 日，协会组织各会长单位及部分理事单位到威宁县考察，商议打造全国魔芋交易中心事宜；3 月 3 日，协会组织在贵州省国际会议中心召开了 2023 年贵州魔芋产业发展研讨会，明确了贵州魔芋产业发展方向，提出了整合资源、联合发展，打造产业联合体，推动产业高质量发展的整体思路，拉开了贵州魔芋产业换道超车的后发赶超序幕。

二、产业发展的科技支撑

魔芋在农业农村部归属到特色蔬菜进行管理，农业农村部发布的《特色农产品区域布局规划（2006—2015 年）》《特色农产品区域布局规划（2013—2020 年）》中就明确提出，魔芋是中国的一种特色蔬菜，优势产区为"秦巴武陵区、云贵川区"。在蔬菜行业魔芋是一个小众农产品，2022 年全省种植面积为 30.2 万亩，产业体量小，缺乏带动全省发展的龙头企业，缺少行业领军人物，导致政府部门对这一产业重视程度不够，缺乏资金投入，科技支撑不足。

贵州省开展魔芋方面科研的单位有贵州省农科院、原贵州农学院、贵州大学、贵州中医药大学、贵州医科大、贵州师范学院、毕节市中药研究所、黔东南州农科院等单位，但是长期专业从事产业技术研究与推广应用的只有贵州省生物技术研究所、毕节市中药研究所。贵州省生物技术研究所是全国范围内较早从事魔芋科研工作的机构，从 1987 年开始，就由贵州省生物技术研究所罗鸿源同志牵头组建魔芋课题组，开始进行魔芋研究、生产和开发工作，课题组先后有罗鸿源、彭志良、胡仲梅、王川沧、潘家文、张以顺、舒玲、葛菁华、高翔、曾昭初等人参与。在罗鸿源同志带领下，课题组成员开展了种质资源收集、高效栽培技术、加工技术应用、技术咨询服务等方面的工作，取得了较好的社会、经济效益。罗鸿源同志 1993 年被贵阳市花溪区人民政府授予"先进工作者"称号，1997 年被贵州省人民政府聘为省绿色产业建设领导小组专家顾问组成员，1997 年当选为第一届中国园艺学会魔芋协会常务理事。1999 年，由于罗鸿源同志退休及受魔芋市场价格剧烈波动影响，全省魔芋产业进入低谷期，魔芋科研工作中断，课题组解散。2008 年，贵州省生物技术研究所丁海兵重新开始进行魔芋产业技术研究与示范推广工作，筹建了魔芋研究室，并于 2012 年通过省人事厅将其列为内设机构。2012—2023 年，在所领导及魔芋科研人员的努力下，贵州省生物技术研究所获得了贵州省科技厅、省农委、省植保质检站、省农科院的项目 14 项，其中：省科技厅项目 8 项、省农委（省植保质检站）项目 5 项、省农科院项目 1 项，项目总经费 1 054.2 万元。

经过十余年的发展，全省初步形成了以贵州省生物技术研究所为核心的科技研发及产业服务团队，随着毕节市中药研究所、贵州大学、贵州师范大学、贵州师范学院、遵义农科院、黔东南州农科院、黔西南州喀斯特研究院、毕节市农科所、毕节职院、威宁山地特色农业研究所等高校和科研单位的逐渐参与，产业技术研究日益深入，服务体系逐渐完善。2017年毕节市中药研究所开始进行魔芋相关研究，由邹涛牵头进行产业技术研究与示范推广方面的工作，由张翔宇、柳敏、王彩云等同志参与了产业技术研究与示范工作。2018 年，毕节市中药研究所牵头联合全市高校、科研院所、企业以及合作社等 15 家单位组建"毕节市魔芋产业技术创新战略联盟"，围绕产业发展的重大关键和共性技术问题开展研究，推动成果转化，为毕节市魔芋产业发展奠定了良好的基础。2019 年，威宁县"贵州威宁魔芋农业科技示范园区"获批成为贵州省首个农业科技园区，为全省魔芋产业技术研发及示范提供了良好平台。2021 年 9 月 13 日，贵州威宁鼎诚魔芋科技开发有限公司申报的"毕节市魔芋产业创新人才团队"获市委组织部毕节市第五批人才团队命名并下发文件，夯实了毕节市魔芋产业人才发展基础。

近 20 年来，贵州省重点围绕良种繁育体系和技术服务体系建设开展工作，取得初步成效。在良种繁育体系上，制定了适合贵州的良种繁育技术规程，加强对专业化种繁公司的培训，初步形成了高海拔区域良种繁育基地标准化、规模化生产，实现了为省内部分区域提供良种的条件，随着优良种芋和高效种植技术的推广应用，贵州省魔芋种植成功率从 2000 年的 20%～30%提高到现在的 50%～60%，进步较快。在技术服务体系建设上，初步形成了对重点市、县的技术覆盖，构建了省、市、县"科研单位＋农技部门＋龙头企业"的技术服务模式，将科研单位科技骨干、农业部门技术核心、企业技术人员组建成为跨部门的科技服务队伍，通过加强技术培训和技术指导，为产业发展提供技术支撑。

三、"十三五"以来取得的重大成果

"十三五"以来，科研单位、大专院校、龙头企业等进行联合技术攻关，在魔芋生产技术和产业发展方面主要取得如下重大成果。

（一）突破了花魔芋规模化集中连片种植技术

花魔芋是我国主要的栽培种，占全国种植面积 90％以上，但对种植技术要求非常高，在行业内一直有"花魔芋集中连片种植面积不能超过 200 亩"的说法，2019 年之前凡是种植面积超过 200 亩的都宣告失败。2017 年开始，贵州省生物技术研究所联合毕节市中药研究所，针对花魔芋规模化种植关键控制技术进行联合攻关，从良种选择、晒种处理、种芋包衣、营养供给、药剂防控、储运管理等方面进行技术研发，形成了一整套的技术方案。2019 年，通过在威宁县麻乍镇鼎诚魔芋公司种植基地进行技术应用，成功建设 2 020 亩花魔芋集中连片种植示范基地，2020 年又建成 3 540 亩花魔芋集中连片示范基地，取得了产业重大技术突破，该技术成果全国领先。

（二）"一刀切指标"的提出与实践

魔芋种植技术要求极高，要种植成功，种芋的权重占 60％以上。魔芋种皮极薄，球茎又富含葡甘聚糖，本身就是一个培养基，一旦种皮受伤，很容易造成病菌侵入，导致烂种及病害的暴发。长期以来，为节约运输成本，全国魔芋种大多用网袋装运，种皮很容易受伤，这对产业发展极为不利，为此，2016 年全国魔芋产业发展研讨会上笔者提出了目前行业中唯一一个"一刀切指标"——凡是网袋装运的都不是种芋，并在此后的各种会议、培训及技术指导过程中都重申这一观点，并要求省内企业落实这一指标，对不遵守规则的企业给予负面宣传，避免"劣币驱良币"现象发生，在省内众多企业的支持下，贵州很少有种芋网袋装运的情况出现。

(三)"两个关键指标"的提出与应用

魔芋种植成功的难点在于标准化技术的落实和应用,贵州在全国率先实现花魔芋规模化集中连片种植技术的突破,跟"两个关键指标"的提出及应用有密切关系:①"晒种失水率达 20％以上"指标。长期研究表明,晒种是非常关键的环节,通过晒种能够实现太阳光紫外线消毒杀菌的作用,降低球茎水分,促进表皮木栓化,增强抵抗外力冲击作用,一般晒种失水 20％以上,种植成功率会得到大幅提升,再配合种芋包衣技术的应用,效果更好;②"种芋全程筐装运输"指标。这个指标要求的是从采收开始,到晒种、储藏、运输等所有环节,种芋都必须用筐装,在这个基础之上,我们又提出了"300 千米以上运距用全新筐装运,100～300 千米运距用八成新筐装运,100 千米以内运距只要途中筐子不坏即可"的要求。

可以说,"一刀切指标"和"两个关键指标"的提出和应用,为贵州魔芋产业发展做出了重要贡献,使得 10 年间贵州魔芋种植成功率大大提升。

(四)形成"向日葵-魔芋"套种技术

2018 年,贵州省委、省政府提出"农村产业革命",要大幅减少低产低效玉米种植面积,作为最为成熟的"玉米-魔芋"套种模式也需要进行改良,贵州省生物技术研究所、毕节市中药研究所、鼎诚魔芋公司在威宁县麻乍镇箐岩村开展了"向日葵-魔芋"套种技术研究。长期以来,农村有"葵花地不出魔芋"的说法,经过科研团队研究分析,主要是由于向日葵、魔芋都有共同营养吸收偏好,会导致魔芋"营养不良"而长势不好,且向日葵根系分泌物会对魔芋根系生长发育有抑制作用,因此,我们通过营养调控、根际生态微环境调控及栽培模式调节等手段,成功建成 50 亩"向日葵-魔芋"套种基地,并于 2019 年成功建设 2 020 亩"向日葵-魔芋"标准化示范基地,全国率先成功研发这一种植模式并实现大规模应用。

(五)魔芋保墒增温避雨控草技术的提出与应用

魔芋生产中有太多影响因素,比如出苗不一致、夏季病害草害等都会对魔芋生长产生不利影响。为解决这些问题,2014—2016 年贵州省生物技术研究所科研人员在威宁县哈喇河乡鼎诚专业合作社种植基地进行试验,2016 年底总结出魔芋保墒增温避雨控草技术,2017 年获得省科技厅创新券项目支持。经过多年推广，已经成为贵州高海拔区域一种重要的栽培技术，对于魔芋早出苗、控制病害和草害有重要作用。

（六）生态控草理论的提出与实践

草害是影响魔芋生长的一个重大因素，是亟须解决的核心问题。杂草生命力强，生长旺盛，根系发达，不仅会抢夺魔芋地里的土壤养分，导致魔芋植株瘦弱，而且会影响魔芋的光合作用，严重影响产量，且魔芋叶片、茎秆、根系脆嫩，在人工除草过程中容易碰伤，魔芋一旦受伤就容易遭软腐病侵染，导致病害暴发，造成重大损失。为解决这一问题，2019年在西双版纳召开的全国魔芋产业发展研讨会上，笔者提出了"以草（牧草）控草""以药（中药材）控草""以菜控草""以粮控草"的理论，通过作物对田间生态位的竞争抑制杂草生长。

2021年"魔芋草害生态化绿色防控技术研究与示范"项目获省科技厅立项，课题组选用了以荞麦、马铃薯为代表的粮食作物，以花生、大豆为代表的油料作物，以三叶草、光叶紫花苕子为代表的绿肥品种，以板蓝根、鱼腥草为代表的中药材，还有50余种速生蔬菜品种进行生态控草试验，筛选出可以进行生态控草的蔬菜品种8个、粮食作物1个，集成荞麦高密度播种生态控草技术，于2022年申请了"一种魔芋种植基地利用荞麦三次播种生态控草的方法"国家发明专利。同时，课题组将开始探索以兔子、鸭、鹅等为试验对象，开展用动物进行生态控草的试验，拓宽了生态控草理论范畴，不断为生态控草理论筑牢基础。

2023年，"魔芋生态控草防病降本增效绿色发展技术"入选了贵州省2023年农业主导品种、农业主推技术。该技术成果不仅可以在魔芋种植基地上应用，还可以在烤烟、马铃薯、茶叶、辣椒、玉米、高粱及各种果园上应用，能够实现在不使用除草剂的情况下对95%以上的杂草进行抑制，大幅降低了生产中除草剂的应用，是实现生态化栽培的一项重要技术，并且该技术能够实现控草、菜饲、粮食生产三位一体的协同发展，对贵州农业生产将起到重要的科技支撑作用。2023年3月3日，课题组在贵州省国际会议中心新闻发布厅对该项技术成果进行发布，贵州电视台、多彩贵州网、金州视线、中华网、中国乡村振兴网等20余家新闻媒体进行了报道。

（七）"一年种多年收"技术的形成与应用

该技术是在矮化黑秆花魔芋品种选育的基础上形成的一种低本长效种植技术。这是由于矮化黑秆花魔芋品种具有强大的子芋萌发能力，子芋数量远远高于其他品种，经过大量研究和实践，矮化黑秆花魔芋一般每株能结 8～15 个子芋，通过营养调节，子芋能结 20 个左右，测到的最高单株结子芋 60 个，且商品芋球茎并不小，而原来普通花魔芋品种一般结子芋 3～5 个，多的能结 6～8 个。因此，该品种的选育奠定了"一年种多年收"技术的基础，我们通过营养调节促进子芋萌发，再通过根系调节提高其营养吸收能力，实现第一年种植，第二年以后只需要起垄、施肥、除草等管理，不需要再投入种芋，密度可能比第一年种植时还要大，从而实现长期收益。一般可以连续采收 4～5 年再换地种植，在林下种植或者农户小规模种植采收区可以达 8～10 年。

（八）优良新品种选育初见成效

中国进行魔芋科研及产业化发展的时间不足 40 年，在新品种选育方面的资金、人才等投入不足，导致全国只有为数不多的魔芋品种。2011年，贵州省生物技术研究所丁海兵利用承担的农科院专项项目贵州魔芋种质资源评价与利用（黔农科院专项〔2011〕033 号），从云南、贵州、四川、陕西、湖北、广西、重庆等省区收集、引进了 102 份地方品种资源，通过筛选、鉴定、提纯复壮等工作，经过 10 余年时间筛选出 1 个种芋繁殖系数高、抗病性强、产量稳定、株型矮化的优良品种矮化黑秆花魔芋，经在高、中、低海拔生态区试验，表现良好。

（九）"林下魔芋"种植模式初现光芒

贵州素有"八山一水一分田"的说法，土地资源匮乏，且耕地质量较差，根据《贵州省第三次全国国土调查主要数据公报》数据，全省耕地面积 5 208.93 万亩（其中旱地 3 876.26 万亩），林地 16 815.16 万亩，在保证粮油生产的基础上，充分挖掘林下空间，发展林下经济是魔芋产业发展的一个重要方向。从 2020 年开始，贵州省生物技术研究所结合矮化黑秆花魔芋品种，以用时间换空间的发展思路，通过土壤酸性调节、土壤微环境微生物调控、林地土壤养分补充等技术应用，提出了林下魔芋轻简化仿野生栽培技术，降低了单位面积投入成本，实现一年种植多年采收，延长了经济效益产出时间，按照这种模式一般可以实现 10 年左右的连续采收。2021 年 8 月 2 日，省委副书记、省长李炳军视察了施秉县林下魔芋产业发展，并给予高度评价，其后，时任副省长的胡忠雄、黔东南州州委副书记、州长安久熊等分别进行了林下魔芋产业调研。

（十）品种和栽培模式多元化发展

近几年，随着珠芽魔芋、白魔芋及杂交魔芋（主要指鄂魔芋 1 号，为花魔芋和白魔芋的远缘杂交种）引入到贵州种植，已经初步呈现在地热河谷地带发展珠芽魔芋、中海拔地区发展白魔芋、中高海拔区域发展花魔芋和杂交魔芋的品种布局。在魔芋栽培模式上，贵州也呈现多元化发展，出现了"猕猴桃＋魔芋""光伏＋魔芋""佛手瓜＋魔芋""芸豆＋魔芋""高粱＋魔芋""菌草＋魔芋""经果林＋魔芋"等新型栽培模式，随着技术的深入研究与应用，将会有更多适宜贵州山区的配套栽培技术产生，推动贵州魔芋产业高质量发展，切实助力乡村振兴。

第二节　魔芋在乡村振兴中的作用

党的二十大报告明确指出，"全面推进乡村振兴，坚持农业农村优先发展，巩固拓展脱贫攻坚成果，加快建设农业强国，扎实推动乡村产业、人才、文化、生态、组织振兴，全方位夯实粮食安全根基，牢牢守住 18 亿亩耕地红线，确保中国人的饭碗牢牢端在自己手中""必须坚持科技是第一生产力、人才是第一资源、创新是第一动力，深入实施科教兴国战略、人才强国战略、创新驱动发展战略，开辟发展新领域新赛道，不断塑造发展新动能新优势"。

"三农"问题是关系国计民生的根本性问题，中国发展最大的不平衡是城乡发展不平衡，最大的不充分是农村发展不充分，没有农业农村现代化，就没有整个国家现代化。为落实贯彻党中央、国务院推动农业农村发展的精神，贵州省在农业转方式、调结构、促改革等方面进行积极探索。

贵州耕地规模小、土地细碎、生产力水平低，决定了发展传统农业，种植传统作物，无论在脱贫攻坚时期还是在乡村振兴阶段经济收益都不高。只有因地制宜地走适合贵州产业发展道路，才是推动贵州经济持续发展的重要基础，通过土地流转把资源集中连片整合，采取"龙头企业＋合作社＋农户"的组织方式，推动农业产业从"小、散、弱"到大而强的转变，遵循延长产业链、拓展价值链延伸利益链原则，扶持做大特色农产品精深加工，推进农村一二三产业融合发展，打造知名农产品品牌，推动适合山地发展的高效特色农业成为必然选择。

贵州既不沿边也不靠海，山地和丘陵面积占总面积的 92.5%，喀斯特（出露）面积 109 084 平方千米，占全省总面积 61.9%，是全国唯一没有平原支撑的省份，也是全国发展相对滞后的省份，在这样的资源条件下，要带领全省人民奔赴共同富裕，就要发展山地高效优势特色农业。魔芋种植经济产值高，亩产值可达万元以上，是带动农村人口致富奔小康的好产业。以商品芋基地为例，按照平均亩产 2 吨产量来计算（中等产量，高产的可达 3～4 吨），亩产商品芋 1 800 千克、一代种芋 200 千克，按照商品芋 4 000 元/吨（近 3 年中等价格，下同），一代种芋 8 元/千克计算，商品芋产值 7 200 元，种芋产值 1 600 元，亩产值为 8 800 元，户均种植 3 亩则家庭年产值为 26 400 元，按户均 4 口人计算，人均收入 6 600 元。在生产中，魔芋需要精细化管理，一般每户种植 3～5 亩即可，种植大户控制在 20 亩以内，是一个能够带动千家万户发展的好产业。同时，魔芋需要与高秆作物、林木进行间套作，适宜在坡地、林地种植，能够实现多产融合，提质增效。"玉米-魔芋"套种是最为成熟的栽培模式，对比玉米净作区，这种模式玉米产量仅减少 20%～30%，但能获得魔芋的高产值，不与粮争地，两个产业协同发展，实现一手抓粮食安全，一手抓经济收入。贵州省精品水果产业面积较大，"经果林＋魔芋"的种植模式能够实现产业的"长短结合"和对果园的"以种代管"，并且魔芋也适宜在生态林、用材林下种植，在贵州省有广阔的发展空间。

贵州农村目前以水稻、玉米、油菜、马铃薯、红薯、辣椒、高粱等农作物种植为主，经济产值较低，在带动农民脱贫致富方面的发展空间有限。魔芋亩产值可达万元以上，相对来说投入产出回报率较高，并且魔芋

属于加工原料型作物，需经过 3 次以上加工才能形成消费产品，加工率为
100％，产业链条长，带动能力强。随着魔芋应用领域的不断拓展和消费
市场的扩大，全国魔芋加工原料缺乏的局面短期内不会改变，产品销路有
保障，价格也相对稳定，加上新技术和新型消费产品的研发和推广，将推
动产业持续发展。

第三节　魔芋产业的市场前景

一、主要功能及开发利用价值

（一）魔芋葡甘聚糖（KGM）的特性

魔芋主要利用成分是葡萄甘露聚糖（Konjac Glucomannan，简称
KGM，也称葡甘聚糖），是 19 世纪末在日本发现的，研究人员用 3％硫酸
在精粉水解的溶液中检出大量的甘露糖，认为魔芋的主要成分是甘露聚
糖，并在 1895 年发表了"甘露聚糖为人类食品的一种物料"（Mannan as
an Article of Human Food）的文章。随着研究的深入，发现水解液中除
了甘露聚糖外，还含有葡萄糖，其比例是甘露聚糖：葡萄糖为 2：1，并
命名为葡萄甘露聚糖。

KGM 是一种植物胶，与其他天然胶如黄原胶、瓜尔豆胶、刺槐豆胶
等相比，其黏度更高。KGM 主链是由 D-甘露聚糖（G）和 D-葡萄糖
（M）形成 β-1,4 吡喃糖甘链结构的杂多糖，在主链甘露聚糖的 C3 位置
上存在着以 β-1,3 键结合的支链结构，KGM 具有良好的水溶、持水、增
稠、稳定、悬浮、胶凝、黏结、成膜等多种独特理化性质，使其具有广泛
的应用和开发价值（图 1-1）。

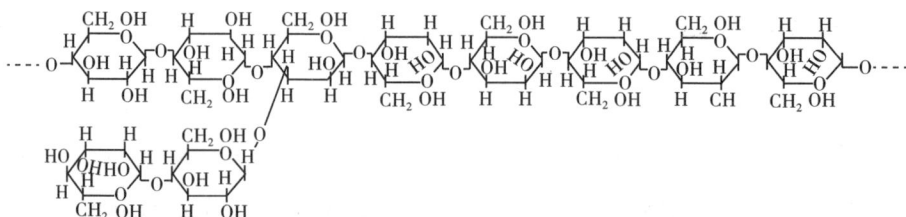

图 1-1　魔芋葡甘聚糖分子结构

①水溶性。KGM 为白色粉末状晶体，有淡淡鱼腥味，是一种天然高分子化合物，具有高分子化合物的普遍特性，易溶于水，不溶于有机溶剂，其分子量大，结构复杂，又含有很多亲水性基团。当 KGM 与水接触时，水分子进入魔芋粉颗粒并被吸入到颗粒的分子链中，其溶胶物质表面紧紧保持着一层水分子，即使把 KGM 从水中分离出来，沉淀物（凝胶物）中也包含着大量的水分，KGM 可以吸收相当于自身体积 80～120 倍的水，形成黏性液体。KGM 能分散在热水和冷水当中，在 pH 4.0～7.0条件下形成高黏性溶液，加热和机械搅拌能增加其溶解度。

②增稠性。KGM 分子量大、水合能力强和不带电荷等特性决定了它具有良好的增稠性。KGM 黏度一般可达 10 000 毫帕·秒，高的可达到30 000 毫帕·秒以上，是自然界中黏度较大的多糖之一，并且 KGM 不带电荷，属于非离子型，受盐的影响小，同时与黄原胶、淀粉等增稠剂有协同增稠作用，单独的 KGM（非碱性条件）或黄原胶均不能形成凝胶，但两者混合后，几乎可在任意 pH 下形成凝胶。混合溶液黏度比单独使用黄原胶、淀粉高数倍，比如在 1% 的黄原胶溶液中加入 0.02%～0.03% 的KGM，黏度可增加 2～3 倍，4.5% 的变性玉米淀粉＋0.5%KGM 糊化后的黏度比 5% 的变性玉米淀粉的黏度要高出 4.6～8.6 倍。

③可逆性。KGM 溶胶具有可逆性，当 pH 大于 10 小于 12.2 时，它在低温下（10～15℃）呈液态或糊状，而在常温或升温至 60℃ 以上则变为固态或呈半凝固状态，冷却后又恢复为液态，这是由于魔芋葡甘聚糖分子链平滑，没有支链的部分与黄原胶、卡拉胶等在热作用下发生嵌合作用，以次级键形成三维网络结构的热不稳定凝胶。这种独特的性质使KGM 在食品加工及农产品保鲜方面有着积极的作用。

④成膜性。KGM 溶胶在碱性条件下（pH＞10）加热脱水，可产生膜化作用，形成黏着力强、不溶于冷热水、在酸碱中稳定的膜。通过添加保湿剂可改变膜的机械性能，随着保湿剂添加量增大，膜的强度降低，柔软性提高，添加亲水性物质（如甘油），膜的透水性增加，添加疏水性物质（如玉米油），透水性降低，可以用 KGM 溶胶制成透明或不透明的膜。KGM 可制成全降解膜，其抗拉强度、韧性、透明度等特性都能与同样厚度的塑料薄膜相提并论，全降解膜不溶于水，保温、保湿性优于塑料薄

膜，是较好保鲜膜、生态地膜的原材料，不过直接用 KGM 做成的膜材料也存在强度较低、耐水性和阻湿性差问题，限制了其广泛应用。

⑤流变性。KGM 是一种中性多糖，易溶于水，不溶于甲醇、乙醇、丙酮等有机溶剂，溶于水后，会形成一种黏稠的假塑性液体，具备非牛顿流体的特征，具有剪切稀化的性质。当其浓度达 2% 时，切力变稀现象明显，一旦停止搅拌，很快形成胶冻或凝胶状胶冻，恢复搅拌，过程逆转，水溶胶的稳定性较差。其流变特性符合方程：

$$d = KDn \qquad\qquad (1-1)$$

式中：d—剪切应力，K—黏度指数，D—剪切速率，n—流动指数。

KGM 水溶胶的表观黏度与剪切速率成反比，并随温度的上升而逐渐降低，冷却后又重新升高，但不能回升到加热前的水平。KGM 水溶胶在 80℃以上较不稳定，其溶胶于 121℃下保温 0.5 小时，黏度约下降 50%。人们观察了 pH 对 KGM 黏度的影响，结果表明，pH 在 3 以下和 11.5 以上黏度迅速上升，pH 在 3~9 之间黏度较稳定。

⑥胶凝性。KGM 具有独特的胶凝性能，溶液浓度在 2%~4% 时，在强烈的搅拌作用下剪切稀化，具有一定的流动性，但静置后，流动性变小而逐渐形成凝胶，在不同温度条件下可形成热可逆（热不稳定）凝胶和热不可逆（热稳定）凝胶。魔芋葡甘聚糖还与黄原胶、卡拉胶等存在强烈的协同作用，可以形成热可逆凝胶，如 KGM 与 k-卡拉胶一起加热再冷却后，可形成脆性、弹性不同的凝胶，而且 KGM 所占比例越大，凝胶韧性越强。但如果在碱性加热条件下，KGM 上由乙酸与糖残基上羟基形成的酯键发生水解，造成乙酰基脱落，部分分子间形成氢键产生结晶作用，并且以这种结晶为结节点形成了网状结构体，就形成了十分稳定的凝胶。该凝胶对热十分稳定，即使在 100℃下反复加热，其凝胶强度也基本不变，所形成的是热不可逆凝胶。KGM 凝胶的热固特性是 KGM 可以热成型的基础，KGM 凝胶进行透析除碱后仍可保持凝胶结构，这是 KGM 膜抗水、耐水溶解的原因。

此外，魔芋葡甘聚糖还有乳化、悬浮、稳定等特性。这些特征均与 pH 密切相关，当 pH<10 时，主要表现为增稠、乳化和悬浮的作用，这些特异性能使其广泛应用于食品、医药、化工、纺织等领域。

（二）魔芋葡甘聚糖的保健功能

魔芋葡甘聚糖是一种低热能、低蛋白质、低维生素、高膳食纤维的物质，主要具备如下保健作用：

①预防便秘和肿瘤。预防便秘可以通过增加膳食纤维摄入量来解决，魔芋精粉制品膳食纤维丰富。KGM 能吸水、保水，并通过酵解增加粪便体积和松软度（约 1 克 KGM 可增重 11.4 克粪便），肠内细菌酵解膳食纤维，产生低级脂肪酸，刺激肠蠕动，加快体内有害毒素排泄，从而有效预防和治疗便秘，还能有效保护胃黏膜，清洁胃壁。KGM 通过大量吸水，改变了肠道菌群的生态环境，使得双歧杆菌增加，其活菌具有明显的免疫增强作用，死菌有明显的抗肿瘤活性。魔芋凝胶进入人体肠道后就形成孔径大小不等的半透膜附着于肠壁，能阻碍有害物质的侵袭，减少因肠道分解代谢的有毒物质的吸收，使沉积肠道壁的细菌代谢产物以及致癌物的脱氧胆酸、石胆酸、突变异原物质等废物随纤维素迅速排出体外，缩短了癌原物质与肠壁膜的接触时间，降低恶性肿瘤发生概率。

②调节脂质代谢。随着饮食越来越精细化，加上工作生活压力及一些不良习惯，导致高脂血症（俗称高血脂）的发病率明显上升。一般果蔬中主要含有的是不溶性纤维，摄入人体后仍以原形排除，而 KGM 为可溶性膳食纤维，通过与肠内胆酸结合，增加胆酸排泄，使胆固醇用于合成胆酸的量增加，从而降低血液内胆固醇、甘油三酯水平，且血脂达正常水平后能够长期稳定，起到调节脂质代谢、预防高血脂作用，降低动脉粥样硬化和冠心病的发病率。

③预防糖尿病。糖尿病是由遗传和环境因素相互作用而引起的常见病，持续高血糖与长期代谢紊乱可导致全身组织器官，特别是眼、肾、心血管及神经系统的功能损害。KGM 具有低热量、低脂肪和高纤维的特点，具有增加饱腹感，减少食物摄入量的作用。KGM 分子量大，黏性大，提高了消化腔内食糜的黏度，延长在胃腔内滞留时间，降低食物营养物质向肠壁扩散速度，延缓食物消化过程，起到调节体内胰岛素平衡作用，促进糖尿病人处于良性循环状态，从而调节糖尿病患者的血糖水平。

④减肥作用。KGM 在消化道内大量吸水膨胀，吸水后体积膨胀，食

用后有饱腹感，能减少食物的摄入量，且不能被肠道内的消化酶水解，热量低。资料表明，100 克稻米提供的能量为 1 435 千焦，100 克小麦粉提供的能量为 1 439 千焦，而 100 克魔芋精粉提供的能量仅为 155 千焦，且魔芋精粉一般要经过 20 倍以上的溶胀，因此魔芋食品单位体积能量远低于其他食物。同时，KGM 的黏性纤维可减慢食物从胃至小肠的通过，延缓营养物质的消化和吸收，使部分未被吸收的营养物质随粪便排出，起到减肥作用。

二、主要应用领域

（一）食品业上的应用

利用魔芋葡甘聚搪具有亲水性、增稠性、成膜性、乳化性、稳定性、胶凝性、悬浮性等特性作为食品添加剂，广泛应用于食品工业。中国卫生部于 1998 年 2 月 16 日卫监发〔1998〕第 9 号文件将魔芋列入作为普通食品管理的食品新资源名单；美国国家科学院出版社于 1996 年出版的由美国国家科学院医学研究所食品与营养部食品化合物大典编委会所编写的《食品化合物大典》（第四版）公布了 KGM 的性质、用途、要求和鉴定方法，宣布在 1996 年 7 月 1 日生效，1997 年美国食品与药品管理局（FDA）批准其作为食品添加剂；欧盟在 1998 年 11 月 4 日官方正式公报，批准/注册其用于食品中，编号为 1295127，E－125。

添加魔芋精粉后，能够增加面条、米线等食物和糕点的韧性，减少切头率，煮熟后不粘条、不烂汤、耐存放、口感好；可作啤酒泡沫的稳定剂，倒杯后泡沫细小均匀，挂杯时间长；可用作果酒、果汁的澄清剂，KGM 是高分子链状化合物，能吸附果酒、果汁中的果屑、果糜等固形物，使之凝聚下沉；此外，KGM 添加在肉制品如火腿肠、午餐肉等中可起到黏结、爽口和增加体积的作用；在乳制品如果奶、酸奶等产品中可起到稳定剂作用；在豆制品如豆腐、豆花等中起到稳定剂作用并可延长保质期；在饮料如杏仁奶、果汁、八宝粥和各种固体饮料等中起到增稠持水和稳定剂作用，延长保质期；在冷食如冰激凌、雪糕等中起到优良稳定剂作用，防止产生冰晶；在糖果中起到凝胶和增进口感的作用。

以魔芋精粉为主料制作的魔芋食品，主要分为热不可逆凝胶和热可逆凝胶食品两类。热不可逆凝胶食品，其典型代表是魔芋豆腐（糕、丝）及衍生的雪魔芋、魔芋粉丝、魔芋片、魔芋翻花及仿生食品如素虾仁、素腰花等。这类热不可逆凝胶食品在高温（100℃）、强碱（pH≥12）条件下使葡甘聚糖支链上的乙酰基脱离，分子间便联结成立体网状结构，网眼间保持着不能自由流动的水分，形成具有弹性的半固体状，充分体现了葡甘聚糖的赋形性及持水保水性，这种凝胶不能再恢复到流体状态。另一类是热可逆凝胶食品，如果冻、布丁、果酱、无脂肪软糖等，在魔芋胶或魔芋复配胶达一定浓度后在常温下成胶冻状，若加温可恢复流体状态。

凝胶食品可以制作成为任意形状，通过赋形设备制成块状、丝状、丸子状、空心粉状等，块状可变形为条状、丁状、片状等丝状可变形为丝结、丝球、线卷等。仿生食品中的素虾仁、素腰花等也都是通过赋形设备制成的。

（二）在医药上的应用

自美国和欧洲相继立法批准 KGM 为健康食品及食品添加剂以来，国际市场魔芋精粉需求量增大，其 90% 以上的原料从中国进口。一些发达国家的预防医学科学工作者多年来对 KGM 在预防心血管疾病以及糖尿病、胆结石、十二指肠溃疡、肿瘤、肥胖症等疾病中的功能和机理进行了富有成效的研究工作，肯定了 KGM 的药用价值。也有国外学者对 KGM 在酶的固定化、药物缓释等领域中的应用进行了研究和开发。

可利用 KGM 的保健作用，制作降血脂、降血糖、减肥、通便等领域的保健食品及药品；KGM 溶液干燥后凝胶，消毒后可作为医用材料，用于止血和促进伤口愈合，这种干的凝胶吸收体液后会转变为水溶胶，能够促进伤口的愈合，并有止血和缓释药物等功能；KGM 能和 4 价硼离子形成络合物，产生具有一定强度且透明性很好的凝胶，KGM 与 4 价硼酸盐反应，可制成人工水晶体，这种人工水晶体含水分 95%～99.5%，有良好的透光性、弹性、强度和生物相容性，可制作隐形眼镜和医疗光学制品；在护眼液中加入 0.05%～1% 的 KGM，利用它的保水性，能够防止眼睛和隐形镜片的干燥；当前医药胶囊外壳多由动物胶原提取物制成，用动物胶原提取物制成的胶囊存在一定的安全隐患，而利用 KGM 的成膜性可制作亲水性食用膜、水不溶性食用膜、胶囊、微胶囊等。

（三）在工业上的应用

魔芋葡甘聚糖在工业中的用途非常广泛，可用作造纸、印刷胶液、橡胶、陶瓷、摄影胶片的黏着添加剂；在化工中通过酯化、成型、皂化、交联后，可作为色谱填料，用于离子交换色谱；经过化学修饰活化，可用于固定化酶或细胞的载体，这种载体强度好、耐压、耐振摇、耐热、抗酸碱能力强；在石油工业上可用作钻井泥浆处理剂和压力液注入剂，有效提高工程质量和施工进度；利用黏附性、黏结性制成天然黏结剂和环保型内外墙涂料；在生物工程上可制成胶质，用于电泳分离；在纺织工业中用作毛、麻、棉纱的浆料，丝绸双面透印的印染糊料和后处理的柔软剂；烟草加工中用作保香剂；化妆品工业上用作护肤霜、洗发水添加剂；在城市自来水处理中，目前采用的聚合铝絮凝剂进行水处理后的水质中铝含量偏高，人体摄入过量的铝，易导致疾病，采用高效无毒的魔芋絮凝剂，从而减少铝的摄入；在废水处理中，利用魔芋葡甘聚糖凝胶的缓释作用，将包埋在其中的杀菌剂缓慢释放出来，用以处理城市废水；在建筑和道路修建中，可作防尘剂，将 0.1%～0.5% 的 KGM、0.1%～10% 的碱和 0.2%～1% 的表面活性剂混合后，喷洒在将要拆修的建筑物和道路上，可防止在施工中产生灰尘。

（四）在农业上的应用

利用魔芋可逆性，在 10℃ 以下呈液态、在常温下呈固态的特性，可作为农产品保鲜剂，能够抑制好氧性微生物的繁殖，延长蛋、肉、鱼、豆腐、水果和蔬菜的保鲜期；也可涂抹在果实表面，形成一层无色透明的半透膜，起到延缓氧气进入果实，降低果实呼吸强度，抑制病菌侵入的作用，达到防腐保鲜目的；利用 KGM 成膜性、吸附性，制成种子包衣剂、肥料缓释剂，可提高种子发芽率和免疫力，提高肥料的有效利用率。

（五）副产品的利用

在魔芋精粉加工中，通过风机抽取的下脚料，主要是魔芋球茎表皮和其他物质，由于质量轻、颗粒小，容易随风飞扬，行业俗称为飞粉，一般含有约 15％粗蛋白、8％可溶糖、22％淀粉、0.7％粗纤维、16 种氨基酸和动物必需的微量元素以及 KGM 等。

魔芋飞粉可用作动物饲料添加剂。制成的水产动物饲料,水稳定性好,颗粒料的散失率和粗蛋白流失率均很小,在水中仍能保持一定的硬度和弹性。湖北一致公司与湖北农科院加工与核农所、华中农业大学,通过以魔芋飞粉为主要原料,采用辐照技术,经过混合、辐照、干燥、粉碎、共混、热塑等工艺技术环节,创制魔芋飞粉干燥剂和包膜肥料 2 个新产品,解决了现有干燥剂返潮、渗漏,以及缓释肥料降解性差的技术难题。安徽大学将魔芋飞粉在硝酸溶液中糊化,再与水溶性乙烯类单体的水溶液混合,通过交联剂和自由基引发剂,在惰性溶剂中发生反相悬浮聚合,研发出了土壤保水剂,在土壤中可自然降解。

第四节　魔芋产品市场分析

一、国际市场分析

中国魔芋原料及制品占全球产量 60％以上,位居世界第一,但全球食用魔芋制品量最大的是日本。相传在中国晋朝时,四川的百姓已加工制作食用魔芋,但中国对魔芋的研究深度却不及日本。在日本钦明天皇时代,魔芋从中国经朝鲜随佛教传入日本,在 13 世纪中叶日本就开始对魔芋进行研究,到江户时代魔芋精粉加工技术的出现和逐步成熟,推动了日本魔芋产业的快速发展,也加速了全球魔芋产业化进程。

日本是全球魔芋制品消费第一大国,也是中国魔芋产品的主要出口国之一。日本劳动厚生省(相当于中国国家卫健委)规定中小学生配餐要加入一定量的魔芋食品,以补充膳食纤维,提高国民身体素质,《中国居民膳食纤维摄入白皮书》指出日本早期的健康饮食行动与饮食营养干预,即在食品中添加膳食纤维对日本人长寿有积极作用。同时,佛教在日本比较盛行,根据日本文化厅《宗教统计调查》,截至 2016 年 12 月 31 日,日本佛教信徒有 8 770 万人,有 81 158 家神社和 77 256 座寺院,魔芋制品作为宗教祭祀食品,消费数量巨大。

日本土地资源有限,种植成本高,受社会老龄化困扰、青年不愿务农、农业劳力不足、台风和魔芋病害等因素影响，导致种植面积萎缩，魔芋精粉产量逐年减少，原料只能满足其60％的需求，每年需从国外进口魔芋精粉或魔芋制品。日本的土地、劳动力价格偏高，国内生产的魔芋精粉价格较高，一般是中国的3倍左右，为保护本国芋农利益，除了对魔芋精粉实行配额进口外，还实行高关税政策以保障本国种植业的发展。但是，日本对魔芋食品进口的政策较宽松，征21％左右的关税即可进入日本市场，因此中国出口日本的魔芋制品数量逐渐增加。同时，中国政府部门也在大力帮助企业开展外贸出口工作，比如四川乐山检验检疫局通过为食品企业开展备案、认证、质量标准等工作对接，帮助企业建立配套的服务体系，狠抓质量安全标准化和魔芋出口监测，逐步形成与国际接轨的食品标准体系，帮助当地食品企业拓展了匈牙利、拉脱维亚、瑞典、南非和菲律宾等国际市场。

在东南亚的泰国、缅甸、柬埔寨、老挝、越南等佛教盛行的国家，民众有食用魔芋的习惯，魔芋素食产品销售情况良好，在韩国的一些城市以及中国的香港、澳门等经济较发达地区，人们更加重视健康饮食，推动了魔芋素食、魔芋代餐粉等产品推广。欧美市场对魔芋精粉需求日益增加，自从1996年美国将魔芋精粉列入美国食品用化学品法典（FCC）准许使用，1998年欧盟批准魔芋精粉用于食品工业领域，以葡甘聚糖为原料开发的膳食纤维食品受到欧美食品加工企业高度重视，美国把葡甘聚糖作为食品添加剂，促进了魔芋产品在欧美市场的拓展。同时，由于美国肥胖人群较大，素食主义者群体也有一定规模，魔芋低热量、富含纤维素等特点符合其需求，魔芋食品在欧美消费量逐年上升。

二、国内市场分析

中国虽有2 000多年的魔芋栽培利用历史，但真正进行产业化发展的时间40年不到。1982年，日本在魔芋生长期遭遇台风，减产严重，于是通过外贸公司到我国四川、云南、贵州等地收购芋角，在半年的时间里，当地的黑芋角价格就从每吨3 000～4 000元涨到7 000～8 000元，这引起了地方政府关注，拉开了中国魔芋产业化发展序幕。

1984年以前，中国的外销产品只有黑芋角，全国年产量约5 000吨，

1984 年后随着技术的改进才有了魔芋精粉对外出口，从最初的 3 000 吨增长到了最高峰时 15 000 吨左右。中国魔芋产业始于外贸刺激，由于国内市场未开发起来，魔芋精粉以出口日本为主，受日本魔芋产品供求关系影响较大，当日本产量恢复时，就导致中国魔芋产业进入下行周期，价格及销量受日本市场的变化而剧烈波动，这也是 1982—2000 年中国魔芋产业"三起三落"的重要原因。特别是 1997 年亚洲金融危机爆发，由于人民币坚挺不贬值，而泰国、马来西亚、韩国、日本等国家本币大幅贬值，国民消费信心降低，造成魔芋精粉需求骤降，中国魔芋精粉价格大跌，许多地方魔芋销售困难，这也是导致贵州魔芋产业从 2000 年到 2010 年进入十年低谷期的重要原因。

长期以来，中国魔芋食品基本上就是民间制作的魔芋豆腐，主要依靠收购当地野生魔芋或者少数魔芋种植户供应的原料，国内消费市场长期保持稳定。从 2000 年后，随着国内仿生食品、凝胶食品及食品添加剂等产品的研发，中国魔芋精粉也从单纯的精粉提升到纯化粉、微粉，纯度、黏度、透明度大幅度提高，微粉溶胀时间由原来 12 小时降低到 10 分钟完成，这满足了火腿肠等肉制品、果冻食品等对快速溶胀的要求，推动了消费量的增加。

随着经济的发展，人们健康饮食意识逐渐增强，推动了魔芋保健食品消费市场的发展。魔芋在减肥、代餐和轻食食品上有较快发展，比如王饱饱抹茶魔芋麦片、亚膳全麦欧包、薄荷健康紫薯营养粥等产品，紧抓魔芋"减脂友好"卖点，利用魔芋持续强饱腹感、热量极低等特性，解决了代餐食品营养虽然丰富，但热量高的问题，这样具有保健属性的产品逐渐被消费者认可。

魔芋制品因其口感的 Q 弹、爽脆，是火锅非常好的配菜，海底捞也把魔芋丝节作为重要的火锅食材，同时，一些海鲜餐厅也在使用魔芋仿生产品，以降低成本。近年来，以卫龙、良品铺子、盐津铺子、三只松鼠等为代表的企业，把"魔芋爽""魔芋毛肚"等即食产品做成了风靡国内的爆款产品，增加了魔芋的市场需求量。通过线上数据分析，魔芋类食品发展速度迅猛，例如 2021 年第一季度，天猫魔芋类食品的 SKU 数增幅为 23％，魔芋零食的增幅达到了 47％，其中"魔芋爽"在魔芋食品中无论是搜索人数还是搜索次数都独占鳌头。2020 年，中国人均魔芋精粉消费量不足日本的 1/20，若以当前中国 14 亿人口年人均食用精粉 0.1 千克计算，中国每年魔芋精粉需求约为 14 万吨，而当前全球产量约 3 万吨，魔芋市场潜力巨大。

魔芋是高膳食纤维食物，可显著改善糖脂代谢水平、降低血糖，是预防和控制糖尿病的重要食品之一。同时，魔芋精粉具有高黏度和高吸水性，能满足多种产品用途，广泛应用于食品、医药、工业、农业等领域，且随着魔芋应用领域的拓展，更多新产品的开发与应用，中国魔芋产业会有更加广阔的发展空间，是一个有巨大发展前景的朝阳产业。

第二章 贵州魔芋产业发展 存在问题及前景

第一节 存在问题

一、产业发展的难点

(一)产业投入不足

"三农"问题不仅是农业、农民和农村问题,还关系到中国工业化、城市化、共同富裕、可持续发展等一系列重大问题。党的十九大报告提出实施乡村振兴战略,强调农业农村农民问题是关系国计民生的根本性问题,必须始终把解决好三农问题作为全党工作重中之重,提出要实现产业振兴、人才振兴、文化振兴、生态振兴、组织振兴。2021 年 4 月 29 日,第十三届全国人民代表大会常务委员会第二十八次会议通过的《中华人民共和国乡村振兴促进法》中明确产业发展要以乡村优势特色资源为依托,支持、促进农村一二三产业融合发展,推动建立现代农业产业体系、生产体系和经营体系。

产业振兴是实现乡村振兴的基础。贵州是全国唯一没有平原支撑的省份,山地和丘陵占国土面积的 92.5%,在这样的资源条件下,发展山地高效特色农业成为贵州的选择。魔芋适合山区种植,产业链条长,带动能力强,且半阴性作物特性决定了其适宜跟高秆作物套种,适合发展林下经济,目前最成功的栽培模式是"玉米—魔芋"套种,既能获得玉米保粮食,又能获得魔芋的收入,实现粮食和经济收入一手抓,因此近十余年来贵州魔芋产业得到快速发展。不过魔芋种植投入高制约了产业发展,例如在 2019—2021 年间,每亩仅种芋投入就在 4 000～5 000 元,导致很多农户难以参与产业发展,共享产业发展红利。目前,贵州缺乏政府资金引导和社会资本助力，产业发展相对缓慢，虽然在脱贫攻坚最后阶段，毕节市的一些企业获得了世行贷款项目等支持，黔西南州的企业获得产业扶贫子基金的支持，但这种缺乏系统性、长期性的资金投入对于产业的带动作用较为有限。

（二）市场拓展不够

扩大消费市场是推动产业持续发展的根本，我国魔芋产品消费市场开发远远不足，有巨大拓展空间。《中华人民共和国 2022 年国民经济和社会发展统计公报》数据显示，2022 年全国居民人均消费支出 24 538 元（城镇居民人均消费支出 30 391 元，农村居民人均消费支出 16 632 元），社会消费品零售总额 439 733 亿元。随着消费结构的调整，消费理念在发生着深层次变化，今天的中国消费市场，正处于传统消费与新消费交替融合，消费多元化和个性化释放的交汇点，人们对具有改善健康的产品及生活方式有强烈的消费意愿。

魔芋产品具有良好的保健效果，魔芋精粉又具有改性作用，可以添加到食品、药品中，能够提高产品的咀嚼性、适口性、爽滑性等，具有应用领域广、使用频率高、适用场景多等特点，市场拓展空间大。当前，人们的消费方式和消费理念正在不断改变，随着 90 后、00 后等消费群体的成长，针对这类群体的消费心理、消费场景及销售渠道等的变化，应加强产品研发和创新包装设计，从产品层面和精神需求层面创造新价值，触发消费者对品牌的情感共鸣，是加快消费产品市场拓展的要求。贵州魔芋产业目前以种植业为主，初级加工产品逐渐起步，魔芋制品加工企业不多，全省加工企业都存在资金不足、销售渠道狭窄、人才缺乏、发展思路不清、缺少研发投入等共性问题。

（三）龙头企业较少

龙头企业是行业中具有影响力、号召力、引导力，对技术、产品、标准等示范推广起到引领作用，对行业、地区或者国家经济发展及社会服务做出贡献的企业。农业龙头企业是构建现代农业产业体系的重要主体，在加快推进农业现代化中肩负着重要责任，在健全质量管控体系、运用现代设施装备、提高生产经营效率等方面有重要的示范带动作用，对推进科技创新，推动科研成果转化，加速产品流通，推动产品研发，拓展消费市场等方面都有重要作用，是推动产业高质量发展的主体。

从全国来看，缺乏引领全国魔芋产业发展的龙头企业。卫龙美味全球控股有限公司助推了"魔芋爽"产品的爆火，推动了以魔芋辣条制品为代表的即食休闲食品风靡全国，带动了三只松鼠、盐津铺子、良品铺子等上市公司进入该领域，研发了魔芋辣条、魔芋素毛肚等产品，为产业的发展起到了一定的推动作用，但魔芋制品在这些企业中所占份额不大，不是主打产品，这类型的企业难以引领全国魔芋产业发展；喜之郎、蜡笔小新、亲亲等果冻制品生产企业，双汇、金锣、雨润等火腿肠生产企业也在使用魔芋精粉，不过魔芋精粉主要是作为配料进行添加，总体用量不大，且这些行业市场成长空间难有较大突破，这类型企业也难以引领魔芋行业发展；湖北一致魔芋生物科技股份有限公司是一家魔芋全产业链公司，专业从事魔芋种植、加工、销售及品牌渠道构建，2023年1月9日在北交所拿到IPO批文，2月21日首次公开发行A股，据公司披露的2022年报数据，2022年营业收入4.47亿元，归母净利润6 530.08万元，这样的经济体量不足以带动全国魔芋产业发展。

从全省角度来看，目前有一定行业影响力的企业主要有贵州海福农业发展有限公司、贵州威宁鼎诚魔芋科技有限公司、贵州大方芦笙妹食品有限公司、贵州中禾农业发展有限公司等。海福公司以兴义市为核心，辐射带动晴隆、兴仁、安龙等地发展；鼎诚公司以威宁县为核心，辐射带动赫章、纳雍等地发展；芦笙妹公司以大方为核心，辐射带动七星关、纳雍等地发展；中禾公司以施秉县为核心，辐射带动黔东南林下魔芋产业发展。这些企业都是区域性企业，经济实力、生产规模都不足以带动全省魔芋产业发展，同时，在贵州魔芋产业核心区的"毕-水-兴"产业带，作为重要组成部分的六盘水市还没有具有代表性的企业出现，贵州还需整合资源，培育出带动全省产业发展的龙头企业，更好助推产业发展。

（四）政府重视程度不够

农业产业的发展离不开政府支持，魔芋产业投资大、技术要求高，依靠自身发展会非常缓慢。贵州省将蔬菜、生猪、辣椒、生态家禽、食用菌、牛羊、特色林业、中药材、刺梨、生态渔业、水果、茶列为 12 个特色产业进行推进，资金、物力、人力等资源全部集中在这些产业中，对其他产业的投入就大幅降低。魔芋有时作为特色蔬菜，有时作为中药材，有时作为特色粮食产业给予零星项目支持，贵州从省、市、县各级政府都没有将魔芋列为重点发展的产业进行推动，没有出台指导全省发展的产业规划，设置专项财政资金支持，导致资源、资金、人才等投入不足，产业持续发展动能不强。

（五）产业体系不完善

农业生产是个复杂的体系，农业是一个复杂学科，任何环节的缺失与不完善，都会影响产业的发展质量。贵州魔芋产业在良种繁育、技术服务、产地加工、制品生产、销售渠道、品牌构建等方面都非常薄弱，严重制约了产业的发展。

贵州魔芋在品种研发方面乏力，缺乏优良品种选育的专业队伍，魔芋良种繁育基地较少，商品基地规模较小，配套设施不完善；全省魔芋研究人员缺乏，缺少研究魔芋全产业链产业技术的专业科研团队，全省农业系统中缺少懂魔芋种植的技术人员；魔芋产业标准体系还未建立，加工处于初步发展阶段，大多数是加工成魔芋粉初级产品，制品生产开始起步，产品主要集中在魔芋丝节、素毛肚及其他仿生素食产品、魔芋面条、魔芋米等常规产品的生产，销售市场还没有得到很好的拓展，销售渠道也需要构建和巩固；品牌建设处于刚起步阶段，还没有出现区域影响力大的品牌，还需时间的积淀和资本助力。

二、产业发展的痛点

（一）盲目发展导致失败

传统农业种植效益低，以原有的耕作方式进行农事生产，难以改变城乡差距，无论是脱贫攻坚时期还是乡村振兴阶段，进行农业产业结构调整都是助推农业农村发展的必然要求。发展高产值、高效益的产业，带动更多农民发展，增加农民收入成为政府发展产业的着眼点，但是一些新发展区域，以"大干快上"的工业思维方式来推农业产业，对农业生产规律缺乏足够的敬畏，带来了风险。在这方面贵州有着深刻教训，有的地方政府，听说魔芋产业有较高的收益，就积极进行推广和发展，缺乏细致深入调研，不顾当地的资源条件和产业基础，也没有按照"试验—示范—推广"的发展步骤，在缺乏技术支撑的条件下，就盲目跃进到推广种植阶段，做出了不符合实际的规划，期望通过集中财力、物力、人力，在短期之内实现发展目标。

农业是一个复杂学科，貌似简单的技术方案背后往往蕴含了生物学、农学、气象学、土壤学、化学、社会学、心理学等学科的知识，且受自然条件影响大，不像工业那样进去的原料和出来的产品都是明确的，农业投入土地的生产资料是可知的，但其产出产品的数量及品质存在不确定性，不可预知。同时，参与生产的农民素质对种植产生影响，农民认知能力、理解能力、传统文化、生产工具、干群关系等都会影响生产结果。贵州省某些县、乡（镇）在推动魔芋种植过程中就存在盲目和冒进的问题，后来导致种植失败，造成了极其不好的影响。

（二）种芋质量把关不严

魔芋种植经济价值高，销售又有保障，特别是在 2017—2020 年间商品魔芋价格大幅上涨时期，民间种植积极性高涨，许多社会资本纷纷入场，但是由于缺乏技术支持，未能采购到优良种芋，导致种植失败的案例非常多。贵州魔芋产业发展相对滞后，2010 年之前基本没有专业化的魔芋良种生产企业，从 2015 年之后才出现了以威宁为代表的魔芋良种繁育基地，特别是 2018 年威宁县获得"全国魔芋产业重点县"称号，极大地推动了毕节市乃至贵州魔芋良种生产体系的建设，逐渐形成了魔芋良种专业化生产企业集群。

贵州从 20 世纪 80 年代发展魔芋产业以来，长期缺乏专业化魔芋良种生产企业，贵州省魔芋种主要从云南进行引种，由于是从交易市场购买，种芋来源非常混杂，特别是作为政府采购，往往缺乏对魔芋产业有深入研究的专业人员，一般由农业部门技术人员对种芋进行技术把关。这些技术员多数以为魔芋和洋芋种植要求差不多，对于选种、运输等要求不严，多数种芋都是用网袋装运到种植区域，长距离运输导致种芋破皮受损，且在有的地方运送到达后未能及时分散贮存，种芋还未播种就开始腐烂，导致很多区域魔芋种植失败。

（三）技术支撑缺乏

魔芋种植技术要求非常高，从选种、选地、施肥、用药、除草及其他管理等方面都有严格要求，被人们认为是"三高"产业——高投入、高风险、高回报，笔者认为风险大多是由于对产业不了解，对技术掌握不到位导致的，我从 2018 年开始提出将其修改为新"三高"产业——高投入、高技术、高回报，强调技术对于产业安全发展的重要性，并要求各地在发展产业时都要加强技术支撑，强化技术培训，才能确保产业稳健发展。

贵州专业从事魔芋产业技术研究的单位非常少，技术力量薄弱，难以满足全省产业发展的需求。同时，魔芋种植面积不够大，全省各地农业农村局对这一产业重视程度不足，没有选派专业技术人员进行学习、培训和深入研究，在产业技术指导服务方面的能力不足，导致魔芋种植未能得到较好发展。

（四）政府采购政策不适合产业要求

在贵州魔芋产业发展过程中，扶贫、农业、财政、发改等部门的政府资金用于魔芋产业发展往往没有取得较好的结果，一方面原因是政府采购政策不适合。政府部门一般采取最低价格评标价法，这样采购的优势在于充分体现公平、公正、公开的原则，具有简便易行、节约招标投标过程中人力、物力和财力，并能有效遏制腐败发生。但是，魔芋不是工业产品，种芋质量千差万别，优良种芋的价格较质量差的种芋会高出 50%～100%，这种采购政策导致生产优良种芋的企业被排斥在外，而一些以倒买倒卖为主的企业成为种芋供应商，这些企业既不能提供优良种芋，又不能提供技术保障，这是很多地方种植失败的重要原因。

（五）经营主体诚信意识缺乏和约束机制缺失

随着改革开放的深入，市场经济不断发展，城镇化减弱了以小农经济为基础的血缘、地缘认同感，加上诚信制度和奖惩机制不完善不健全，直接导致农民失信成本低，助长失信之风。作为农业生产经营主体的公司、合作社、农民，由于经济来源渠道单一，收入较少，就会把经济利益看得太重，缺乏长远眼光，有的农民把烂魔芋、泥巴、砖头、萝卜、洋芋等混入到种芋、商品芋中进行销售，这种现象在价格高涨期尤为突出，在价格越低时反而较少出现。他们往往抱着蒙混过关的心态，当收购商或厂家发现时也只能是扣除这些重量后收购，一旦不收购他们的魔芋，就不断跟收购商或厂家闹，收购商为了不影响继续经营，也只能被迫把不符合要求的魔芋收了。由于缺乏有效的约束机制，失信的成本较低，不诚信问题成了制约产业发展的重要因素。

三、产业发展的堵点

（一）企业各自为政

贵州缺乏带动市（州）或全省魔芋产业发展的龙头企业，基本上都是中小企业，主要以种植企业为主，加工企业不多，且以产地初加工为主，精深加工企业少。企业小、散、乱，各自为政，难以形成合力共同推动产业发展。现代农业产业的发展需要众多经营主体形成有共同利益的联盟，而省内的魔芋企业基本上只关心涉及自身利益的事，缺乏整合资源发展、做大产业规模、共享发展红利的合作思维。

（二）缺少政策支持

贵州除了在1996—1998年间大力发展过魔芋产业，其后就没有把魔芋纳入政策扶持产业范围。随着改革开放的全面推进和中国加入世贸组织，中国对外贸易的范围和能力极大拓展，加入世贸组织前特别是改革开放初期，中国农产品贸易侧重于出口创汇和品种调剂，像桐油、魔芋等曾经是国家出口创汇的农产品，受到国家重视。自从2004年起，我国由贸易顺差转为逆差后，在2004—2020年间，贸易逆差由47亿美元增至948亿美元，年均增约21%，魔芋出口创汇的作用和贡献对国家来说已经很小。作为一个小众农产品，魔芋种植面积、带动农民数、经济产值等数据体量都不够大。2018年以前，贵州魔芋种植基地面积基本上都是在200亩以内，规模小、示范带动作用有限，难以从省、市层面来推动。按照2022年贵州省果蔬行业协会魔芋分会统计数据，全省魔芋种植面积为30.20万亩，种植面积最大的威宁县面积为8.95万亩，难以纳入政府发展产业的盘子中。

（三）产品研发与市场推广能力弱

魔芋是中国部分地区的传统食材，在消费者的概念里基本上就等同于"魔芋豆腐"这个产品，近年虽然出现了以"魔芋爽"为代表的爆款产品，但这类休闲食品本身跟魔芋康养保健功能相背离，难以成为推动产业持续发展的品类，并且对这类产品的厂家来说，魔芋食品只是其众多产品中的一个，并不会专注进行魔芋产品的研发。

中国魔芋产品的研发相对其他产业来说是滞后的，很多产品都处于试验阶段，距离进入市场还有一定距离，市面上还缺乏带领整个产业发展的核心产品出现。2019年，在西双版纳召开的全国魔芋产业发展研讨会上，贵州省生物技术研究所丁海兵就提出：引领魔芋行业发展的产品应该是出现在功能性膳食纤维产品方面，只有实现让每个人都能够简单、轻松补充膳食纤维，这样的产品才具备变革性和引领作用，才具有推动产业持续发展的核心动力。这个市场很大，需要一个具备全国竞争力的企业来推动，小型企业没有机会介入，不愿意也不敢贸然切入。

魔芋行业的发展需要更多社会资本助力，增强市场推广能力，仅靠现有魔芋行业内的人难以推动其快速发展，需要一批从事快消品销售、产品策划、渠道构建、宣传推广、融资投资等专业机构介入，做好魔芋产品定位，提升品牌包装，加大广告宣传，将魔芋保健功能植入消费者心里，才能实现魔芋产业的可持续高质量发展。

第二节　前景分析

一、发展机遇

（一）紧抓"第七营养元素"核心定位

魔芋是十分优质的天然膳食纤维来源。在1991年日内瓦国际会议上，世界卫生组织营养专家将膳食纤维推荐成为人类必需营养元素，成为继糖、蛋白质、脂肪、水、矿物质、维生素后的"第七大营养元素"。根据《中国居民膳食纤维摄入白皮书》（2018年版），中国居民膳食纤维摄入量明显不足，平均每人膳食纤维摄入量约 13 克/天，建议成人（19～50 岁）膳食纤维摄入量仅为 25～30 克/天。随着人们饮食习惯的改变，饮食精细化程度加深，日常饮食膳食纤维摄入量不足，通过工业手段以保健品、膳食补充剂及各种加工的食品、饮料等补充膳食纤维成为解决这一问题的重要方案。

根据《2020 年第七次全国人口普查主要数据》，2020 年全国总人口数量为 14.12 亿，其中 19～50 岁人口占全国总人数的 63.35%，即全国成人总数为 8.95 亿，这个庞大的群体膳食纤维摄入量仅为国家推荐量的 50% 左右。因此，紧紧围绕"第七大营养元素"这个核心定位来推动膳食纤维的应用，将有广阔的市场空间，而魔芋作为十分优质的膳食纤维来源，必将发挥重要作用。

（二）符合健康中国战略

2020 年 12 月 23 日，国家卫生健康委发布了《中国居民营养与慢性病状况报告（2020 年）》。报告指出：在 2015—2019 年间，由国家卫生健康委组织中国疾病预防控制中心、国家癌症中心、国家心血管病中心对覆盖全国 31 个省（区、市）近 6 亿人口，超过 60 万现场调查人数开展了居民慢性病与营养监测获得的数据进行分析。报告指出，2019 年中国因慢性病导致的死亡人数占总死亡的 88.5%，其中心脑血管病、癌症、慢性呼吸系统疾病死亡比例为 80.7%，中国居民因心脑血管疾病、癌症、慢性呼吸系统疾病和糖尿病等四类重大慢性病导致的过早死亡率为 16.5%，高血压、糖尿病、高胆固醇血症、慢性阻塞性肺疾病患病率和癌症发病率与 2015 年相比有所上升；儿童青少年经常饮用含糖饮料问题已经凸显，膳食脂肪供能农村首次突破 30% 推荐上限，中国 18 岁及以上男性平均体重为 69.6 千克，女性 59 千克，与 2015 年相比分别增加 3.4 千克和 1.7 千克，6～17 岁、6 岁以下儿童青少年超重肥胖率分别达到 19% 和 10.4%；膳食结构不合理，食用油、食用盐摄入量远高于推荐值，减盐、减油、减糖和增加膳食纤维及蛋白类产品的饮食文化亟须推广。

2016 年 10 月中共中央、国务院印发了《"健康中国 2030"规划纲要》，纲要"第五章 塑造自主自律的健康行为"中"第一节 引导合理膳食"就明确提出要"制定实施国民营养计划，深入开展食物（农产品、食品）营养功能评价研究，全面普及膳食营养知识，发布适合不同人群特点的膳食指南，引导居民形成科学的膳食习惯，推进健康饮食文化建设""重点解决微量营养素缺乏、部分人群油脂等高热能食物摄入过多等问题""到 2030 年，居民营养知识素养明显提高，营养缺乏疾病发生率显著下降，全国人均每日食盐摄入量降低 20％，超重、肥胖人口增长速度明显放缓"的目标，大健康产业到 2030 年实现 16 万亿规模。2017 年 1 月 22 日，国务院办公厅印发了《中国防治慢性病中长期规划（2017—2025 年)》，在"策略与措施"中提出"社区卫生服务中心和乡镇卫生院逐步开展超重肥胖、血压血糖升高、血脂异常等慢性病高危人群的患病风险评估和干预指导，提供平衡膳食、身体活动、养生保健、体质辨识等咨询服务"。

可以说，魔芋产品的功能功效完全符合国家战略要求，符合中国健康养身的社会趋势，有广阔的发展空间。

(三) 助力乡村产业振兴

乡村振兴产业是基础，发展产业是解决农业农村问题的前提。习近平同志在参加十三届全国人大一次会议山东代表团审议时强调"要推动乡村产业振兴，紧紧围绕发展现代农业，围绕农村一二三产业融合发展，构建乡村产业体系，实现产业兴旺，把产业发展落到促进农民增收上来，全力以赴消除农村贫困，推动乡村生活富裕"；2021 年在中央农村工作会议上指出，要因地制宜发展特色产业，大力推动一二三产业融合发展，不断延伸产业链、打造供应链、提升价值链，我们就一定能走出一条科学有效、农民受益的产业发展之路，为实现乡村振兴注入强劲动能。

魔芋种植经济价值高，亩产值可达万元以上，是贵州极具优势和特色的农产品，且具有加工原料属性，符合"一二三产融合发展"要求。中共贵州省委、贵州省人民政府印发《关于加快山地农业现代化推进农业高质量发展的实施意见》，提出到 2025 年，农产品加工转化率达 70％以上，魔芋是可以助力实现这个指标的好产业，在新时代农业农村发展中大有可为。2019 年后，在省农科院生物技术研究所、毕节市中药研究所等单位的科技支撑下，威宁县突破了花魔芋规模化集中连片种植技术，集成了高海拔良种繁育技术，带动了威宁县乃至毕节市魔芋产业的快速发展。同时，魔芋可以跟玉米套种和林下种植，在玉米产量不减或者降低20%~30%的情况下，获得魔芋的经济收入，实现粮食安全和经济收入一起抓；林下魔芋种植，通过加强施肥、管护有利于促进林木生长，实现经济效益长短结合。

二、发展优势

（一）地理气候优势

贵州属亚热带湿润季风气候区，气候温暖湿润，冬无严寒，夏无酷暑，比较适宜魔芋生长，是我国魔芋种植的优势产区。贵州魔芋分布范围广，全省境内均有种植。其中，黔东北、黔西、黔东南海拔480~1 400米中山、低山河谷地区，黔东北、黔西、黔西南1 000~2 000米的山原、山地属于最适宜种植区；海拔低于480米的河谷，1 400~1 700米的中山平原及黔东、黔北、黔西部，2 000~2 300米的黔北、黔西、黔南部中山为适宜种植区。

目前，全国主要栽培种为花魔芋，占全国种植面积的90%以上，具有喜阴、喜暖、忌高温的特性，适宜在海拔800米以上的山区、丘陵地区生长。贵州省地处云贵高原东部斜坡，全省大部分地区年平均气温为15℃左右，无霜期250~300天，≥10℃有效积温5 000℃左右，年日照时数1 100~1 400小时，年降雨1 000毫米以上，相对湿度80%左右，地势西高东低，山地和丘陵占全省总面积的90%以上，地理气候条件非常适于魔芋生长。同时，贵州光、热、水、土资源丰富，立体气候明显，生态类型多样，在海拔150~2 800米范围均有野生魔芋分布，拥有丰富的种质资源，在长期的自然变异和人工筛选过程中形成了抗性好、适应能力强的地方品种，这为魔芋产业发展提供了品种基础。

（二）区位交通优势

全国魔芋主产区主要分布在贵州、云南、四川、陕西、湖北、重庆等省市，贵州处于几个主产区的链接部位，区位优势突出，具有辐射带动周边省区魔芋产业发展的可能，特别是贵州魔芋产业核心区的毕节市，具有带动贵州全省，辐射四川凉山州、攀枝花市、雅安市、乐山市、云南昭通市、曲靖市、楚雄州等地发展的优势。

同时，贵州交通优势明显，2015 年贵州就成为全国第九个、西部第一个县县通高速的省，2021 年全省高速公路通车里程突破 8 000 千米，位居全国前列；贵广、沪昆高铁让贵州速达华北、华中、华南地区，2018年渝贵铁路全线开通运营，标志着以贵阳为中心的高铁网已经形成，2019年成贵高铁全线开通运营，拉近了贵州与成渝双城经济圈的距离，正在建设的贵阳至南宁高铁能让贵州更快抵达出海口；贵州航线实现与全国省会城市、经济发达城市及重要客源地城市全覆盖，贵阳机场累计执飞航线超过 250 条，国际航线总数超过 20 条。贵州立体大交通网的构建，为产业发展奠定了良好的交通优势。

（三）产业政策优势

党的十九大提出实施乡村振兴战略的重大历史任务，十九届五中全会要求优先发展农业农村，全面推进乡村振兴，解决人民日益增长的美好生活需要和不平衡不充分的发展之间矛盾的必然要求，为"三农"工作指明了方向，在保障粮食安全的基础上，发展具有较高收益的特色经济作物是重要方向。目前，魔芋产业最成熟的栽培方式是"玉米-魔芋"套种模式，能够实现在玉米产量不减或略减的基础上，获得魔芋的经济产值，实现提高土地利用效率，提升单位面积产值，既保障了粮食安全，又促进了农民增收。

2022 年 1 月 26 日，《国务院关于支持贵州在新时代西部大开发上闯新路的意见》（国发〔2022〕2 号）发布，在政策、项目、资金等方面出台了一系列支持措施，是党中央高度关注脱贫地区群众、坚决巩固拓展脱贫攻坚成果的重大举措，对贵州发展具有划时代的里程碑意义，为贵州带来了高质量发展新的重大历史机遇。文件中明确提出，做优做精特色优势农产品，提高重要农产品标准化、规模化、品牌化水平；加快现代种业、特色优势杂粮、优质稻推广，推动山地适用小型农机研发推广应用，推进丘陵山区农田宜机化改造。《贵州省国民经济和社会发展第十四个五年规划和二〇三五年远景目标纲要》明确提出到 2025 年，贵州省农产品加工转化率达到 70％左右。魔芋在农作物里面较为特殊，是一个加工原料型农产品，加工率 100％，一般要经过 3 次以上加工，才能到消费者手中，其应用领域广、加工附加值高、加工产业链长，带动农民增收致富能力强，种植经济收益高，是提高农产品加工率的较好产业，有广阔发展空间。2022 年贵州省农业农村厅将魔芋纳入优势特色粮食项目申报范围，推进优势特色产业高质量发展。

第三章 新时代贵州魔芋产业
创新发展思路

魔芋是经济产值高、应用领域广、带动能力强的特色作物，在助推贵州农业农村发展中有重要贡献，是发展林下经济的好产业。贵州魔芋产业要在新时代西部大开发上闯新路、在乡村振兴上开新局，就需要新理念、新思路，针对贵州生产实际，走创新发展之路，才能在全国魔芋产业发展版图谋得一席之地。

第一节 产业创新发展路径

一、优化魔芋优良品种空间布局

贵州是一个立体气候明显的山地省，地区之间海拔、气候、土壤等资源条件各有不同，并且存在明显的小气候环境，有"十里不同天"的说法。

优良品种是魔芋生产的基础，生产中要因地制宜地选择适合当地的优良品种来发展。全国魔芋主要的栽培种有花魔芋、白魔芋、珠芽魔芋，目前花魔芋种植面积和产量占全国 90％以上，是全国主要推广应用的栽培种。白魔芋、珠芽魔芋引进贵州产业化发展时间不长，2015 年左右贵州才有企业从云南省永善县、四川省金阳县引进白魔芋到兴义、晴隆等地进行规模化种植，2018 年左右贵州的企业从云南省西双版纳州及泰国、缅甸、越南、马来西亚等国家引进珠芽魔芋到兴义、望谟、册亨等地规模化种植，丰富了贵州魔芋种植的品种。

在魔芋优良品种选育方面，湖北的恩施土家族苗族自治州农业科学院魔芋研究所的杨朝柱博士带领科研团队成员，深耕品种选育领域，取得了突破性成绩，其选育的白魔芋、花魔芋远缘杂交品种鄂魔芋 1 号（原远杂

1 号品系)，突破了花魔芋、白魔芋种间杂交障碍，取得了重大科技成果，是中国首个远缘杂交品种，2019 年笔者引入到贵州进行推广应用，并获得了省科技厅成果转化项目——"蔬菜新品种鄂魔芋 1 号产业化推广应用"支持，目前该品种在兴义市、盘州市、七星关区、咸宁县、西秀区、赫章县等地都有了规模化种植基地。

根据不同栽培种的生理特性，在贵州区域范围内，一般我们按照如下条件进行品种区域布局：在海拔 1 200～2 400 米以上区域重点推广花魔芋，在海拔 800～1 200 米重点推广白魔芋，在热量条件好、纬度偏南、夏季高温的海拔 800 米以下的区域重点推广珠芽魔芋和白魔芋。远缘杂交品种根据其特性偏向进行布局，例如鄂魔芋 1 号偏向于母本花魔芋特性，主要适宜在海拔 1 000～1 800 米区间进行推广。当然，这个品种区域布局只是一个指导性原则，纬度、林下种植、小气候等都会影响魔芋的生长发育，要针对当地实际情况来选择品种。

二、围绕"两端战略"配置资源

在 2016 年全国魔芋产业发展研讨会上，笔者提出贵州魔芋产业要在全国获得一席之地，就要围绕"两端战略"来进行统筹安排，实现突破发展，获得全国性的话语权。

"两端战略"指的是重点把人才、资源、资金投放在基地端和产品端。战略是取舍，要把自身优势条件放大，把非优势条件或者难以形成产业优势的方面舍弃。当然这并不意味着不构建完整的产业链，而是为产业发展推动过程中指明重点投入方向。魔芋是一个加工原料产品，魔芋产业在当前及一定时期之内仍然属于资源导向型产业，建设好魔芋种植基地、生产出优质产品是产业发展的基础。种植端作为基础较为薄弱的版块，存在生产周期长、利润率低、风险大、经营主体抗风险能力弱等问题，导致社会资本投入较少，不加强对种植端的引导和扶持难以实现快速发展。

产品端不仅要做产品研发、生产、销售，还包括冷链物流、产品营销、销售体系建设、品牌构建等生产后端的全部环节，这是贵州非常薄弱的部分，需要政府大力扶持，需要社会资本的助力。魔芋是一个应用领域非常广泛的产品，仅食品加工这个领域就是一个巨大的市场，产品的开发远远不足，以最常见的魔芋豆腐为例，笔者就提出了开发一种魔芋豆腐与普通豆腐相结合的"水晶豆腐"，弥补魔芋豆腐营养不足的缺陷，提升豆腐 Q 弹爽滑性，还可以将核桃、花生、牛奶等跟魔芋豆腐融合进行开发，加入蔬菜或水果汁等进行赋色赋味，研发出年轻人喜欢的口味，从而扩大消费群体，促进消费；在功能性食品开发方面，企业要紧紧围绕魔芋葡甘聚糖具有的降血脂血糖、减肥、排毒通便等功效，加强产品研发，做好市场普及，使其在这个领域获得一席之地；在爆款产品研发上，企业要紧抓"第七营养元素"的概念，用好中国居民膳食指南，让每一个中国人甚至全球人民都知道膳食纤维是人体必需营养元素，将魔芋是优质膳食产品理念灌输给消费者；"魔芋爽"可以作为一个阶段性的爆款产品，带领休闲食品发展，然而由于这个产品定位跟魔芋是大健康产品的定义不匹配，难以成为引领全国魔芋产业持续发展的产品。2019 年，在西双版纳召开的全国魔芋产业发展研讨会上，笔者就提出引领魔芋产业发展的爆款产品将在功能性膳食纤维饮料上出现的预测，功能性膳食纤维饮料市场是一个红海市场，有巨大市场空间，但也充满风险，行业要想实现持续高速增长，可以引进一个行业巨头公司来进行产品开发和推广，迅速占有市场，或是在一个小的细分市场切入，选择一些省区进行深耕，在站稳脚跟后选择一线城市集中资源攻克市场，再快速招商形成覆盖全国的网络销售体系。

对于魔芋干片、精粉等初级加工产品，应由市场进行调剂和配置，给予一些税收优惠政策即可。一是这个生产环节的风险没有种植业大，作为一个中间环节，当收购的商品魔芋价格高时，其产品销售价格随之上涨，具有一定的利润空间且相对稳定；二是这个环节的技术含量不高，可开发可提升空间相对较小，投入过多的资源未必能够发挥较大的作用；三是现有的加工设备和工艺跟环保要求以及健康理念未必匹配。

三、用标准化生产体系控制品质

贵州魔芋产业要实现后发赶超必须要用标准化生产体系来进行品质控制。标准化生产体系不仅需要在加工业严格执行，在农业生产上更要应用和落实，只有种植、加工都标准化了，贵州魔芋产业才能更好发展。

在魔芋种植行业，由于从业人员多、文化程度低，在生产交易过程中部分农户存在不诚信行为，导致农业标准化生产异常困难。贵州特殊的地理环境使种植业标准化体系实施十分困难，因此在实施种植业标准化的时候，要求本质的一致性而非形式上的一致性。栽培模式、药肥管理等都要因地制宜，但是晒种失水率达 20% 以上、种芋全程筐装运输这两个指标在全省都要严格执行，选用基地种不用市场种、不用除草剂作为基地生产的建议指标进行提出。当然，在生产中还有一些具体的技术要求，比如深沟起垄，要求确保在雨季田间能够迅速将雨水排出地块，种芋位置处于积水线之上；在肥料施用上，我们提出了前期可以施用平衡肥，在中后期就要控氮少磷增钾，施用 2~3 次高钾复合肥，用氮磷钾比例 "12 - 5 - 25" 配比效果较好。

在初级产品加工上，除了行业生产规范外，我们提出初级加工选用的商品芋最好在 500 克以上，从收购到加工时间控制在 5 天以内，以确保加工产品的出粉率、黏度。在制品和精深加工产品生产上，要严格按照国家相关技术要求，制定标准化生产管理体系，确保生产出优质产品，这是整个产业长久发展的重要保障。对于需要进行冷藏保鲜的产品，要通过冷链运输，货物到达后及时进行冷藏保鲜，产品质量、保质期等在国家标准要求上提出更高要求，这样才能推动产业长期可持续发展。

四、加强科技支撑服务体系建设

农业是国民经济发展的基石，农业科技创新是农业现代化转型和促进农业可持续发展的必然要求，是加快现代农业建设的决定力量。2020 年，中国农业科技进步贡献率达 60.7%，据《贵州省"十四五"科技创新规划》数据，2020 年贵州省科技进步贡献率 51.01%，贵州省农业科技水平有较大幅度提升，但是跟其他省区相比还有巨大差距，这不仅是受耕地资源限制，还跟贵州农业发展历史、人员素质有较大的关系，在农业科技创新和技术推广方面存在较为突出的问题。

农业科技具有显著的公共性、基础性、社会性特征，政府应在农业科技发展中起主导作用，公共财政应在农业科技投入中承担主要责任。贵州魔芋产业科技研发队伍非常薄弱，现在主要有贵州省农科院生物技术研究所、毕节市中药研究所、黔东南州农科院、威宁自治县山地特色农业科学研究所等单位在开展相关科技研发、技术服务工作，缺乏国家现代农业技术产业体系、省现代农业产业体系等支撑，各单位主要依靠申报省农业农村厅、省科技厅、省林业和草原局等单位科技项目来开展工作，经费来源不稳定，研发推广经费少，造成队伍不稳定，难以构建长期持续的科技支撑服务体系。

要构建贵州魔芋产业科技支撑服务体系，一是要依靠政府力量，要持续夯实产业基础，扩大面积，提升效益，增强带动能力，使其上升为省级层面重视的产业，纳入省现代农业产业技术体系中，才能实现覆盖全省；二是要依托农业农村系统，实现省级科研单位、大专院校进行技术研发，技术成果与农业农村厅共享，推动省市县乡镇四级农技部门联动，促进先进适用技术的推广应用；三是要用好民间力量，以学会、协会、商会等平台为纽带，形成以科研单位、大专院校科技人员为核心，吸纳龙头企业技术骨干为成员，组建产业技术服务团队，根据不同区域实现就近开展服务。

第二节　产业发展突破方式

一、金融资本引进

要做大做强贵州魔芋产业，就需要加强技术研发，提升企业融资能力，引入金融资本扩大产能，拓宽销售渠道，推动产业发展。

（一）强化企业内部融资能力

一直以来，我国中小企业对国民经济发展做出了重要贡献，在解决就业维护社会稳定方面发挥了重要作用，但中小企业融资难融资贵的问题长期存在。贵州的魔芋企业都是中小企业，很难提供稳靠的抵押担保，使得银行等金融机构不敢轻易将资金贷给企业，限制了企业发展。

内部融资主要依靠企业的内部积累，包括企业的利润积累、留存收益的转化，以及部分投资股、员工股。企业无须定期支付利息、股息，无须受外部债务的困扰，是一种融资成本小、承受风险低的融资方式。内部融资的优势在于降低企业的融资成本，改善企业的资产结构，实现社会资源的合理配置。魔芋企业要获得内部融资，就需要企业创始人做好发展规划，建立良好的个人信用，并且企业生产管理要科学透明，这样在需要扩大生产时向股东、社会成员融资才会让投资者更加信任。

（二）增强企业外部融资能力

中国中小企业平均寿命只有 2.9 年，大型集团公司的平均寿命也只有 7.8 年，贵州魔芋企业普遍存在会计制度缺乏、账目不清、财务管理混乱、产权不明晰等问题，没有建立严格的赊销管理制度，往往导致应收账款不能对现，成为呆账，对原料、半成品、固定资产等管理不到位，降低了资金周转率，这些往往会被金融机构认为存在较大的经营风险、财务风险和信贷风险，导致难以获得外部的融资。

魔芋生产企业贷款难的原因在于自身的信息担保体系并不完善，企业与银行之间难以实现真正的信任，这就使得很多中小企业得不到融资的服务。就贵州魔芋产业而言，产业规模较小的企业可以尝试引入联合担保的机制，以完善当前中小微企业的资信评级，间接地帮助企业向银行融资。

二、互联网思维应用

互联网技术可以为农业标准化、自动化、精准化、机械化、智能化、可追溯等提供技术支持，能够让垂直领域下的"小众产品"做到按照需求定制。将互联网技术应用到农业产业发展中，可以延伸产业链、提升价值链、融通供应链，克服传统农业的弊端，推动农业现代化的发展。

（一）企业管理创新

传统企业特别是传统农业企业，在管理上已不能满足现代企业发展的要求，在"互联网＋"时代下对企业管理方式、发展理念、队伍建设等方面都有强烈的冲击，需要进行创新与改革。企业管理创新是实现管理网络化、扁平化、高效化的现代商业发展要求。应用互联网技术可以改善传统企业管理耗费人力、物力较多，效能低的现状，解决部门之间缺乏协作，管理层与各部门不能及时沟通等问题，是实现管理高效、有序、精准、全面的重要手段。应用互联网思维，改变企业内部管理体系，简化业务操作流程，改变企业陈旧管理方式，从组织框架、人才招聘与激励制度等方面进行变革，重新构架商业模式，更新商业理念，顺应时代要求进行企业管理创新，才能在新时代取得新机遇，保持企业长久不衰。

传统的管理理念将经济效益增长作为企业发展的第一要务，忽视品牌建设、产品研发、后期服务等内容，魔芋生产企业需要借鉴其他行业的管理理念，经过吸收转化形成适应本企业发展的管理措施；互联网技术的发展，能够让管理层第一时间了解各个生产环节的详细数据，通过将信息技术和科研运营、管理等深度融合，对企业的成本管控、客户需求、业务流程等进行再创新，提高企业效益，促进企业管理方式的转变；在人才管理上尊重员工特质，激发员工内生动能，构建多元化人才管理机制，实现人才内部外部双重创新；营造高效、便捷、舒畅的工作氛围，让员工了解企业使命和价值理念，使企业文化与个人目标统一，让员工拥有创业者心态，实现自发自动的工作。

互联网思维下，魔芋企业管理模式的发展趋势必须是针对市场需求来设立组织架构，客户更加细分，个性化需求将被重视，小规模定制的产品模块化的供应将成为一种趋势。促进魔芋企业扁平化改革，对于销售部门而言只需要少量的人员再加上平台的维护，就可以替代原先的渠道建设和品牌塑造，通过在抖音、快手、小红书等新媒体平台，企业可以直接面对客户服务，及时了解用户的最新需求，并及时反馈到产品的研发设计部门，使之设计的产品更好地满足目标群体。

（二）营销手段创新

随着互联网技术的发展，特别是移动互联的应用，人们的消费行为、消费习惯、消费场景、生活方式等都发生了翻天覆地的变化，既为产业发展带来了挑战，也创造了新的机遇。以前的产品生产是正态分布曲线，是十年磨一剑，五年亮一刀，有完整的研发、上市、增长、成熟、下降、退出的生命周期，现在产品迭代速度之快，是原来不可想象的，在新的大环境下，需要在营销手段上创新，推动产业的持续发展。

移动互联网的普及，极大降低了普通民众信息获取成本，以前靠信息差赚钱的模式很难有成长的空间，企业在信息宣传和用户信息获取方面的成本极大降低，高效的企业可以做到零成本推广，实现零库存生产，去渠道化销售。以前都需要通过层层分销系统，厂家只能做 To B 业务，现在任何厂家借助互联网平台都可以直接开展 To C 业务，每个企业就是一个自媒体，通过向用户输出打动人心的内容，让用户成为企业忠实粉丝，厂家建设品牌和销售渠道成为可能和趋势。

传统的营销理论、品牌理论在移动互联时代逐渐失去效力，在这巨大变革的时代，需要重新认识用户，原有的按性别、年龄、收入、文化程度、所处地域等来进行营销的策略已经不能满足现在的发展趋势。通过挖掘问题，提出解决方案，去满足用户需求，将企业价值观和用户生活态度融合，改变传统的企业产品售出后与消费者联系结束的境况，将产品销售作为跟用户链接的起点，让营销成为一种体验和分享，内容贴近消费者生活，引起共鸣，用企业价值观、创始人态度、设计理念、研发过程、产品特色、品牌故事、商业模式等去感染用户，占据用户心智。现代营销输出的是产品价值、故事、特质，讲的是用户故事、体验，推广时要以用户为中心，从用户视觉角度提炼需求，让消费者参与到产品设计、研发、营销、服务等环节，跳出传统思维局限，经营好用户社群，实现企业私域流量的直接变现，从而降低运营成本，获得长久发展的机会。

（三）做好大数据应用

贵州是全国大数据之都，是全国首个国家大数据综合试验区，数字经济增速连续 6 年排名全国第一（截至 2021 年）；有 8 个数据中心进入国家绿色数据中心名单，成为全国 8 个国家算力网络核心枢纽节点之一；贵阳·贵安国家级互联网骨干直联点、根镜像服务器和国家顶级域名节点，成为中西部地区第一个根镜像服务器节点、第三个国家顶级域名节点；是国家"东数西算"示范工程 8 个算力枢纽中心；打造"一云一网一平台"的政府数字共享平台，率先实现省市县政务信息系统互联互通，贵州省政府数据开放平台成功接入国家公共数据开放平台，成为数据开放 5 个 A 类地区之一；在大数据发展体制机制创新方面引领全国，大数据领域立法数量全国第一，主导、参与研制的大数据国际标准、国家标准、地方标准全国领先。"十四五"期间，贵州省还将在实施数字经济战略上抢新机，在加快建设大数据制度创新引领区、大数据产业发展先导区、大数据融合应用示范区及全国算力网络枢纽，推动试验区建设等方面取得更大突破，助力全省经济社会高质量发展。

贵州企业壮大要用好大数据工具，做好企业管理，深度了解客户消费偏好，积极探索"大数据＋农业"深度融合新路径，为农业发展各环节嵌入"智慧芯"，用好大数据这把"新农具"，推动产业高质量发展。在种植方面，通过安装传感器，能实时收集温度、湿度、气压、降雨量、光照等信息，应用大数据分析处理提前预判病虫害，实现科学施肥，提供个性化的精准农技指导以及专家远程支持的服务；在加工方面，应用大数据技术，可以确保产品品质稳定；在品质监测方面，可以追溯种植、仓储加工和销售全产业链等相关信息，对种植基地、生产包装、库存、运输、销售等信息进行管理与控制，让消费者了解产品信息，企业可以精准分析市场数据，结合需求改进生产；在销售上，依托大数据，打破信息壁垒，以更广阔的视野审视农业产业发展生态、洞察市场变化，为农业发展规划和决策提供更加科学、合理的支撑。通过"大数据＋农业"，推动农业现代化、智能化发展，把魔芋产业培育成现代农业发展的新亮点、农业经济的新增长点、农民增收的新领域，助力贵州山地特色高效农业高质量发展。

（四）构建消费场景

互联网思维下魔芋行业如何进行价值创造、价值传递、价值实现、价值维护是高质量发展的重要内容。价值创造的主体不仅包括企业，还包括意见领袖和顾客，要通过互联网平台来提升企业和用户之间的沟通效率，根据顾客的需求调整产品研发和消费场景打造，改变企业的生产方式，实现消费场景的差异化。

在移动互联时代，用户的消费行为发生了改变，技术变革为生产者提供了手段，可以实现产品上市前就能有用户、有预售，再利用粉丝的传播和推荐，不断辐射形成知名度。年轻一代的消费者更加讲究精神上的愉悦、情感上的共振、文化上的认同，在商品本身之外，给消费者提供更加丰富、多元的消费场景和体验，是企业需要考虑的重要课题。消费场景打造要注重新鲜感、差异化、参与感，设计好玩、有价值的营销活动，邀请用户参与，将选择权交给用户，与用户一起创造新产品、新玩法、新文案，吸引用户为品牌做贡献，利用抖音、快手、微信、小红书等社交媒体，通过自己或鼓励用户发布品牌证据链，展示令人放心的生产场景、用户使用后的好评场景、产品使用的教程、购买的火爆场景，并围绕用户生活、消费、社交等方面，通过生活化、专有化、仪式化的流程，形成线上线下消费场景的构建。

三、多元化产品研发

贵州魔芋产业以种植业为主，主要销售产品为商品芋、种芋，加工主要以魔芋干片、精粉为主，只有少量的魔芋制品及精深加工企业。魔芋是加工原料型产品，可以研发的产品类型非常多，需要进行深度研发，并结合商业模式推动产品的普及。

（一）拓展产业链

在以国内大循环为主体、国内国际双循环相互促进的大背景下，要将现有产业链条向上下游拓深延展。向下做好魔芋种植、加工标准化流程改造，向上做好魔芋生理生化、魔芋葡甘聚糖功效等产业基础理论支撑和技术研发等工作，挖掘产业链条的深度，以全球视野的广度进行延链、补链，拓展产业链的宽度，推动产业持续发展。

在共同富裕助推高质量发展的大环境下，以产业为纽带，通过产业链条的拓展，发挥项目共引、产业共建的机制，依托沿海东部省区对贵州进行帮扶的机遇，按照西部生产、东部研发理念，实现东西部省区产业链条的衔接与协作，助力东西部协作工作的推进。东部省区主要开展产品研发、设计，做好创意营销，推动魔芋产品的市场销售，西部省区为东部省区提供优质的魔芋生产原料，通过制定生产技术标准，推广绿色、高效种植模式，科学施肥合理用药，发挥贵州的生态优势，生产优质农产品，为产业发展夯实基础。在有条件的地方实现相对集中连片的规模化种植，初加工围绕基地进行建设，在县级主要进行魔芋制品生产，将研发中心、精深产品生产放在省会城市，按照产业链现代化建设要求，在工业园区打造产业集群，增强产业优势和综合竞争力，为产业发展注入强劲动能。

（二）魔芋产品属性的重新定位

一个产业的发展与其定位有重要关系。一直以来，魔芋跟魔芋豆腐的紧密绑定，虽然让魔芋作为一种特色食品为大众所知，然而也限制了魔芋产业的发展，必须对魔芋产品属性进行重新定位。2023年3月3日，由贵州省果蔬行业协会魔芋分会在贵州省国际会议新闻发布厅举行的2023年贵州魔芋产业发展研讨会上，中国园艺学会魔芋协会副会长、贵州省果蔬行业协会魔芋分会会长丁海兵提出了要重新定义魔芋产品属性，将魔芋定义为"Q弹食品原料"和"3D食品打印基材"，重新为魔芋行业进行定位，创新领域和品类，这将极大地拓展魔芋产业的发展。本次研讨会上，丁海兵会长提出了"一十百千万"的发展战略，即"将魔芋产业链、供应链做到全球第一，将魔芋推成贵州十大特色农业产业，整合全省优质企业资源，组建联合股份有限公司，实现百亿产值、千亿估值，引领企业去拓展全球万亿市场"，用这个目标去引领全省魔芋企业、科研院所、大专院校等主体协同发展，充分发挥不同主体的资源优势，努力去实现这个目标。

（三）魔芋特殊功效产品的挖掘

一是美容瘦身产品。魔芋热量极低，并具有抗营养吸收功能，被女性消费者越来越了解，抓住了女性消费者就是抢占了市场高地，可以重点围绕女性消费者来打造魔芋减肥瘦身产品，可将想减肥瘦身的客户群体作为重要的市场板块。二是膳食纤维补充剂。魔芋是优质的膳食纤维食品，膳食纤维在提升免疫力方面有重要作用，因此围绕"补充膳食纤维，提高免疫力"的主题进行产品研发和推广，有巨大的发展空间。三是排毒通便产品。中华医学会消化病学分会胃肠动力学组发布的《中国慢性便秘专家共识意见（2019）》显示，当前我国成人慢性便秘患病率为4.0%～10.0%，70岁以上人群慢性便秘患病率更是达到23%，80岁以上达到38.0%，意味着每年有数千万成年人遭受便秘困扰，因此研发该类食疗产品有广阔市场。四是保健功能产品。魔芋食品对糖尿病、高血脂、高血压等慢性疾病有良好的预防和控制作用，可以针对特定的群体，注重保健功能的开发；魔芋是碱性食品，具有平衡人体酸碱性的作用；魔芋中含有大量的钙，具有补钙功效。

（四）新食品产品开发

多元、立体的消费市场格局逐渐形成，消费升级趋势明显，高端化、个性化、多元化需求与日俱增，从消费者感兴趣方面进行产品研发，为新食品研发指明了方向。2022年4月20日，贵州开放大学杨光义老师带领学生做出了"魔芋锦鲤"产品，由于色泽艳丽，造型可爱，经天眼新闻网报道后，迅速被人民网、人民资讯、贵州日报、腾讯新闻、新浪新闻等媒体转载，阅读量超100万次，在微博上迅速上了热搜，对魔芋产品的推广起到了较大的宣传作用。

了解市场动向进行食品新产品研发非常重要，可以从原料来源、味道配方、视觉感官打造与区域口味结合等角度来进行产品设计。比如，仅魔芋豆腐就有很多种开发思路，可以研发添加核桃、杏仁、花生等的营养魔芋豆腐，可以添加葡萄、木瓜、黄桃、青菜、胡萝卜等汁液进行调色赋味，做成五颜六色的果蔬魔芋豆腐，可以做成冻魔芋用于火锅、烧烤等。总之，要围绕现代消费品的发展趋势，将各种元素进行融合创新，调制出具有新、奇、特风格特点的产品，开辟一个新的品类市场，在蓝海领域获得利润。通过小批量、多批次的研发生产，推动产品的快速迭代，紧跟时代潮流，做人们喜爱的产品。

（五）全球化推广

魔芋产业要获得长期可持续的发展，就需要进行全球化推广，在全球范围内进行生产和销售，因此要培育一批优质企业走出国门、走向世界，迅速在膳食纤维领域占有一席之地。现在的商业竞争已经不是"市场"的竞争，而是"心智"的竞争，打造全球化品牌是占据消费者心智的重要方式，通过构建全球的供应链体系，能够用更低的成本拓展全球市场，更能增加产业抗风险能力。

魔芋产业要进行全球化战略推广，给企业提出了更高的要求，要根据企业现状制定清晰的全球化战略。由于地域、经济、文化、法律等方面的差异，导致各国消费者的认知存在巨大差别，在中国成功的品牌、产品未必能够在海外市场取得好结果，必须因地制宜，充分了解当地消费者认知，针对性布局产品。在产品上进行聚焦，将资源重点集中在拳头产品上，投入重金进行包装，并寻找海外市场的突破点，在有影响力的市场深耕，当全面稳固后再向周边国家进行复制，进行全面推广。在进入美欧等高势能市场时，要先在国内形成强势品牌，并做好人才储备，再考虑产业出海，重点是打造全球品牌，在进入品类低势能市场时，重点是迅速占据市场份额，获得市场销量。

在全球化过程中，重点围绕"一带一路"和国际陆海贸易新通道沿线国家市场需求，结合贵州魔芋产业特点，改变农产品出口结构，在省内建设集中连片、与国际标准接轨的出口魔芋的规模化生产基地。巩固日本、韩国、俄罗斯、沙特阿拉伯等国家市场，同时加大开发南亚、中亚、西亚、北非和东欧等新兴市场。依托现有境外销售渠道，在东南亚等重点海外市场建立海外仓，支持国有或社会资本，在境外建设一批运营能力强、销售成效好、带动作用明显的销售通道，推动贵州魔芋及产品逐步打开境外市场。

第四章　魔芋的形态结构及生物学特征

第一节　魔芋的形态结构

魔芋是单子叶植物，地下部分是由变态缩短的球状肉质块茎、根状茎、弦状根及须根构成，其球茎在低龄阶段呈椭圆形，随生长时间的推移逐渐呈圆球形或扁球形。地上部分是由叶柄及多次分裂的复叶构成，且叶柄较为粗壮。四年以上的球茎可从顶芽抽生出花茎和佛焰花，开花结果，但不会抽叶。

一、根

魔芋在种植半个月后，最先长出的是根。魔芋的根系由不定根组成，从球茎上的芽鳞片叶基长出，是种球茎顶端生长点的一些薄壁细胞分裂后再分化出根冠和原形成层，根冠向外伸长，形成肉质弦状不定根，在弦状根上长有须根和根毛，须根与弦状根基本成直角，且弦状根顶端常有分枝。在种球茎顶芽萌发时，顶部逐渐形成新的球茎，弦状根就集中在新球茎的颈部及肩部。

魔芋的根系为浅根系，在根尖前端是根冠，紧挨根冠有约 1 厘米的光滑根段，是生长点和伸长区，之后是密集的根毛区和侧根生长区。魔芋的弦状根长约 30 厘米，最长可达 1 米，弦状根通常为水平状分布于地表下10 厘米处。侧根较为密集，长度较小，通常在 3～5 厘米，最长的可达 15 厘米。魔芋根系不断代谢，老根逐渐枯死，新根继续长出，7 月以后新根会逐渐减少，但从 7 月上旬起，根状茎的周围会长出新根，数目急剧上涨，但此根相对弦状根较小，其上的须根也较少。8 月中旬以后，根的生长显著减弱，10 月以后球茎接近成熟时，弦状根最先衰退，在近球茎端转为褐色而枯萎，随后须根也开始枯萎，弦状根基部与球茎脱离。另外，形成花芽的球茎种植后，在抽身花葶时能在花芽基部长出根，但往往仅能长出十几根。魔芋的根内没有维管形成层和木栓形成层，不能加粗生长，始终保持一定大小，根内空气通道狭窄，所以魔芋的根很怕渍水。

二、茎

魔芋的商品芋及种芋不是魔芋的果实和种子，而是魔芋的变态茎。魔芋在生长周期结束时除了茎保留外其余都会枯萎死亡，而茎保留成为魔芋延续生长的器官。魔芋除了地下肉质球茎外，还有根状茎。根状茎是由缩短球茎节上的腋芽发生，一般从第二年开始生长，当球茎积累了丰富的营养物质达到一定大小时，侧芽就开始发育并伸长为根状茎。

魔芋球茎纵剖面的上部为分生组织，下部为储藏组织，中部为过渡区域。上部节密集，新球茎、不定根和根状茎等均由上部分生组织形成。种球茎的维管组织可保留延伸至新球茎的组织中。魔芋球茎没有维管形成引起的次生生长，故膨大几乎全依靠异常分生组织的分裂。魔芋球茎的横剖面可见表皮叠生木栓组织，其内是2～3层细胞，再内是薄皮储藏组织。有两类细胞，一类是普通薄皮细胞，主要内含物是淀粉；另一类是异细胞，主要内含物是葡甘聚糖。

魔芋球茎的顶端中心有一个叶芽，称为顶芽，叶芽由8～12片鳞片包裹着。叶芽继续分化形成一个具有粗壮叶柄及三裂后又再分裂的复叶。鳞片叶外有一圈叶柄迹，无鳞片叶的节上有腋芽，腋芽可分化萌发为根状茎。从球茎中部起，节间距增大，下端因为不具有节及分生能力，故不能长出侧枝和根。在球茎底部可见残留的脐痕，这是种球茎脱离的痕迹。魔芋种植后，顶芽利用母芋的营养物质生成大型复叶，同时基部形成新的球茎，侧芽分化伸长为根状茎，长鳞片叶的节上生成很多不定根。魔芋具有较强的顶端优势，若将球茎分切为小块，切块无顶芽，摆脱顶端优势，其余的芽就能慢慢长出，其中着生位置优越的芽就形成新的顶端优势，形成一棵新植株，偶尔会出现生长能力差不多的几个芽，没有主次，收获时就能收到多个球茎。除了顶芽是利用母芋养分来长根长叶外，芽体和基部分生组织也同时利用母芋的营养物质形成新的块茎，新块茎肩部的腋芽则形成根状茎，不同品种的魔芋其发生根状茎的数量不同，如白魔芋能形成十多条根状茎，花魔芋一般只有 5 条左右。根状茎也具有顶芽和节以及节上的侧芽，但根状茎一般当年不发芽出土形成新株，而成为翌年的良好繁殖材料。

三、叶

魔芋的叶有两种类型，一种为大型复叶，叶片通过叶柄支撑与球茎相连，是进行光合作用的器官。另一种为变态叶，即鳞片叶。大型复叶的生长往往与地下球茎的膨大率成正比，通常在一个生长周期中只发生一片叶，叶片一旦受创伤便失去了进行光合作用的器官。因为叶的再生能力较弱，偶尔有从腋芽形成第二片叶并于叶柄基部开裂处伸出，但较小，难以代替损伤了的叶。复叶是正常叶，叶片通常三全裂，裂片羽状分裂或二次羽状分裂，或二歧分裂后再羽状分裂，小裂片略呈长圆形而尖锐，开放脉序。不同年龄球茎抽生的叶片不同，从种子繁殖第一年起，随着球茎年龄的增大，叶片裂片方式呈规律性变化，一般四年以后叶形稳定，每年叶片数目在内生芽分化时就已决定。叶片栅栏组织细胞间隙大，叶肉组织具大径叶绿细胞且阴生植物的叶结构特征。各级分裂的叶片均无离层，所以叶柄倒伏脱落为全株性。鳞片叶包裹着每一个芽，芽萌发时鳞片与叶一起长大，形成长圆锥状的芽鞘保护叶片顺利出土，出土后的鳞片叶还可继续生长数厘米至 10～20 厘米，保护着叶柄基部，稍后干枯。

四、繁殖器官

魔芋的繁殖一般采用无性繁殖，但由于其常年的无性营养繁殖，导致其种性退化、病害加重和产量下降，甚至绝收。目前魔芋原材料市场需求量大，无性繁殖暴露出的缺点亟须解决。而种子繁殖具有天然脱毒、长势快、繁殖率高等优点，能很好地解决魔芋种性退化、易感病害等问题。与其他植物一样，魔芋的生殖器官主要是花、果实和种子。

魔芋经播种后，需经过较长时间，顶芽可能分化为花芽，花魔芋通常为 4 年，白魔芋多为 3 年。花魔芋的花芽在秋收时已经完全分化，其形状比叶芽肥大，能明显分辨花芽球茎和叶芽球茎，而白魔芋直到春季播种时花芽尚未分化完全，难与叶芽区分，且花株比花魔芋迟 1 月。魔芋为佛焰花，花为裸花，虫媒，雌雄同株。花在花序轴上呈螺旋状排列，是较为原始构造的花序。佛焰花序由佛焰苞、肉穗花序和花葶等组成。佛焰花为宽卵形或长圆形，不同的种有暗紫色或绿色等多种色泽，基部漏斗形或钟形，席卷，里面下部多疣或具线形凸起，开花后凋萎脱落或宿存。肉穗花序直立，长于或短于佛焰苞，下部为雌花序，上部能育雄花序，最上为附属器，个别种在能育雄花序之下有一段中性花序。附属器可增粗或延长。雄花有雄蕊花序1个、3个、4个、5个、6个。雄蕊短，花药近无柄或长在长宽相等的花丝上，药室成倒卵形或长圆形，室孔顶生或稍偏，常两孔汇合成横裂缝。球形花粉，花柱延长或短缩，柱头多样，多为头状。魔芋花为雌花先熟型，雌花比雄花早熟两三天，且雌花受精时间短，因此，同株雌花和雄花不能授粉受精，若只有一株魔芋开花则不能获得"种子"。当多株同时同地开花，各株开花时间有异，有可能完成异株授粉受精获得"种子"。魔芋花葶相当于植株的叶柄，色泽形状均与叶柄相似，连接佛焰花和球茎，起支撑和疏导作用。魔芋花序具有特殊气味，但只有附属器能发出气味，不同种的花序会释放不同的气味，所吸引的昆虫也不同，大多数能释放出腐尸气味，会吸引腐尸昆虫及粪蝇。

魔芋果实为浆果，椭圆形，初期为绿色，成熟时转为橘红色或蓝色。果实中的"种子"不是真正的植物学种子，而是一个典型的营养器官——球茎。经过正常受精形成的合子发育不久后转入单级发育，不再形成子叶、胚根和胚芽，而分化发育成球茎原始体，并在株孔端形成生长点，表面细胞分化形成叠生木栓取代珠被。有的魔芋其木栓层厚，形成硬壳，胚乳的营养成分逐渐被消耗殆尽，在子房壁内形成完整的小球茎，小球茎实质上仍为有性器官，可由鸟类啄食果实时自然传播。虽然这不是真正植物学说的种子，但它仍然经过了有性过程，且能正常长成植株，因此仍然可作为杂交育种或专门生产种子用种。

第二节　魔芋的生物学特性

一、生育时期

魔芋是天南星科多年草本植物，其球茎中含有葡甘聚糖、蛋白质、葡萄糖等物质，以及人体所需的十多种氨基酸、淀粉等。魔芋也是一种经济作物，具有高吸水性和高膨胀性。魔芋具有低热值、低脂肪的特点，因此近年在医药、食品、化工等领域都有广泛的应用。

魔芋每年栽培一次，繁殖材料第一年是种子，第二年之后是球茎。魔芋植株是由上一年植株叶柄基部离层圈内新球茎顶端分开形成的内生芽发展而来，内生芽即为翌年的主芽，并在长出新植株的同时又为第三年孕育了一颗内生芽，反复如此到第四年，内生芽分化为花芽，并开花结果后结束一个完整的周期。

魔芋球茎存在休眠期，从当年11月到翌年3月，若是气温上升，休眠期则会缩短。球茎处于休眠期时其形态无论是内部还是外部都不会发生变化，待休眠期结束后就进入生长期。

上述提到的内生芽，是在前一年完成了鳞片分化，待到翌年休眠期结束后，生长活动开始时，复叶才会出现。然后依次出现叶柄轴、三裂叶、小叶。初夏时，鳞片稍早于复叶出土，8～10天复叶才从鳞片叶间隙长出。散叶后，鳞片包裹着叶柄基部，老鳞片逐渐掉落，新鳞片逐渐长出，继续包裹着叶柄基部，直到叶柄倒苗。魔芋萌芽初期叶片抽出展开速度较慢，到中期以后较快。不过叶片抽出开展的速度又和当年的气候、种芋年龄、种芋体积大小等因素都有关系。

生长期的魔芋叶片展开的形式有以下几种：一是"T"字形，叶片膨大，小叶片自叶芽的先端逐渐展开，到开叶的第二期长成"T"字形。二是漏斗状展开，此形状又分为两种，一种是小叶顺利展开但是不整齐，到了第二期的时候长成漏斗状；另一种是小叶缓慢甚至延迟展开，一直到第三期才完全展开。三是伞状展开，小裂片随着小叶柄打开后自然下垂，就像一把伞一样。此外由于缺乏叶绿素，植株萎缩了，形状看起来也像伞一样。四是萎缩状展开，整个植株萎缩着，叶片展开速度极慢。五是病变展开，球茎已染病，不能完成正常叶片生长发育的进程，最终倒伏。魔芋叶片展开以后，进入强势生长期，最旺盛生长期通常集中在每年的7月中下旬，10月以后逐渐衰败枯黄到倒秆。

魔芋的根是由不定根组成，在接近5个月的休眠期中，最先分化的是根，直到翌年休眠结束，在顶芽开始分化复叶同时，分化出根冠和原型层，根冠向外生长，形成肉质弦状不定根，其上发生须根及根毛，须根与弦状根基本成直角。魔芋的根新陈代谢较为旺盛，旧根不断死亡，新根不断萌发。当年 7 月以后随着叶片的生长达到最旺期，随后新根就逐渐少了，但是球茎中的物质含量依然能够维持生长到 9 月初左右。随后就是魔芋"换头"时期。

魔芋"换头"是种芋吸收母体营养生根、萌芽、展叶生长的一个过程。最开始是母球茎积累能量，为出苗进行准备。从播种到第一片叶出芽在一个月左右，这期间第一片叶出苗，随着叶片的展开，第一片叶通过光合作用来积累能量，为后续生长储存能量。珠芽魔芋上的每一个芽眼都有发芽出苗的可能性，当前期母球和第一片叶累积到足够能量时，就会激发第二片叶的发芽出苗，当叶片和母球积累了足够能量时，叶柄底部母球的旁边开始形成新球茎并逐渐膨大，直到新球茎形成，完成"换头"，时间一般在当年的 7—8 月。新球茎形成后开始生根，丰富的根系可以为魔芋提供新的能量吸收渠道，吸收土壤中的水分、矿物质，为魔芋球茎膨大提供了物质基础。

二、魔芋生长发育的环境要求

（一）生境条件

魔芋起源于亚洲热带雨林，这种生境赋予了魔芋特有的生态习性。目前用于栽培生产的魔芋种，尽管自南向北迁移传播，并经过人们数千年的种植驯化，但至今仍沿袭着许多原始的种植习性，比如适应在荫蔽、温暖和润湿的环境条件下生长，忌高温、寒冷和强光等。由于地下球茎的膨大进化，使魔芋对土层、土质和水肥等条件有了更高要求，魔芋对生长环境有着比较特殊的要求，在我国主要集中在云贵川区种植。

魔芋具有的特性可概括为以下几点：第一，为半阴性植物，喜温暖湿润，忌高温和太阳直晒。在栽培中要选择背阴地或搭阴棚，也可与高秆作物、林木间套作进行遮阴栽培。第二，它对土壤通气状况反应敏感。在栽培中要选择含丰富有机质的土壤并注意多施有机肥。第三，根系浅，不耐旱，栽培中要勤浇水，并及时中耕培土。第四，植物体缺乏再生能力。栽培中要特别注意爱护，不要损伤植株各个部分。第五，魔芋球茎的生长是需要换头的，并不是在原基础上的年年膨大，但是通常种芋越大、产量越高。

魔芋喜温暖，耐阴湿，喜大水大肥。因此，最好选择近水源、排灌方便的地块、房前屋后、果林下、土层深厚肥沃的土壤种植。而重黏土和沙质土都不宜栽种，重茬地和前作是辣椒、烟草种植地，因易感病种植也难以获得高产。

（二）生长条件

1. 温度

魔芋是一种喜欢温暖、忌高温的作物，对温度的变化较为敏感，温度的高低直接影响其生长和栽培生产。经研究，平均温度在 15～20℃，魔芋生长较为旺盛，22～30℃是适合球茎膨大的温度，适合根系发育的温度为 20～26℃。

2. 光照

光照直接影响作物的生长代谢。魔芋是一种喜半阴半阳的作物，喜散射光和弱光，忌强光，在实际种植过程中常采用遮阴栽培模式。大量研究表明，在温度较高且日照时间长的环境下，魔芋种植的郁闭度在 50％～60％为宜。在盛夏光照强的阶段，如果不采取一定的遮阴措施，容易引起叶片萎缩，更易染病。

目前较为流行的遮阴方式就是以间套作为主，比如与玉米、高粱、向日葵、猕猴桃、核桃林等。间套作模式一方面可以避免魔芋被阳光直晒，另一方面提高了土地利用率。

3. 湿度

魔芋喜湿润，生长季节内需要雨水均匀充沛，生长前期和球茎期，需要较高湿度的土壤环境，以 80％左右的含水量为佳，但湿度过高，土壤通气性降低，不利于球茎的膨大。生长后期要求土壤水分较低，以 60％～80％为宜，有利于球茎内营养物质的积累。雨水过多或者干湿不均匀都容易造成球茎表皮开裂、染病，从而造成魔芋在田间或储藏期腐烂，影响产量和品质。

4. 养分

魔芋种芋萌发后，吸收钾肥最多、氮肥次之、磷肥最少。钾肥能促使植株生长健壮，增强抗病能力，随着养分的转化和吸收积累，光和效率逐步提高。适量的氮肥有利于促进地上部分健壮生长，提高蛋白质含量，加快有机物质积累，过量的氮肥有可能会造成魔芋叶柄娇弱。魔芋对钙和磷的需求不高，但也不可缺少，同时其他微量元素锌、镁、铜等对魔芋增强叶绿素和蛋白质的含量，对延缓叶片衰老方面都具有积极作用。

5. 土壤

适合魔芋生长的条件是土层深厚、质地疏松、排水性透气性优质、有机质丰富的土壤，土壤酸碱度以中性偏碱为佳。土壤肥沃松厚是魔芋根系发育和球茎膨大的重要保证。黏重、排水透气不良、易板结的土壤都不适合魔芋生长，容易造成产量低、易发病，而且球茎形状不整齐，表皮粗糙，不利于加工。土层太浅的土壤不适于魔芋球茎的换头和膨大。

第五章 魔芋主要栽培种及高效栽培技术

第一节 主要栽培种

一、花魔芋

（一）起源

花魔芋（*Amorphophallus konjac*）又名磨芋、花秆南星等，为天南星科（*Araceae*）磨芋属（*Amorphophallus*）植物。花魔芋是中国分布最广、应用最多的栽培种，种植面积及产量占全球魔芋的90％以上，主要分布于贵州、云南、四川、陕西、湖北、重庆等省份。

花魔芋具有适应性强、抗性强、性状稳定、产量较高等特性，其球茎含葡萄甘露聚糖55％以上（干基），高的可达60％，是贵州省最主要的栽培种，种植面积及产量占全省魔芋95％以上，适宜在1 500米以上海拔区域种植。白魔芋、珠芽魔芋等都是在2010年以后，随着魔芋价格行情上扬，越来越多的人进入魔芋行业，有部分魔芋种植企业从云南、四川等地引进种植发展起来的，在此之前贵州全部种植的都是花魔芋。

贵州省生物技术研究所把"毕-水-兴"一带列为贵州魔芋产业发展的核心区，是最适宜花魔芋种植的区域。截至2022年，毕节市魔芋种植面积接近全省的50％，基本上都是花魔芋品种；威宁县种植面积接近全省的1/3，全部为花魔芋品种。近几年，贵州省从湖北引进鄂魔芋1号的远缘杂交种，其植株形态、生理特性等更接近于花魔芋，我们把其纳入花魔芋进行统计。

（二）生理特性

据刘佩瑛等报道花魔芋核型为$2n＝16m＋2sm＋8st$（2SAT），有8对中部着丝点的染色体和一对随体，随体在第13对染色体上，有4对近端着丝点的染色体，花魔芋的平均臂比为 1.95。生育期为 156～163 天，幼苗长势强，出苗整齐，叶绿色，掌状复叶，叶柄花斑色，叶片长 42.27 厘米，叶片展开度 40 厘米，叶柄长 36.5 厘米，叶柄粗 1.98 厘米，株高 50.3 厘米，球茎球形，表皮褐色，鳞芽梢状、粉红色，肉白色。

花魔芋球茎近球形，顶部中央稍凹陷，内为白色，有的微红，喜欢温暖、湿润，日照强度需求仅为一般作物的 65% 左右，在半阴环境中长势良好，长时间处于高温烈日下表现生理不适、日灼伤害、叶片白绿直至变褐枯死。花魔芋种质为叶柄浅褐色、光滑，叶片绿色；其块茎球形，顶部中央下凹，主芽红褐色；球茎表皮暗褐色，肉白色；叶柄长 10～150 厘米，直径 0.3～7 厘米，有黄绿色、浅红色、绿褐色及墨褐色等颜色，相间的有斑块，光滑；叶柄基部有膜质鳞片 4～7 枚，粉红色；叶绿色，三裂，小裂片数随植株年龄的增加而增多；小裂片互生，大小不等，长圆至椭圆形；须根较多围绕叶柄基部着生。

（三）适宜种植区域

《特色农产品区域布局规划（2013—2020 年）》中把魔芋列为特色蔬菜进行发展，明确秦巴武陵区、云贵川区是魔芋的优势产区。花魔芋生态适应性较强，在贵州全省均有分布，经贵州省科研人员长期试验观测及大田实践表明，规模化种植花魔芋最好在海拔 1 500 米以上区域，以确保生产的安全性。在海拔 1 800～2 000 米区域种植效果最佳，海拔 2 200 米以上区域气候冷凉、病害较少，但是魔芋膨大系数相对较低。海拔 1 500 米以下也可种植花魔芋，由于热量条件较好，膨大系数较高，但是相应的病害风险增加。因此，规模化种植建议增加套种高秆植物的密度，提高遮阴度，或者采取林下种植方式，增加遮阴和土地生态多样性以降低病害发生率。

二、白魔芋

（一）起源

白魔芋（*Amorphophallus albus* P. Y. Liu et J. F. Chen）是 1984 年由西南农学院（现西南大学）刘佩瑛、陈劲枫发现并命名，为中国特有种，主要分布在中国金沙江河谷一带，四川南部及云南北部等地区，在四川省南部的屏山县、雷波县、金阳县等及云南省北部永善县、绥江县、巧家县等地资源分布较集中。由于人为过度采挖野生白魔芋，导致白魔芋野生种群几乎消失，2017 年白魔芋被列为潜在的极小种群野生植物（Plant Species with Extremely Small Populations，PSESP）。

2012 年，贵州省生物技术研究所从四川省屏山县引进白魔芋到贵阳开展栽培试验，2014 年贵州的企业从云南省永善县引进白魔芋到兴义种植，拉开了贵州白魔芋种植序幕。目前，贵州省白魔芋种植区主要分布在兴义市、兴仁市、晴隆县、普定县、西秀区、修文县等地。白魔芋抗病能力强，适应在海拔 800～1 200 米区域种植，KGM（葡甘聚糖）含量高、黏性强，是品质最好的栽培种，不过由于是小型种，一般商品芋基地亩产量在 1 200 千克左右，且芋鞭过多，影响了球茎的膨大，芋鞭重量接近种产量 50％左右。为推动产业的可持续发展，选育出芋鞭数量少、球茎个头大的品种是一个重要的研究方向。

（二）生理特性

白魔芋和花魔芋核型较为接近，白魔芋染色体为 $2n=26=16m+6sm+4st$（2SAT），从进化上看，白魔芋接近较原始种。白魔芋为葡甘聚糖型魔芋的品质最佳种，其葡甘聚糖含量最高达 65％以上（干基），且黏度高、褐变轻，所以加工品色泽白、品质佳，具有很强的市场竞争力。

较之花魔芋，白魔芋葡甘聚糖含量及品质、耐热性、抗病性等方面的优势明显。但是白魔芋的根系与花魔芋不同，其根状茎十分发达，在肥沃的土壤中白魔芋的根状茎和球茎的重量比可达 1∶1 左右，过多的根状茎导致白魔芋商品性降低，限制了白魔芋在产业上的推广应用。

（三）适宜种植区域

白魔芋适应性较强，在海拔 600～2 200 米区域均可种植，在贵州经过多年跟踪调查，在海拔 800～1 200 米地区其生理性状能够得到充分发育，是最适宜栽培区。白魔芋的起源地位金沙江干热河谷地带。因此，对于干旱和高温的抗性较强，可作为贵州省中低海拔区域推广应用的品种。

三、珠芽魔芋

(一)起源

珠芽魔芋泛指具有气生珠芽的魔芋种群,目前文献报道的珠芽魔芋主要有珠芽红魔芋（*A. bulbifer*）、珠芽金魔芋（*A. muelleri*）、攸乐魔芋（*A. yuloensis*）三种,但存在一些混淆的情况,攸乐魔芋为国内特有种。李恒在《中国植物志》中对魔芋属植物的学名进行更正,将 *A. bulbifer* auct. H. Li 更名为攸乐魔芋（*A. yuloensis* H. Li）,张东华在《珠芽魔芋》中认为是 *A. muelleri* 是国内报道的 *A. yuloensis*。本书介绍的是目前栽培最为广泛的 *A. bulbifer*。珠芽魔芋（*A. bulbifer*）原产于东南亚热带雨林,缅甸北部、泰国北部、印尼、中国云南等热带雨林地区。从地理位置上看,珠芽魔芋主要分布在北纬 19°—26°,东经 92°—100°,尤其集中分布在北回归线附近的温、热带交界地区。

贵州珠芽魔芋引种种植从 2015 年开始,在 2018—2019 年达高峰期,贵州省的兴义市、望谟县、册亨县出现了规模化种植基地,由于其抗性强、产量高、繁殖快,成为贵州省魔芋种植版图的重要补充。珠芽魔芋对热量、光照、水分要求极高,冬季气温低于 0℃的区域建议慎重引种,不然会出现无法越冬现象,土壤水分和空气湿度大才能够促进叶面果发育,还要避免强光照直射,在生产中基本上都是采取搭遮阴网进行遮阴,投入相对较大。

(二)生理特性

珠芽魔芋染色体属三倍体,即 $2n＝39$,与其他魔芋品种相比,珠芽魔芋的生长繁殖能力突出。珠芽魔芋繁殖系数大,可以使用球茎和实生种子进行繁殖,也可以利用在叶柄分叉处着生的气生珠芽繁殖。*A. bulbifer* 与攸乐魔芋的主要区别在于攸乐魔芋为叶下附生珠芽,而 *A. bulbifer* 为叶上附生珠芽。珠芽魔芋的实生种子也很特殊,为无性繁殖,无需媒介授粉,种子数量多,形成果实一般有 300～500 粒,多达 750 粒以上,每粒中有 2～4 枚种子。另外,珠芽魔芋与花魔芋和白魔芋不同,其叶片为大片叶,宽大厚实,光合作用强,根系十分发达,根须多且粗壮,无繁殖根，其吸收营养和光合作用积累全部用于地下块茎的生长膨大，所以具有产量高、抗性强等特点。

（三）适宜种植区域

珠芽魔芋起源地在热带丛林区域，需要较高的热量条件才能促进其生长，并且对于土壤水分、空气湿度等要求较高，贵州省纬度靠南、海拔较低、热量条件好的亚热带气候区可以种植，如黔西南的兴义市南部、望谟县、册亨县，黔南的罗甸县、荔波县、三都县，黔东南的从江县、榕江县等地可以选择条件适宜的区域发展珠芽魔芋。

第二节　魔芋高效栽培技术

一、栽培模式

贵州是全国唯一没有平原支撑的省份，山地和丘陵占国土面积的92.5％，地貌类型多样，立体气候明显，受大气环流及地形等影响，贵州气候呈多样性，具有"一山分四季，十里不同天"之特点。魔芋栽培模式多样，常见的有庭院栽培、间套作、净作等模式，不同栽培模式应当根据当地海拔、气候、地形、土壤等区域条件进行选择。

（一）庭院栽培模式

魔芋庭院栽培，是利用路边沟旁、房前屋后、山坡地边、阴棚架下、庭院树下等闲置土地零星种植魔芋的栽培方式。20世纪80年代以前，由于魔芋产业规模较小，种植技术缺乏，庭院栽培成为魔芋种植的重要方式。魔芋庭院栽培模式能提高土地利用率、降低病害发病率，降低农户的种植成本和风险，简单易掌握，是一种易于推广的生态化栽培模式。随着魔芋产业化发展，市场需求逐渐增加，庭院栽培的魔芋无法满足生产需求，出现了魔芋间套作、净作、林下种植等栽培方式，丰富和完善了贵州省的种植模式。

贵州省黔东南州、黔南州等地土地资源较少，为有效利用零星土地资源，降低规模化种植的风险，种植魔芋被列为庭院经济发展的一种重要的栽培方式。每户在房前屋后、菜园花园、沟坎地边零星种植部分魔芋，每年挖大留小，每户能够收获几百斤*，也能有一定的收入，是一种轻简化栽培的模式，村寨每家都种植一部分，汇聚起来也有不少，就会有商贩或厂家来收购。科研人员通过对魔芋庭院栽培模式进行研究，总结出了坑栽、堆栽及垄作等技术，为庭院栽培模式发展提供了技术支撑。

（二）间套作栽培模式

魔芋间套作栽培模式是将魔芋与其他作物合理搭配种植，充分利用不同生物特性，构建立体空间生态位，有效利用时间、空间、光能和地力，增加单位面积植株总数，创造优良的小生态环境，减轻逆境胁迫的栽培模式。魔芋是半阴性作物，在光照较强的地区，利用高秆作物遮阴能有效降低阳光直射对魔芋带来生理的伤害，营造出更加适宜魔芋生长的局部小环境。

魔芋间套作栽培主要有大田间套作栽培和林下栽培两种方式。大田间套作具有抑制魔芋病害、改善田间小气候、优化农业种植结构、提高复种指数、充分利用土地和光能、增加间套作体系作物综合产量、提高经济效益等优点，魔芋跟粮食作物间套作栽培模式是常见的栽培模式，该模式能适应低山、中山、高山等不同海拔区域，根据地形、海拔、小气候等环境因素，有多种方式可以选择，最为常见的是"玉米—魔芋"套作模式。林下栽培能够充分利用林地空间，营造适宜魔芋生长的环境条件，并通过魔芋种植实现对林地的以种代管，提高单位面积产值，实现农林产业的长短效益结合。

1. 大田套种栽培

（1）"玉米—魔芋"栽培模式。"玉米—魔芋"套种是最为成熟的栽培模式，广泛应用于生产中。利用玉米茎叶给魔芋遮光，防止强光灼伤魔芋茎叶，有利于魔芋生长，表现为植株变高、生长茂盛、发病轻，叶绿素和葡苷聚糖含量套作都较净作高；魔芋与玉米套种增加田间物种多样性，改善田间生态环境，增加土壤微生物多样性，对软腐病、白绢病等有很好的控制作用，也有减轻连作障碍危害的作用。张红骥等研究发现，魔芋与玉

---

* 斤为非法定计量单位，1斤＝1/2千克。——编者注

米套种可以显著降低魔芋软腐病的死亡率，魔芋茎基部带菌率显著低于净作，且发病高峰期延迟 1 个月，控病效果比净作提高 59%。同时，该研究还发现间作体系内不同栽培行植株株高差异显著，发病率差异不显著，但行间发病植株欧文氏菌的分离频率存在显著差异，换头期和散叶期茎基部和根部病原菌分离频率与行间距呈正相关，证明玉米对魔芋病原菌具有一定阻隔效应。陈娜等人研究指出，当魔芋与玉米间作时，魔芋根际土壤中病原菌的数量和魔芋软腐病病情指数均较魔芋单作有所降低，类黄酮、总酚、苯丙氨酸解氨酶（PAL）及多酚氧化酶（PPO）等根系抗氧化物质的活性均显著高于魔芋单作。同时，魔芋与玉米间作后根际土壤中微生物的多样性显著提高，增加了芽孢杆菌属和链霉菌属的相对丰度，降低了根际土壤中病原菌的数量，说明魔芋和玉米套种是一种简单可行的防治魔芋软腐病的策略。

魔芋是大肥大水作物，种植时需施用大量肥料，有利于玉米根系生长，促使玉米增产增收，加上玉米栽培技术简单、成熟，"玉米—魔芋"套种成为全国主要推广的栽培模式。玉米与魔芋套种的研究较多，但不同区域、不同魔芋品种在实际生产中套种的密度存在较大差异。湖北的许敏等认为玉米种植密度为 1.8 万～2.25 万株/公顷、魔芋种植密度为 3.75 万～4.5 万株/公顷时魔芋软腐病发生率最低；陕西的段龙飞等认为在低海拔区"玉米—魔芋"套种，魔芋种植密度为 2.5 万株/公顷、玉米间种密度为 2.5 万株/公顷左右时经济效益最佳。根据贵州省大田生产实际情况，一般清明节前后种植完魔芋即可播种玉米，中低海拔区域 2～3 行魔芋播种 1 行或 2 行玉米，高海拔区域 4～6 行魔芋播种 1 行或 2 行玉米，玉米株距 40～60 厘米。7—9 月摘除玉米脚叶，增强田间通风透光率，降低病害发生并避免玉米叶片割伤魔芋嫩叶。9—10 月，玉米成熟后，选择晴天掰玉米，保留玉米植株继续为魔芋遮阴并防止收运植株损伤魔芋。

近年来，为培肥地力实现可持续发展，贵州、云南等地探索出"玉米—魔芋—绿肥"栽培模式，即按照常规的"玉米—魔芋"套种进行栽培，在 8 月初至 9 月中旬在魔芋种植厢面每亩撒播 3～5 千克光叶紫花苕（点播 2.5～3.0 千克），翌年 4 月绿肥处于盛花期，此时魔芋尚未出苗，对绿肥进行刈割处理，绿肥植株可作为饲料，亦可在魔芋种植垄面先撒施适量复合肥后将绿肥植株刈割覆盖于垄面，从而达到保温、保潮、控草等目的。该模式有如下优点：一是魔芋、玉米和绿肥互不争夺光照和水肥资源，充分利用了土地空间，实现了不同作物时空间互补；二是绿肥根系腐烂分解后能增加土壤有机质，改善土壤理化性状，增加土壤氮素营养，为翌年的魔芋出苗及生长提供速效营养；三是冬季覆盖地表的绿肥枝蔓能有效掩盖魔芋茎秆枯萎后留下的孔洞，避免霜雪、凝冻等对球茎造成伤害，提高魔芋出苗率，降低魔芋苗期软腐病害发生率；四是绿肥生长抑制了其他杂草的生长繁殖，降低了杂草种子数量，翌年魔芋地杂草数量大幅度下降，降低除草成本。

（2）"向日葵—魔芋"栽培模式。种植向日葵的经济效益高于玉米，但贵州民间流传着"葵花地里不出魔芋"的说法。2017 年，贵州省生物技术研究所、贵州威宁鼎诚魔芋科技有限公司通过科学论证后开展试验，通过补充钾肥、叶面追肥、对土壤进行消毒抑菌处理等方式，成功总结出一套"向日葵—魔芋"高产栽培技术，打破了"葵花地里不出魔芋"的讹传。2018 年，在毕节市威宁县麻乍镇建成 50 亩"向日葵—魔芋"套种示范基地，2019 年集中连片大面积种植，成功打造了 2 020 亩"向日葵—魔芋"高效种植示范基地，成为全国规模最大的矮化黑秆花魔芋集中连片种植基地，各级新闻媒体对该模式进行了相应报道。2019 年，为筛选适合乡村农旅观光的向日葵品种，贵州省油料作物研究所到麻乍镇开展品种试验，引进了观花葵、油用葵、食用葵等 20 余个品种开展试验，初步筛选出适宜在威宁与魔芋套种的向日葵品种，多部门的技术团队深度合作，成功研发出一套"向日葵—魔芋"丰产栽培技术体系。2020 年，鼎诚魔芋公司的 3 540 亩连片基地全部采用该栽培模式进行建设，丰富多样的向日葵品种，让单调的魔芋基地变得五彩斑斓，点缀了田间地头，打造一条靓丽的产业风景线，有效推动农旅产业结合。2020 年，赵盈盈等在贵州省遵义市开展套种试验，研究表明魔芋与向日葵套种，魔芋生长状况较为理想。

（3）"魔芋—黄秋葵"栽培模式。文明玲等提出魔芋套种黄秋葵栽培模式，指出魔芋套种黄秋葵可降低病害发生，促进魔芋健壮生长，是魔芋套种优化新模式。在栽培中，要充分考虑黄秋葵与魔芋品种、芋龄等情况进行栽培方式的优化，比如 3 龄芋与黄秋葵套种的适宜厢宽为 1.5 米，1 龄芋、2 龄芋与黄秋葵套种适宜厢宽为 1.2 米。黄秋葵品种间叶型、植株高度、株型差异很大，在实际生产中黄秋葵与魔芋套种时，要依据黄秋葵品种特性来确定适宜套种密度，若与叶片肥大、叶柄长的黄秋葵品种套种需适当增加厢面宽度、降低种植密度。随着芋龄增加，魔芋株高由 0.2 米增至 1.5 米不等，与魔芋套种要选择株高 2 米以上的黄秋葵品种。

（4）"魔芋—黄蜀葵"栽培模式。文明玲等提出海拔低于 800 米的区域，可采取魔芋套种黄蜀葵栽培技术。黄蜀葵叶片大、植株高，能为魔芋提供遮阴生长环境条件，二者主要根系分布于不同土层，可充分利用不同土层肥水，实现双收目的。栽培时，魔芋种于厢面中间，播种时宜将种芋进行大小分级、分开播种，以便后期田间管理及采挖。100～300 克的种芋在厢面中间种 2 行，相邻魔芋间行距为 30 厘米，魔芋株距为 25 厘米，魔芋与黄蜀葵间行距约为 40 厘米；50～100 克的种芋在厢面中间种 3 行，魔芋株、行距均为 25 厘米，魔芋与黄蜀葵间行距约为 30 厘米；50 克以下的种芋在厢面中间种 3 行，相邻魔芋间行距为 25 厘米，魔芋株距为 20 厘米，魔芋与黄蜀葵间行距约为 30 厘米。魔芋播种采取错窝排列，种芋芽窝向侧边倾斜放置，之后盖土 10 厘米。据试验统计结果，魔芋套种黄蜀葵，黄蜀葵亩产值约 2 500 元，两年免耕制魔芋平均膨大系数为 6，病害发生率低于 20％，年均魔芋纯收益可达 7 000 元/亩以上，每亩综合收益近万元。

（5）其他套种栽培模式

①"芸豆—魔芋""四季豆—魔芋""荷兰豆—魔芋"等套种栽培模式。利用豆类作物需要搭架与魔芋形成空间上的互补，豆类作物生长后为魔芋提供遮阴，通过多种作物的种植，提高土地单位面积产出。

②"佛手瓜—魔芋""南瓜—魔芋"藤架栽培模式。在中低海拔区域，气候较热，佛手瓜、南瓜等需要搭架的作物品种，利用藤架下空间种植魔芋，既起到了遮阴作用，同时由于温度较低，有利于魔芋生长，还对冰雹有一定的避灾作用。在贵州织金、惠水等地的佛手瓜种植基地，为充分利用土地资源，提高单位面积土地产值，部分企业在佛手瓜下种植魔芋，取得较好收益，为魔芋产业的发展，尤其是中低海拔区域打造复合型高效栽

培模式提供了选择。

③"光伏—魔芋"栽培模式。此模式在贵州省毕节市首先试验，由恒大集团帮扶毕节市威宁县在麻乍镇建 800 亩示范基地，利用光伏板间隙空地种植魔芋，光伏板也能给魔芋遮阴，但仍存在一些技术问题，待相关技术成熟后推广。

2. 林下种植模式

林下魔芋栽培的根际土壤中病原微生物数量少、有益微生物数量多，土壤有机质含量高，软腐病发病率显著低于大田种植。研究表明魔芋连续林下种植 3 年，其软腐病发病率仍保持较低水平。目前，魔芋林下栽培模式已发展出刺槐、柑橘、梨、猕猴桃、樱桃、橡胶、板栗、核桃、桑树、花椒等林下套种新模式，是魔芋栽培的重要模式之一。林下魔芋栽培复原了魔芋原生态环境，有利于防控魔芋病害，促进魔芋健壮生长，并能抑制林间杂草生长，降低林地管护成本。但是，大多数林地基础设施相对落后，管理不便，采后运输成本较高，一定程度上制约了魔芋林下栽培模式的发展。另外，在经果林下种植魔芋，要考虑到经果林的农事生产及采果要求科学设计栽培技术。在贵州低海拔区域，尤其是黔东南州、黔南州、黔西南州等区域，土地资源缺乏、气温较高、土壤湿度大，大田种植魔芋容易暴发病害，选择林下种植魔芋，用仿野生栽培模式，采取一年种多年收的模式，有较大的发展空间。

（1）樱桃林套种栽培模式。樱桃嫁接苗或高空压条苗 2～3 年挂果，从种植到盛果一般在 5 年以上。贵州的樱桃一般在 4 月进行采果，跟魔芋的种植期恰好能够衔接。毕节市中药研究所为提高樱桃园经济产值，开展了玛瑙红樱桃套种魔芋的试验示范，经专家测产，魔芋平均亩产达974.06 千克，亩增收 4 000 元以上。通过多年试验示范，团队总结形成了一套高效栽培技术，为果农致富提供了一种新型农业立体种植模式。该技术适宜海拔 1 200 米以上区域的幼龄樱桃或 40%～60% 荫蔽度的樱桃林地间套作魔芋。首先，土层要求深厚、肥力较高、通气排水良好、土壤酸碱度以 6.5～7.5 为宜。其次，樱桃树间距应为 3 米×4 米或 4 米×4 米，播种时根据树龄在距樱桃树蔸 0.5～1.0 米的空地做成两行 1.0～1.5 米宽、0.2 米左右高的厢。试验结果还表明，不同种植密度对魔芋农艺性状及产量有明显影响。密度小，单株膨胀系数大，但单位面积产量不一定高；密度大，发病率高，单位面积产量低。

（2）核桃林套种栽培模式。核桃从种植到采果时间周期长，可套种魔芋实现空间互补和长短效益结合。魔芋是喜阴作物，如果单纯种植魔芋，需要同时种植高秆作物为魔芋遮阴，核桃林下种植就解决了这个问题，同时，魔芋种植和采收时需对土壤进行翻耕，对魔芋进行中耕除草、施肥等农事操作也促进了核桃树的健壮生长。陈志怡等人还对核桃根（叶）浸提液对魔芋出苗率、地上部分、地下球茎的生长影响进行了研究，研究表明各浓度核桃根、叶浸提液处理的魔芋出苗率均高于对照，从柄高、柄围、冠幅等生长指标来看，100 毫克/毫升、10 毫克/毫升的叶浸提液，25 毫克/毫升、2 毫克/毫升的根浸提液，相较其他浸提液可在一定程度上促进魔芋地上部分生长；从魔芋球茎生长情况看，100 毫克/毫升、25 毫克/毫升、10 毫克/毫升的叶浸提液，25 毫克/毫升、10 毫克/毫升、2 毫克/毫升的根浸提液更有利于魔芋地下球茎生长。因此，核桃林下种植魔芋，充分利用其化感作用，可促进魔芋生长，达到节本增效的目的。利用核桃林下闲置的土地种植魔芋可作为一种新型农业种植模式推广应用。

（3）橡胶园套种栽培模式。海南、广东、福建、云南等省部分区域是中国天然橡胶的产区，2020 年中国橡胶种植总面积超过 1 195.4 万公顷。橡胶园从定植到橡胶开割需要 8 年的时间，投产周期长，充分利用橡胶林地发展林下经济成为增加胶农增收的一项重要措施。橡胶是典型的喜光作物，植株高大，魔芋与橡胶间作可以使两种作物充分利用不同层次空间的光照，是理想的复合种植模式。套种魔芋可显著促进橡胶树的生长，其中3 年生橡胶树套种魔芋的效果最好，魔芋产量最高。近年来，中国橡胶产区还大力推广宽窄行胶园株行距为 2 米×（4 米+20 米）的种植模式，宽窄行胶园大行间露地面积占胶园总面积的 58.3%，在宽窄行胶园发展"橡胶树—珠芽魔芋"间作，为成龄橡胶园林下土地开发利用及胶农种植效益提升提供良好的契机。

中国热带农业科学院橡胶研究所的李娟、涂寒奇、王秀全等于 2020 年 4 月在中国热带农业科学院橡胶研究所三队常规胶园与宽窄行胶园进行了不同橡胶园类型间作珠芽魔芋的种植密度试验，在离橡胶树 2 米远的地方开始种植，宽窄行胶园的 20 米宽行是间作行，4 米窄行不间作。试验结果表明，宽窄行比常规胶园更适合珠芽魔芋间作，宽窄行胶园、常规胶园的适宜间作密度分别为 40 020 株/公顷、33 345 株/公顷。云南胶园间作珠芽魔芋也取得了很好的种植效益，如景洪市 2018 年橡胶林下魔芋平均单产为 22 500 千克/公顷，2019 年因干旱原因产量有所降低，幼龄胶园（5 龄）单位产量为 13 650 千克/公顷，成龄胶园（12 龄）单位产量为 11 190 千克/公顷。另外，受国际天然橡胶价格波动的影响，部分年份出现胶农亏本的情况，在橡胶园间作珠芽魔芋，也为稳定胶农收益作出了相应的贡献。

（三）净作栽培

魔芋净作栽培模式的优势是便于田间统一种植、管理和机械化作业，通过合理密植，能最大限度地提高魔芋产量与经济效益，一般在海拔 1 800 米以上区域种植，这个区域温度相对偏低、风速大，高寒冷凉气候使得魔芋病害较轻。部分中海拔区域的背阴地，中午光照不强、温度不高的区域，也可净作。张荣全等在海拔 1 800 米以上地区对魔芋进行栽培技术试验，结果表明魔芋净作经济效益显著优于套种，产量增加 65.7%。

净作模式存在对自然灾害抗风险能力不强，对环境要求较高，长期连续净作会加速土壤病菌累积和壤微生物群落结构失调等，更容易发生连作障碍，因此，这种模式下提倡轮作栽培。张红骥等的研究表明，魔芋与玉米轮作能有效降低软腐病发病率，防治效果为 28.8%～48.8%；李玲等的研究显示，魔芋与万寿菊实行年度间轮作对魔芋病害有较好的防控作用；魔芋轮作栽培模式具有充分利用土壤肥力、改善土壤理化性状、减轻魔芋病害、合理利用农业资源的优点，但需考虑作物间的相互影响、农户的经济效益以及茬口衔接，合理选择换茬作物。

二、播前准备

（一）种植区选择与土地耕整

贵州省地处云贵高原东部斜坡，位于东经 103°36′—109°35′、北纬

24°37′—29°13′，属亚热带湿润季风气候区，根据中国魔芋种植区划，为最适宜魔芋种植区。全省大部分地区年平均气温为 15℃ 左右，无霜期 250～300 天，≥10℃ 有效积温 5 000℃ 左右，年日照时数 1 100～1 400 小时，年降水量 1 000 毫米以上，相对湿度 80% 左右，地势西高东低，山地和丘陵占全省总面积的 92.5%。

童碧庆等进行了贵州魔芋种植的气候适宜性分区。最适宜气候区：本区为贵州东、西部气候的过渡地带，气候温和湿润，夏无酷暑冬无严寒、春秋暖和，春、夏干旱不严重，易实现优质高产，包括贵阳、安顺、遵义的 8 个县（区）及黔东南州 5 个县（市）、黔南州 9 个县（市）、毕节 3 个县，栽培品种以花魔芋为主。适宜气候区：本区大部分生态气候条件与最适区相似，但春旱严重，影响适时种植，夏季雨水过多，土壤容易积水，产生渍湿害，包括黔西南州大部分县（市）和六盘水市盘州市、六枝特区，栽培品种以花魔芋为主。次适宜气候区：本区又分为次适 1 区和次适 2 区。次适 1 区包括铜仁和黔东南州大部以及遵义 5 个县和黔南州和黔西南州少数县，本区气候温热，无霜期较长，夏季常出现高温干旱危害，栽培品种以白魔芋为主，在海拔较低的高温地区可种植珠芽魔芋；次适 2 区包括毕节大部分和六盘水市水城县，本区气候温凉，无霜期较短，常有春旱影响适时种植，栽培品种以花魔芋为主。

贵州科研人员经过多年试验及实践经验，总结出基地选择"五看"原则：一看地形，宜选择山峦互相遮挡或有树木遮阴、半阴半阳、空气湿度较大的背风斜坡地，排水良好的土地；二看海拔，贵州省魔芋种植适宜海拔 800～2 500 米，最适宜海拔 1 600～2 400 米，主要针对花魔芋品种；三看土壤，要求土层深厚、土壤疏松肥沃、富含有机质，pH 可适范围 5.5～7.5，最适 pH 6.5～7.0，忌土壤瘠薄、土质板结、酸性较强；四看前茬作物，避免选择前茬作物为茄科（茄子、番茄、辣椒、马铃薯等）、十字花科（萝卜、白菜等）、姜科（生姜）、五加科（三七）、天南星科（魔芋、半夏）以及瓜类的等地块，宜选择前茬作物为豆科（花豆、苕子等）、禾本科（玉米、高粱等）、荞类作物，土壤肥厚的荒土最佳；五看气候，魔芋球茎休眠解除后，温度高于 12℃ 开始长根，15℃ 时萌芽，20～25℃ 膨大良好，休眠期可忍耐 -5℃ 低温，低于 -8℃ 出现冻伤，裸露 0℃

以下达 10 天时细胞结构破坏，超过 35℃植株生长受抑制，35℃达 7 天时叶柄皱缩，40℃达 4 天则叶片黄化，低于 12℃自然倒苗。花魔芋种植区，要求夏季气温 30℃以下，≥10℃活动积温 3 000～8 000℃，年无霜期 240 天以上，年降水量 1 100 毫米左右，7～8 月相对湿度 70％～90％，避开冰雹带。

选好地后，在冬季深耕翻土 30～40 厘米，以便通过冬季低温实现杀菌灭虫，有条件的地方用生石灰撒施田间进行消毒灭菌。魔芋属于浅根系作物，土壤疏松程度对球茎膨大和根系呼吸影响较大，在土壤水分偏重的地方，应采用高厢起垄种植，以利排水通气。选择晴天开厢起垄，一般厢距宽 40 厘米，厢面宽 80～120 厘米，厢面高 30 厘米，坡地厢面高 25 厘米左右。

（二）种芋选择与处理

不同品种魔芋对生长发育环境条件要求各异，要因地制宜地选择适宜当地生态环境的品种，使品种特性与生态环境条件相协调，利于减轻病害，获取高产、优质和高效。花魔芋适宜在温暖、湿润、海拔较高的山区种植，如贵州省中部以西的海拔 1 000～2 500 米地区；白魔芋能适应较为温热的环境条件，如贵州省海拔 500～1 200 米地区；珠芽魔芋需高温高湿的环境条件，可在海拔较低、气候炎热、冬季无霜冻地区种植。

魔芋良种是生产的基础，在种植过程中选用优良种芋对病害发生率、产量等方面有重大影响。选择种芋时应注意以下三个方面：一是种芋大小以单个质量 50～100 克为宜，每亩用种量 300 千克左右。种芋质量过小，生产子芋的能力较弱，产量低，重量过大会增加种芋成本。二是选择适龄种芋。种芋年龄过小繁殖系数小，增产幅度小；种芋年龄过大会开花，母芋缩小甚至消失，严重影响产量。种芋年龄计算是以着生在块茎上的芋芽为 1 年生种芋，1 年生种芋种植采收后即为 2 年生种芋，2 年生种芋种植采收后即为 3 年生种芋。生产上判断种芋年龄的一种方法是看芋块主芽周围的年轮，有 1 个圈的为 2 年生，有 2 个圈的为 3 年生，以此类推。三是种芋的外表皮必须完好无损。应选择形状周正，顶芽粗短，表皮光滑，皮色鲜艳，芽眼浅且平，外表皮无损伤和无病虫为害的球茎作种。播种前做好种芋的消毒处理工作，不仅能够降低病虫害发生率，而且能有效提高魔芋的生根率和出芽率，促进其早发芽、早换头，延长生长发育周期，从而提高产量。种芋可用魔芋多元消毒粉（主要成分为硫黄、生石灰、氢氧化铜、碳酸钾）进行包衣处理，一般 100 千克种芋使用多元消毒粉 2 千克即可；也可用药剂对种芋喷雾消毒处理，如用药剂（甲基硫菌灵、多菌灵、高锰酸钾等）喷雾处理，播种前选择晴朗天气，将种芋摊放在地上，晒种 1～2 天，利用太阳光紫外线进行灭菌，同时使种芋失水，让病菌失去繁殖条件，然后用杀菌剂溶液喷施，晒干后再喷施，如此 3～5 次效果较好，脱水消毒后再用魔芋多元消毒粉进行种子包衣，让种子在储藏过程中不产生霉菌感染。

三、播种

（一）播种时间

不同播种期对于魔芋栽培种植效果的影响较大，魔芋一般要待土温稳定在 12℃以上时播种，根据各地气候，一般在 3 月上旬至 4 月下旬为宜，最迟不超过 5 月上旬，应在种芋的顶芽超出芽窝或新根长出来前种植完成，避免运输和播种时主芽被折断，从而影响魔芋出苗或根系的生长。杨家伟等通过试验研究认为魔芋播种最佳时间为 4 月下旬到 5 月上旬，这一时间段种植的魔芋发育生长速度较快，同时发病率也比较低，有利于促进魔芋高产。如冬种（11 月底至翌年立春），需深挖覆土或覆盖薄膜，避免冻害。袁炎长认为在 11～12 月魔芋采收时进行冬种，可省去冬季储藏种芋工序。李松等通过魔芋冬种大田效果观察，2 月以前播种，魔芋受冻及病害率达 10%～90%，平均受害率为 51.85%，2 月以后播种未发现明显的冻害及病害，因此认为播种以 2 月以后为宜。魔芋播种时期还与种植地的海拔等因素有关，海拔 800 米以下区域可在 3 月下旬至 4 月上旬播种；海拔 800～1 000 米在 4 月上中旬播种；海拔 1 000 米以上在 4 月中下旬播种。另外，种子运输要求筐装，避免运输中碰伤，15 天之内种完，未种完的种子要在晴天进行晒种处理，每隔 7 天晒一次。

（二）种植方法

魔芋播种方法有撒播、条播、穴播等，一般 5 克以下种芋适宜撒播，

5～250 克种芋适宜条播，250 克以上种芋适宜穴播。

1. 穴播

（1）挖穴。250 克以上种芋，挖穴按株距 30～35 厘米、行距 30～35 厘米，采用开厢带沟栽培的地块，厢面宽 0.8～1.2 米、沟宽 40～50 厘米、深 20～30 厘米，每厢种植 2～3 行，每亩可种植 2 000 株左右，定植穴深度 20～30 厘米。采用该标准株行距可以实现完全封行，行间不易滋生杂草。

（2）施基肥。将提前准备好的钙镁磷肥与农家肥混配肥料放入穴中，每亩混配肥用量以 2～3 吨为宜。

（3）摆种。将种芋放置于定植穴。注意轻拿轻放以及尽量不要挨到肥料，放置时种芽（即生长点）朝上，种芋倾斜 45°，以利于幼苗出土及植株后期长势，同时防止雨水集聚在芽窝中，引起球茎腐烂。斜坡地则顶芽顺坡向上种植，播种深度依种芋大小和土质决定，在土壤潮湿宜较浅，土壤干燥、保水较差宜较深。

（4）覆土。覆土深浅度依温度及降水量而定，覆土浅，土温升高，萌芽早，但若遇寒害，球茎及其顶芽易受冻伤；覆土深，发芽出土慢，但若环境干燥，则利保水，促进发芽，一般覆土厚度根据球茎大小在 5～10 厘米为宜。种植后可将农作物秸秆、枯枝落叶等覆盖厢面，以保持土壤疏松、湿润，可起到防杂草作用。

2. 条播

按确定的行距开好沟，如有条件可在沟内加基肥，然后按株距摆放种芋，放置时种芽（即生长点）朝上。种芋为根状茎者，顶芽顺一个方向连续安放。根据种芋大小，3～6 行成一厢，然后开沟覆土，厢沟宽 40～50 厘米、深 20～30 厘米。也可在开第二条沟时，将土覆盖于第一行，使开沟与覆土工作相结合，一环扣一环地操作。这样可避免重复作业，使土壤保持疏松状态。

（三）播种密度

种植密度与种芋大小密切相关，种芋越大则种植株距越大。种植密度过小，尽管魔芋球茎膨大率相对较大，单株产量相对较高，但单位面积产量下降，而且土面容易晒干不利于根系生长。合理密植，不仅可以有效控草，还可以提高亩产量。一般采取宽行、窄株栽种，以种芋横径的6倍为行距、4倍为株距，以达到叶定形时，叶片约有1/3相互重叠为适宜，这样不仅可以保证彼此的相互遮阴，防止地温过高，还可以使植株互相支撑，以防风灾破坏。若按此原则：株距＝1/2×冠幅×2/3。由不同龄花魔芋冠幅可算出：2叶子芋（1叶）、1龄、2龄、3龄、4龄花魔芋的最合适株距分别为14.4厘米（10.8厘米）、14.6厘米、25.3厘米、38.3厘米、53.1厘米，考虑到大田花魔芋株型为较为紧凑的Y型，实际栽培中的最适株距可以适当缩减。刘佩瑛等通过试验研究表明，10克左右花魔芋种，株距10～15厘米，播种量1 900～3 000千克/公顷；100克左右做种，行距60厘米，株距25厘米，播种量6 700千克/公顷；150克左右做种，行距60厘米，株距31厘米，播种量8 100千克/公顷；200克左右做种，行距60厘米，株距38厘米，播种量8 800千克/公顷；300克左右做种，行距60厘米，株距50厘米，播种量10 000千克/公顷。10克以下的种子可以采用撒播，用条播费工费时，增加成本。300克以上的宜作商品芋出售，作种芋投资太高且风险大，不建议大面积种植。

另外，魔芋种植密度还与品种息息相关。花魔芋球茎较大，可适当稀植。白魔芋球茎较小，可适当密植。叶形大的魔芋种植密度应稀松些，叶形小的魔芋则紧密些。

四、田间管理

（一）遮阴管理

魔芋播种完毕，选用抗倒伏性强、健壮、高秆的玉米、高粱或其他高秆作物进行套作，种植要求为遮阴度达50％～60％。高粱和玉米等作物应适当早播，以保障魔芋生长前期不被暴晒，林下种植需要提前处理可能落下的枯枝，以免后期落下损伤魔芋植株。

最好起垄栽培，既利于排水，也便于田间操作不踩坏魔芋。在遮光不太好的林下种植魔芋时，要视具体环境及时以玉米或者高粱等作物作为补充遮阴措施。净作地块应及时搭建遮阳网防晒，保持遮阴度为40％～

50%，正常搭建遮阳网，但边网不能省掉，要斜拉遮阳网到地面，保障边上的魔芋植株不被晒伤。

（二）摘除花芽

出现花芽的球茎不宜做种，魔芋花芽的发生表示魔芋生长周期结束。如果当年种植2年甚至3年龄种芋未采挖，翌年长花芽的球茎一般会提早1个多月出土，然后长出佛焰苞。这时要及时摘花打顶，减少球茎中养分的消耗，促进魔芋侧芽和叶片生长。如不及时将花芽去掉，魔芋开花后球茎会腐烂掉，不结新球茎，导致生产损失。

（三）施肥

施肥应以有机肥为主、化肥为辅，并注重增施钾肥。施有机肥时要完全腐熟，避免带来虫害和病菌，化肥施用时不要直接接触种芋，以免烧伤种子。在有条件的地方，每亩施有机肥1 000～2 500千克，一般每亩施复合肥50～80千克。也可在种植时不施化肥，这样让球茎营养迅速被消耗掉，促进早日发根。中期结合松土一起追肥，宜选用高钾肥料或配施钾肥，追肥应"前促后控"，生育前半期应供给充足养分以确保地上部生长旺盛，而后半期（在维持有效供给必要的养分条件下）应减少施肥，使植株逐渐减少吸肥量，以求获得干物质含量高、肥大而充实的球茎和根状茎。

一般第一次追肥在魔芋出苗后散叶前（一般为6月底到7月上旬），主要促进地上部生长，每亩混合追施三元复合肥20千克、过磷酸钙或钙镁磷肥40千克，追肥后立即培土；第二次在魔芋换头结束后（7月中下旬），每亩追施硫酸钾肥10千克、三元复合肥20千克（切忌化肥与根、茎、叶直接接触），促使植株强壮，延缓叶片衰老，推迟倒苗，加速块茎膨大，从而提高产量和品质。另外，魔芋完全展叶后应尽量减少田间操作，避免碰伤植株加重病害。为减少农事操作，喷施防病药时可加入浓度为0.3%的磷酸二氢钾溶液作叶面追肥。

（四）除草

播种后至展叶期往往杂草很多，特别是一年生的魔芋植株小，竞争不过杂草，应及时铲除幼嫩杂草，根据魔芋和杂草的生长习性，在魔芋芽距土表 5 厘米左右快要出土时，一些杂草已率先长出，此时正是锄草最佳时期，选择晴天用锄头在土表轻轻铲除初生杂草，但需防止锄头伤到芋芽。魔芋出苗后，适时进行人工拔草，应趁杂草 10 厘米以下及时除草，一般人工除草 2～3 次。最好不用除草剂，尤其出苗后慎用，需要科学合理使用高效低残留且对魔芋伤害小的除草剂。使用不当，不仅可能会对魔芋产生药害，还会对土壤、水源及环境造成污染。

（五）灌溉与排水

从魔芋生育期需水规律来看，苗期植株较小，叶面积不大，耗水量少，加上块茎中含有大量水分，需水量较少；球茎膨大期，植株高大，蒸腾作用旺盛，需水量较大；入秋后，气温日渐降低，需水量逐渐减少。魔芋出苗时间相对较晚，一般在 5 月底 6 月初出苗，且齐苗时间长，一般在 1 个月左右，贵州春旱严重，这个阶段魔芋还没出苗，一般不需要灌水，出苗后进入雨季，重点是进行田间排水管理，在进入雨季时，应及时清沟排水，避免积水诱发病害。

（六）清沟培土

种植魔芋的地块，在雨季尤其是暴雨后，要到地里疏沟排水，保证水路畅通。结合清沟，可将沟内细土培至垄面上，增加土层厚度，以利球茎的形成、膨大和子芋不外露，并能增强魔芋的防风抗倒能力。

种植后，在魔芋快出苗前，可结合除草、追肥等进行清沟培土。暴雨也容易将垄面泥土冲洗到垄沟，需及时将沟内泥土培至垄面上。这样能增加土层厚度，以促进魔芋根系发达，增强其防风抗倒能力，降低其发病率，从而利于球茎和子芋的形成、膨大。

（七）病虫害防治

生产中魔芋软腐病和白绢病是危害最大的病害，严重时可导致整块地绝收，要高度重视病害防控。魔芋出苗后，要经常观察田间发病情况，当田间中心病株出现时，将病株及时拔除，带出田外集中处理。对病穴撒施生石灰或多元消毒粉，并踩紧土壤，防止病原菌传播蔓延。除此之外，在发病初期，7—8 月魔芋旺盛生长时期用化学农药喷施防治。常用的杀菌剂有铜制剂、硫制剂以及生物制剂等，可选用 70% 代森锰锌可湿性粉剂，每亩用 100～150 克；50％甲基硫菌灵可湿性粉剂，每亩用量 100～200 克；50％多菌灵可湿性粉剂，每亩用量 100～200 克。将药剂兑成水溶液进行喷雾 2～4 次，具有较好的防治效果。魔芋的虫害主要有芋双线天蛾、甘薯天蛾、豆天蛾和铜绿金龟子等。林下种植魔芋，虫害最重的是铜绿金龟子，幼虫危害魔芋地下球茎，可结合冬季整地或播种前施肥时用 3％辛硫磷颗粒剂等杀虫剂撒施在土壤中杀灭幼虫或虫卵。

第六章　魔芋新品种选育与组培技术应用

第一节　国内新品种选育进展及主要品种特性

一、国内新品种选育进展

魔芋是天南星科（Araceae）魔芋属（*Amorphophallus Blume*）约200种植物的总称，属于多年生草本植物，主要分布在亚洲印度、中南半岛和中国南部及东南亚，非洲占少数。中国为魔芋原产地之一，种质资源丰富，迄今为止已发现并命名的有20余种，其中10余种为中国特有，如白魔芋、田阳魔芋等。魔芋主产于云、贵、川、陕西南部及湖北西部，形成了秦巴山区、武陵山区、乌蒙山区、四川盆周山区及云贵高原五大魔芋主产区。目前，中国主要栽培种为花魔芋、白魔芋、珠芽魔芋。

魔芋主要以无性繁育为主，随着种植面积不断扩大以及种植年限增加，软腐病和白绢病等病害逐年加重，尤其是软腐病的危害极为严重，一般发病率为10%～40%，严重区域可达高达80%。连作地块病害发生率会逐年增加，针对规模化种植的经营主体一般连作3年后就需要更换土地，以规避风险。魔芋病害防控目前主要依靠化学防控和优化农业栽培措施进行防控，但解决病害高发的问题，需要从选育优良品种这一源头开展工作。

中国对魔芋的利用最早可追溯到2000年前，但对其功效和应用研究滞后。20世纪80年代初，随着魔芋进行产业化开发以来，才开始有科研人员对其进行系统研究，受限于当时的科学技术水平，一度认为魔芋只有无性繁殖而无有性繁殖。随着胚胎学的发展，研究表明魔芋胚胎雄配子体和雌配子体的形成及双受精均正常，但合子发育不久后转入单极发育，不再形成子叶、胚根和胚芽，而是分化发育成球茎原始体，并在珠孔端形成生长点，表面细胞分化形成叠生木栓取代珠被，有的魔芋其木栓层厚，形成硬壳，胚乳的养分被消耗而逐渐消失，在子房壁内形成完整的小球茎，可见此小球茎实质上仍为有性器官，表明魔芋是可以进行有性繁殖的，其种子是异株杂交的果实，这才为魔芋进行种间杂交及远缘杂交提供了重要的科学依据。1993年，西南农业大学刘佩瑛教授从15个农家地方花魔芋品种中优选出中国第一个经过审定的花魔芋品种——万源花魔芋，拉开了中国魔芋育种工作的序幕。

目前，在魔芋育种中主要应用的是品种筛选和杂交育种的方法，芽变育种、诱变育种、分子标记辅助育种、细胞工程育种、基因工程育种等方法还未在魔芋品种选育中得到很好的应用。品种筛选随机性大，不可确定因素多；杂交育种存在花期不遇、杂交不亲和育种周期长等难题。魔芋育种技术难度大，且耗费时间太长，白魔芋一般3年左右开花，花魔芋一般4～5年开花，且形成种子后，大概还需要4年以上的时间才能在生产中加工应用（第一年杂交产生0.1～0.2克/粒的种子，第二年繁育至5～20克，第三年扩繁至100～200克，第四年扩繁成500～1 000克）。种子繁殖周期长，使得魔芋杂交育种难度极大，中国经过30多年的不懈努力，先后选育出万源花魔芋、清江花魔芋、渝魔1号、云芋1号、楚魔花1号、秦魔1号等花魔芋优良品种，湘芋1号、迷乐1号、迷乐2号、迷乐3号、云弥5号、兴迈4号、兴迈6号、临芋1号、乐芋1号、乐芋2号、西傣9号、珠芽黄魔芋1号、珠芽黄魔芋9号等珠芽魔芋优良品种以及鄂魔芋1号、远杂2号、远杂3号、安魔128、安魔168、安魔169等花、白杂交魔芋优良品种。

二、国内主要魔芋品种特性

（一）万源花魔芋

20世纪80年代末，西南农业大学刘佩瑛教授等人在调查搜集全国魔芋种质资源的基础上，从15个农家花魔芋品种中进行4年品比试验和区域试验，优选出万源花魔芋，其产量高、品质好，抗病性较强。1993年4月通过四川省农作物品种审定委员会审定，成为中国第一个经过审定的花魔芋品种。

万源花魔芋长势强、叶绿色，叶柄具粉底黑斑。叶片三全裂，裂片羽状分裂或二次羽状分裂，或二歧分裂后再羽状分裂，最后的小裂片呈长圆形而锐尖。3 年生植株高 86.5 厘米，叶柄长 46.7 厘米，叶柄直径 2.7 厘米，开张 70.9 厘米。球茎近圆形，表皮黄褐色，有黑褐色小斑点，球茎内部组织白色。从出苗到成熟倒苗约 135 天，偏晚熟。万源花魔芋膨大倍数一般为 4～7 倍，亩产高，平均产量达 1 977 千克/亩；品质好，鲜魔芋含干物质 20.5％～21.3％，干物质中含葡甘聚糖 58.7％～59.2％。现广泛种植于四川、重庆等地区。

万源花魔芋适宜在海拔 500～1 300 米的山区种植，4 月中旬至 5 月上旬晴天播种，50～100 克的种芋密度为 3 000 株/亩，100～250 克的种芋密度为 2 000 株/亩，250～500 克的种芋密度为 1 000 株/亩，田间可适当套种玉米等高秆作物遮阴。

（二）清江花魔芋

1997 年，湖北省恩施土家族苗族自治州（以下简称恩施州）魔芋研究中心从武陵山区地方魔芋种质资源中通过系统选择育成清江花魔芋，2003 年通过湖北恩施农作物品种审定委员会审定。

清江花魔芋从出苗到成熟全生育期 125 天左右，较抗白绢病和抗软腐病，产量高，亩产量可达 2 000 千克，干魔芋含葡甘聚糖 51.4％，鲜魔芋含干物质 17.4％。目前成为恩施州及武陵山区魔芋产业发展的主导品种。清江花魔芋出苗整齐，长势强，叶绿色，掌状复叶，叶柄花斑色，叶片长 42.27 厘米，叶片展开 40 厘米，叶柄长 36.5 厘米，叶柄粗 1.98 厘米，株高 50.3 厘米。球茎球形，表皮褐色，鳞芽梢状、粉红色，肉白色。

清江花魔芋适宜在西南地区海拔 900～1 400 米地区种植，4 月中旬至 5 月上旬选择晴天播种，一般 400～500 克的种芋（二代种）种植密度为 300～350株/亩，200～300 克的种芋（二代种）种植密度为 450～450 株/亩，100～200 克的种芋（二代种）种植密度为 500～550 株/亩。出苗后做好遮阴与覆盖，6～8 月做好软腐病、白绢病等病害综合防治。

（三）渝魔 1 号

渝魔 1 号是西南大学的牛义等人从云南花魔芋栽培群体中优选出的一

批自然变异单株，经多年复选、组培快繁、品种比较试验、区域试验以及生产试验筛选出的优良品种，是国内审定的第三个花魔芋新品种。2001年对选出的变异单株进行组培快繁和复选，2002—2003年选择植株高大、叶色浓绿、茎秆具青底黑斑、球茎近圆形的株系进行单株系统选育，2004—2007年进行试种观察、品种比较试验、区域试验及生产试验，2008年通过重庆市农作物品种审定委员会审定。

渝魔1号从出苗到成熟倒苗约130天，长势强，三年生植株株高可达84.5厘米，开展68.9厘米，叶柄长45.7厘米，直径2.5厘米。叶片三全裂，裂片羽状分裂或二次羽状分裂，最后的小裂片呈长圆形而锐尖，叶绿色。茎秆青底黑斑，球茎近圆形，表皮黄褐色，球茎内部组织白色。根状茎成熟后与母体自然分离并收缩，呈蒜头状。产量高，亩产量2 000千克左右。品质好，鲜魔芋干物质含量21.5%～22.2%，葡苷聚糖含量59.8%～60.2%。较抗软腐病和白绢病，发病率低于重庆本地花魔芋。目前在海拔600～1 400米的四川、重庆、云南山区大面积推广种植。

（四）云芋1号

云芋1号是云南省农业科学院李勇军等人于2002年在云南丽江花魔芋混合群体种中选育出的优良变异植株，经过连续7年农艺性状定向选育，于2008年选育定型，2009年由云南省园艺植物新品种注册登记办公室登记注册。

云芋1号生育期为170～190天，在无降霜、土壤水肥充足条件下生育期可延长至210天左右。出苗整齐，长势强。叶柄底色浅绿色，有绿褐色斑块，但随着植株生长，底色加深呈深绿色，绿褐色斑块连片，整个叶柄呈绿褐色。云芋1号叶绿色，三全裂，裂片羽状分裂或二次羽状分裂，或二歧分裂后再羽状分裂，最后的小裂片呈长圆形，小叶先端渐尖，全叶面积较大。3年生植株高104.3厘米，叶柄长81.7厘米，叶片长72.8厘米，叶片开展102.9厘米，叶柄直径4.43厘米。

云芋1号球茎扁球形，根状茎较少、平均5个，脐痕平滑无突起，球茎光滑，加工性状优良，但自然繁殖系数低，在推广栽培中应注重种芋繁育。云芋1号叶形平缓，生产中应适当降低栽培密度，根状茎播种密度为8 500株/亩，50～100克种芋密度为3 500株/亩，100～250克种芋密度为3 000株/亩，250～500克种芋密度为2 000株/亩。云芋1号产量高，平均产量可达2 500千克/亩。球茎内部组织白色，鲜芋干物质含量17.5%～20.3%，干物质葡甘聚糖含量61.8%，品质好。抗病性优于栽培农家品种，软腐病和白绢病的发病率均低于对照品种富源花魔芋。该品种适宜在云南海拔1 500～2 300米的区域种植，在冬季气候温和、霜冻轻微的低山地带可冬播，在冬季气候寒冷、霜冻严重的区域以春播为宜，清明前后下种。

（五）湘芋1号

2010年，湖南农业大学从珠芽魔芋中选育出一种适合低海拔地区栽培的魔芋新品种湘芋1号，2010年通过湖南省第六届农作物品种审定委员会二次主任委员会议审定，品种登记编号：XPD003—2010。

湘芋1号魔芋品种地下球茎膨大倍数4～8倍，叶柄粗，叶柄上部绿色、下部墨绿色，略带黄色点状纹，肉质光滑，高可达1.8米，直径可达8厘米。复叶3裂，叶面直径可达1.5米，叶裂脉上有气生球茎（珠芽）。珠芽直径15～50毫米，樱桃至鸡蛋般大小，少则1枚，多则10多枚，表皮浅棕色，表面布满芽眼，是优良的繁殖材料，膨大倍数可达10倍以上。地下球茎扁圆形，顶部凹陷，肉质不定根密集着生于球茎上半部，无芋鞭。

湘芋1号适宜于湖南省种植，具有很强的抗病性，夏季高温高湿耐受力强，生长期极少感染当前魔芋生产中常见的软腐病、白绢病等病害，适合在低纬度、低海拔地区栽培。

（六）楚魔花1号

楚魔花1号是云南省楚雄彝族自治州（以下简称楚雄州）农业科学研究推广所张燕等人于2001年开始，经历10多年的不懈努力，从地方花魔芋资源中选育出的花魔芋优良品系，于2013年3月通过了云南省种子管理站鉴定登记。该品种具有丰产、抗病、加工品质好、适应种植区域广等特性。

楚魔花 1 号全生育期 155～202 天，株高 20～150 厘米，掌状复叶 3 裂，叶片浓绿色，小叶卵圆或长圆形，叶柄淡绿色散生绿褐色斑点。佛焰花序，花序柄色同叶柄色。单球根状茎 0～8 条，多数为 5 条。球茎圆柱至扁圆形，表皮暗褐色，肉质粉白色或白色。抗性强，2011 年田间鉴定百亩连片病害发生率 3% 以下，可在年均温 12.5～17.0℃、年降雨量 800～1 500 毫米、云南省海拔 1 500～2 400 米山区种植，以海拔 1 700～2 400 米山区最为适宜。楚魔花 1 号是楚雄州魔芋栽培的主要品种，2012 年该品系占全州魔芋栽培面积的 78.8%。

(七) 秦魔 1 号

秦魔 1 号是陕西安康学院采用系统选育法从陕西岚皋花魔芋农家种群体中选育而来，2014 年 2 月通过陕西省非主要农作物品种鉴定，定名为秦魔 1 号。2002 年，陕西安康学院农学与生命科学学院的李川等人在陕西岚皋花魔芋农家种群体中发现自然变异单株，选取其根状茎作为亲本材料连续多年扩繁，逐年筛选生长一致、球茎规整、膨大倍数高、抗病性强、根状茎少的株系，经多点区域试验和生产试验选育而成。

秦魔 1 号从出苗到自然成熟倒伏的整个生育期约 160 天。2 年生植株均高 65.5 厘米，叶柄长 39.4 厘米，叶柄直径 2.0 厘米，小叶长 41.4 厘米，小叶柄与叶柄夹角 151.20°，株型较为紧凑。球茎近圆形，头部略收缩，表皮土褐色，内部组织乳白色，3 年生球茎侧生 3～6 条根状茎、长度 10～20 厘米，鲜芋含干物质 21.21%，干物质中含葡甘聚糖 57.77%，品质好。

秦魔 1 号较抗软腐病和白绢病，适合种植在秦巴山 700～1 200 米海拔的山区。一般于 4 月选晴天播种，可与玉米、林果间作，双行魔芋间作双行玉米或双行魔芋间作单行玉米，按照种芋大小确定播种密度，行距为种芋球茎直径的 6～7 倍，株距为 4～5 倍。魔芋出土后及时除草，适时追肥、培土，做好以软腐病、白绢病为主的病虫综合防治措施。

(八) 鄂魔芋 1 号

鄂魔芋 1 号是湖北省恩施州农业科学院杨朝柱等人于 2006 年以本地花魔芋资源为母本、云南永善白魔芋资源为父本，经远缘杂交，从子代实生系中选择优良单株育成的魔芋新品种。2010—2014 年完成品比试验、区域试验和生产试验，2015 年 10 月通过湖北省农作物品种审定委员会审定。

鄂魔芋 1 号植株整体呈漏斗状，3 年生植株株高约 110 厘米，展幅100 厘米，三龄单株商品芋重 600 克左右，根状茎 20 根左右，根状茎占总产量的 35%～50%，平均产量 1 780 千克/亩，平均繁殖系数 13.7。鄂魔芋 1 号植株叶柄底色绿，有不规则草绿或墨绿斑，小叶长椭圆形，数量较多。花芽中等大小，佛焰苞边缘向外翻卷，附属器深紫色。雄花序长度是雌花序的 2.2 倍左右，附属器长度与佛焰苞大致相同，附属器有腐尸味，雌花序散发芳香味，花期集中在 5 月下旬至 6 月中旬，授粉后浆果9～11 月成熟。鳞片淡红色，球茎柱球状，表皮褐色，中下部较光滑，肩部凹凸不平，芋肉色白，鲜芋干物质含量 17.9%，葡甘聚糖含量 55.85%。

鄂魔芋 1 号从出苗到自然倒伏生育期 146 天左右，适宜湖北省西部山区海拔 800～1 300 米区域种植，4 月中旬至 5 月中旬气温稳定在 15℃以上时播种，一般以种芋横径 6 倍为行距、4 倍为株距，可套作玉米等高秆作物或林果间作。

（九）富魔 1 号

富魔 1 号是云南省农业科学院富源魔芋研究所潘开华等人于 2006 年开始采用系统选育法从云南富源地方花魔芋资源中选育出的品种。该品种选育经历 11 年之久，2006—2008 年研究人员对富源县 10 个乡（镇）地方特异性花魔芋资源进行系统收集、整理、保存；2009—2011 年对收集保存的魔芋资源进行农艺性状、植物学形态和经济性状鉴定评价，筛选出株型整齐、长势好、花序形状颜色一致、产量高等综合性状优异的单株；2012—2014 年对筛选出的单株进行多点小面积适应种植和品质测定分析，同时应用植物组织培养技术快速扩繁种芋；2015—2016 年分别在富源县的后所、墨红、大河等 10 个乡（镇）进行多点异地种植，同时开展鉴评与抗病性鉴定，最终筛选出综合性状优异、产量高、抗病性强、品质优的魔芋新品系——富魔 1 号；2017 年 9 月，通过了由云南省种子管理站组织的专家组鉴定。

富魔 1 号生育期 152～160 天，2 年生植株叶片展幅 93.5 厘米。鲜芋产量高，2 年生平均产量 2 396 千克/亩，繁殖率为 7.1；品质优，精粉葡甘聚糖含量为 74.8%，黏度为 21 567.0 毫帕/秒。叶柄圆柱状，底色为粉红色，有大小不等的褐色不规则斑块。球茎扁球形，底部稍平，芽窝较浅，顶芽肥大，鳞片粉红色且有红褐色斑点，鳞片顶端近圆形。佛焰苞呈披肩状，中等紫色，基部呈倒钟形有斑点。肉穗着生位置高于佛焰苞，呈长锥形。果实橙色。

该品种适宜在云南海拔 1 600～2 300 米区域种植，选择土壤肥沃疏松，土层厚度达 25 厘米以上的台地或坡度小于 25°的坡地种植。清明至谷雨为最佳播种期，条播或穴播，一代种子可采用两年免耕栽培模式种植，株行距 30 厘米×40 厘米。

（十）安魔 128

安魔 128 是安康市农业科学研究所段龙飞等人优选陕西安康当地花魔芋与四川凉山白魔芋进行杂交，克服两种魔芋花期不遇，突破花粉保藏及组培快繁等重大技术难题，经过多年不懈努力选育出的杂交魔芋新品种，其具有抗病强、繁育系数高、品质优良等特点，具有很好的推广应用价值。

大田试验表明，安魔 128 具有超强的软腐病、白绢病抗病性，在海拔 700 米的露地种植，7—8 月的持续高温胁迫下，抗病性明显强于地方花魔芋，在海拔 280 米的逆境胁迫试验中仍表现出较强的抗高温、抗干旱等优良特性。安魔 128 具有白魔芋根状茎多的优良特性，二龄种芋鞭平均 6 条，三龄种芋鞭平均 15 条，繁育系数高。安魔 128 产量高、品质优良，2016—2018 年连续三年开展不同区域品种评比试验表明安魔芋 128 平均亩产 2 200 千克（其中商品芋 1 200 千克、种芋 1 000 千克），产量相对稳定，三龄球茎干物质含量 20% 左右，葡甘聚糖含量 58% 左右。

（十一）临芋 1 号

临芋 1 号是云南大学农学院吴学尉等人经系统选育而成的珠芽类魔芋新品种。2012 年初将来源于缅甸的 *Amorphophalls muelleri* 实生籽混合群体种植于云南临沧，2012 年底收获 150～250 克大小的球茎。2013 年将其种植于云南临沧耿马撒马坝，依据叶柄、花器官、球茎和精粉特征进行优选。通过叶面球茎和地下球茎切块无性繁殖，经过连续 3 年 3 代培育，共繁育出 7 000 个球茎，分别于 2014 年、2015 年和 2016 年在云南耿马撒马坝、户垦、尖山开展品比试验，产量 58.5 吨/公顷。2017 年 8 月，通过云南省种子管理站的鉴定。

该品种叶柄顶部和小裂叶叶腋处着生大小和数量不等的叶面球茎。叶柄光滑，黄绿色具有不规则的连片斑块，斑块从基部、中部到顶部由褐绿色向浅绿色渐变。佛焰苞披肩状，檐部外部灰色具网状褐绿色斑块，内部中下部橘黄色，上部玫红色。肉穗花序长于佛焰苞，雌花序长 8～10 厘米，雄花序长 6～8 厘米。附属器光滑，下部有褶皱，乳白色，长 14～17 厘米。果穗长 12～14 厘米。地下球茎球形，表面有多个芽点，芽窝较深，表面及芽窝周围密布多条长肉质根。表皮浅红褐色，内部黄白色。球茎平均出粉率 48.5%，商品芋全粉葡甘聚糖含量 43.96%，黏度 15 600 毫帕/秒。软腐病发病率低于 1.5%。适宜在云南低海拔地区高温高湿环境种植。

（十二）矮化黑秆花魔芋

2011 年，贵州省生物技术研究所丁海兵同志承担了贵州省农业科学院专项项目——"贵州魔芋种质资源评价与利用"（合同编号：黔农科院院专项〔2011〕033 号），从贵州、云南、四川、重庆、陕西、湖北、湖南、广西等省（直辖市、自治区）收集了 102 份地方品种资源，通过进行抗病性、适应性、丰产性等试验，不断淘汰表现差的地方品种。为推动优良品种的迅速推广应用，从 2014 年开始贵州省生物技术研究所与贵州威宁鼎诚魔芋科技有限公司在威宁县联合开展新品种选育工作，由省生物技术研究所提供种质资源、技术、人才，鼎诚魔芋公司提供试验场地、经费、基地管理、仓储设施等，到 2016 年筛选出 1 个较抗软腐病、种芋繁殖系数高、产量稳定、株型矮化的地方优良品种矮化黑秆花魔芋，并通过 2 年时间提纯复壮和快速扩繁，形成了基础种源。

2019 年开始，两家单位在威宁县大规模建设魔芋良种繁育基地，生产矮化黑秆花魔芋，并在全省进行宣传推介，实现了该优良品种在全省的推广应用，截至 2022 年，该品种播种面积约占全省种植面积 1/6。2018—2019 年，安排在贵州高（威宁）、中（贵阳）、低（罗甸）海拔生态区进行生态适应性评价试验，并通过鼎诚魔芋公司合作企业在各地广泛种植，研究表明该材料在海拔 1 200 米以上有较好的表现，可以作为贵州省高、中海拔区域进行大田推广应用。2019—2020 年，又在海拔 600 米左右的施秉县甘溪乡中禾农业公司基地开展了林下魔芋种植方式的探索，目前来看，该品种可作为低海拔区域林下种植模式进行推广。

矮化黑秆花魔芋品种，经过 10 余年的系统选育，经历了资源收集、筛选、鉴定、提纯复壮、大田扩繁、产业推广等工作，通过在不同生态区设置适应性试验，又在全省多家合作企业进行示范种植，取得了较好的效果。该品种已经具备了稳定性、适应性、丰产性，特别是种繁能力大幅提升，一般贵州地方花魔芋品种结一代种 4～8 个，该品种一代种可以达到 8～15 个，肥水条件跟上能够结 20 个左右，测到最多的一株有 60 个，能够显著提高种繁能力，大幅降低种芋成本，而且品种株型矮化、植株健壮、抗病力强，优势突出。2021 年 3 月 16 日，印象贵州、众望新闻等媒体对该品种进行了宣传报道，推动了该品种知名度的提升，让更多的经营主体认识到了贵州选育的优良魔芋品种。

2017 年，农业部为规范非主要农作物品种管理，根据《中华人民共和国种子法》制定了《非主要农作物品种登记办法》，主要对除稻、小麦、玉米、棉花、大豆 5 种主要农作物以外的其他农作物进行登记管理，该办法自 2017 年 5 月 1 日起施行。列入第一批目录的有 29 种作物：马铃薯、甘薯、谷子、高粱、大麦（青稞）、蚕豆、豌豆、油菜、花生、亚麻（胡麻）、向日葵、甘蔗、甜菜、大白菜、西瓜、辣椒、甜瓜、茎瘤芥、番茄、黄瓜、结球甘蓝、苹果、柑橘、香蕉、梨、葡萄、桃、茶树、橡胶树。不在名录之内的作物不在品种登记认定范畴。

虽然魔芋尚未纳入品种认定管理范围，但矮化黑秆花魔芋由于优势突出、抗病性较强，已经成为贵州在生产中广泛应用的一个品种。该品种 2023 年在贵州省种植面积约 6 万亩，约占全省种植面积 1/5，是贵州的代表性品种。

第二节 魔芋组织培养技术应用

一、组培技术研究进展

植物组织培养是指在无菌条件下，将离体的植物器官（如根尖、茎尖、叶、花、未成熟的果实、种子等）、组织（如形成层、花药组织、胚乳、皮层等）、细胞（包括体细胞和生殖细胞）、胚胎（包括成熟和未成熟的胚）、原生质体等，培养在人工配制的培养基上，给予适宜的培养条件，诱导产生愈伤组织、潜伏芽或长成完整的植株。自 1902 年 Haberlandt 首次开展植物细胞的离体培养研究，植物组织培养技术日趋成熟，由于具有材料来源单一、无性系的遗传背景一致、材料生长迅速、重复性强、试验条件可控等优点，试验操作微型化、精密化、管理方便、无污染且不受季节限制可全年进行，成为生产中的一种重要技术。

中国的魔芋组织培养技术始于 20 世纪 80 年代中期，国内外许多科研人员进行了组培技术研究，现简要介绍这方面的研究进展。

（一）魔芋组织培养的意义

魔芋繁殖主要是用根状茎进行无性繁殖，繁殖系数低，用种量大，种芋的表皮极易损伤、易感病和腐烂，造成病害的代际传播。组培繁育与传统种芋繁殖相结合，可实现产业技术的优势互补。通过魔芋组织培养快繁体系能够大幅度缩减品种应用周期，极大提升繁殖系数，是推动优良新品种快速发展、形成基础种源的重要方法。吕世安等研究表明，组织培养试管苗的有效繁殖倍数在 160 天内达到 8.027 倍，是魔芋自然繁殖方式的 6.8 倍；魔芋组织培养技术可以提供健康无菌种苗，魔芋从零星种植向规模化、集约化生产转变过程中，软腐病、白绢病、炭疽病、病毒病等病害日趋严重，造成种芋带病，通过组织培养技术可以培育无病毒种苗，恢复其优良的种性，减少病害的发生；魔芋生活周期长，自然繁殖速度慢，组织培养能加快杂交后代的繁殖代数和繁殖系数，有效缩短育种年限，可加速诱变育种后代的选择和抗性突变体的筛选进程，缩短新品种的推广应用时间。

（二）魔芋组织培养技术研究进展

在魔芋组织培养技术研究方面：1951 年美国科学家就从花魔芋块茎诱导出愈伤组织并获得再生植株。1984 年 Asokan 对美国这一研究进行了重复验证，得出了同样的结果。1976 年日本学者 Miwa K. 就对魔芋块茎的组织培养技术进行了研究报道。中国学者对魔芋组织培养技术研究最早见于 1986 年，目前已取得大量成果，部分已在生产上转化应用。

1. 外植体选择与处理

外植体的选择直接影响到组织培养的成败，外植体的大小、种类、取材时间、接种方式等会对接种后的褐变率、诱导率和污染率等产生直接影响，间接影响芽的分化、植株的再生。目前，关于魔芋组织培养外植体选用的研究结果不一，不同外植体的分化能力和适宜培养基研究结果均存在差异。

（1）外植体种类。理论上讲，魔芋的根、块茎、匍匐茎、根状茎、幼芽（主芽、侧芽）、芽鞘、嫩茎、茎尖、叶、鳞叶、叶柄、花序（花茎、花药）、芋鞭和种子等，即任何部位的组织均可以诱导形成植株。但实际研究认为，以魔芋花药、叶片和根作为外植体组培很难获得成功。通常生长力越旺盛的材料作为外植体越容易诱导愈伤组织，因此，开展魔芋组织培养时通常选用叶柄、叶鞘、芽、根状茎、球茎等作为外植体。

庄承纪和周建葵认为将魔芋叶柄作为外植体，生长速度快，再生植株数量较多。廖倩等研究提出，魔芋诱导愈伤组织的最佳外植体为幼嫩叶柄。吴金平等研究提出，魔芋拟块茎鳞片是最佳诱导愈伤组织的外植体。谢庆华等对魔芋不同部位作为外植体的研究结果表明，魔芋的根状茎和球茎是诱导愈伤组织最好的外植体，且诱导频率最高，但根状茎是魔芋繁殖期的附属器官，具有旺盛的生命力，生长期短，与球茎相比，根状茎受到病毒的侵害要少得多，因此他认为魔芋组织培养的理想外植体是根状茎。

庄承纪和周建葵分别以花魔芋、白魔芋、勐海魔芋和疣柄魔芋的叶鞘、花序、叶柄和茎尖为外植体，均诱导出愈伤组织，其中叶柄的愈伤组织诱导率最高（100%）。顾玉成等认为以魔芋拟块茎鳞片为外植体最适宜，其愈伤组织诱导率在 90% 以上，从拟块茎鳞片诱导的愈伤组织容易分化，分化率（96.4%）远高于其他类型外植体诱导愈伤组织的分化率。严华兵等（2005）发现叶柄愈伤组织诱导率（62.5%）虽然低于球茎芽苞（66.5%）、球茎薄壁组织（86.5%）和根状茎（72.0%），但叶柄诱导形成的愈伤组织是一种呈瘤状结构的组织，更易继代增殖，分化培养能产生拟球茎。

马林等研究发现，魔芋外植体导愈伤能力顺序为：顶花芽＞幼嫩芽鞘＞子芋＞根状芋，且外植体幼嫩的诱导率高。张征兰等从湖北兴山魔芋的幼芽、地下茎切片及芽鞘等部分诱导出愈伤组织，经过分化培养形成芽和根，成功地得到魔芋再生小植株。苏承刚以南蛇棒魔芋球茎、叶柄、鳞片、顶芽为外植体进行组培及再生研究，建立快繁技术体系。吴毅歆等以经检测合格无毒的花魔芋试管苗中较粗的叶柄作外植体，构建魔芋脱毒离体快繁体系。吴金平等以甜魔芋芽鞘为外植体，通过愈伤组织诱导、芽分化等，培养出再生植株。苏定昌以35克以下的花魔芋种芋为外植体，建立其快繁技术体系。马继琼等选取曲靖花魔芋异株人工授粉1个月左右的幼嫩杂交种子，诱导愈伤组织和不定芽，获得了试管微型芋。周光来以休眠期花魔芋的球茎、根壮茎、鳞片、花芽、叶芽为外植体诱导再生植株，结果表明：花芽内层粉红色鳞片为最佳外植体，培养期间不发生溶胀，污染率、褐变率、死亡率低，愈伤率达100%。

（2）取材部位。外植体取材的部位不同，也会致诱导培养的效果也都不尽一致。王平华等（2001）将花魔芋球茎分为主芽、皮上芽苞、侧芽、皮下组织和主芽基部5个部分作为外植体加以研究，发现皮下组织和主芽基部易形成愈伤组织（成愈率在50%以上），皮上芽苞组织容易直接分化出芽（分化率最高为100%）。柳俊等（2001）用花魔芋和白魔芋种子进行外植体研究，发现种子顶部外植体大多不经过愈伤组织阶段而直接形成芽，中部则易形成愈伤组织，基部的愈伤组织形成能力显著降低。吴毅歆和谢庆华研究显示皮上芽苞是魔芋最适合的外植体材料。杨芩等发现，不同外植体类型对魔芋组织培养效果有显著影响，顶芽污染率低，愈伤组织诱导增殖系数高，再分化出芽率高，是花魔芋组织培养的首选外植体，其次是顶芽鳞片、皮上芽孢和侧芽，块茎死亡率和褐化率高，不宜选作花魔芋组织培养的外植体。

　　同一叶柄其基部比顶端更易诱导愈伤组织发生，这可能与内源生长素的极性分布有关。王贵元等研究提出，魔芋叶柄组织培养的最佳取材部位是魔芋叶柄的植物学下端，并且以魔芋的上下两端的叶柄段为显著；取魔芋苗的下端，通过培养后，其愈伤诱导率可达到 75%；魔芋幼嫩鳞叶和叶柄是理想的外植体，而且不会因为多次的切割和继代培养而影响分化能力。王自布等提出，不同基因型魔芋外植体的不定芽诱导率大小顺序是块茎＞幼叶＞茎段。

　　（3）取材时间。杨芩等研究发现，不同时期取材对花魔芋组织培养效果有显著的影响，冬季取材时花魔芋顶芽的诱导率显著高于春季、秋季和夏季取材，同时冬季取材时污染率和褐化率均显著低于其他季节，因而冬季是花魔芋组织培养的最佳外植体取材时期。马林等研究发现，在魔芋生长期取材比在休眠期取材更易诱导出愈伤组织。另外，魔芋外植体的幼嫩程度和处理方式也显著影响愈伤组织的诱导率，1 年生子芋比 2 年生的子芋的诱导率高。王丽等研究宜宾市特有品种——大青秆魔芋的组织培养和快繁技术时，提出 5 月接种叶片和叶柄启动率相对较高，3 月芽诱导启动率最大达 90%，而块茎在 7 月接种污染率较低。

　　马崇坚等提出，对魔芋材料进行诱导培养，取材时间差异关系到快速繁殖的成败。在生长季节剪取生长旺盛的部分作为外植体，容易形成愈伤组织和不定芽。当母株停止生长或进入休眠期，则不易诱导细胞分裂和分化。

　　（4）接种方式。秦正伟等研究发现，外植体接种方式对愈伤组织的形成有一定影响，水平接种有利于快速获得大量愈伤组织，背接方式获得的愈伤诱导率远远高于竖插和正接方式的（叶脉背接时出愈时间短、愈伤诱导率高，可能与叶脉背面的气孔多于正面更有利于从培养基中吸收养分有关）。吴毅款等的研究则表明魔芋球茎上切取的皮上芽苞组织的诱导愈伤组织的效果最好。严华兵等研究发现，将白魔芋组培苗叶柄切段以正插和平放方式接种于诱导培养基，其愈伤组织诱导率显著高于倒插处理，分别为 85.0% 和 73.3%；正插外植体的愈伤组织分化率与分化芽数均显著高于其他两种方式。王贵元等研究提出，魔芋在组织培养时，以切取魔芋苗的下段和上段，并以正方向插入培养基中的这种培养方法为最好。

（5）品种影响。中国魔芋品种繁多，分布地域较广。研究表明，不同的魔芋品种、不同产区最佳外植体均有区别。张兴国（1988）的试验结果表明，花魔芋和白魔芋球茎外植体愈伤组织诱导率为100%，而叶片和根则很难诱导成功。胡选萍研究提出，清江花魔芋1号的4种外植体愈伤组织诱导率之间存在差异显著，诱导率大小依次为鳞片＞球茎＞叶片＞根段。秦正伟等研究提出，珠芽魔芋的珠芽、球茎、叶片、叶脉和叶柄5种外植体中，带叶脉的诱导率最高（92%），以球茎和珠芽作外植体易褐化死亡、易污染；叶片没有分化最终干枯死亡，这可能与实验所用叶片为全展开时期成熟叶片有关。

廖倩等研究结果表明，诱导愈伤组织的最佳外植体为幼嫩叶柄，经愈伤组织诱导、继代培养4周后，可获得大量生长良好且带芽点的试管微球茎。除苏承刚等报道的桂平魔芋（*Albus guripingensis*）球茎、鳞片的愈伤组织诱导频率可达100%外，其他的愈伤组织诱导率一般在80%以下，分化率60%～97%。罗远华等首次用大头芋的叶柄、主叶脉作为外植体诱导愈伤组织，其诱导率和分化率均可达100%，增殖系数也较高，且选取叶柄、主叶脉作为外植体对母株伤害小，操作简便，是理想的快繁途径。普丽花等以红魔芋的球茎和无性珠芽为外植体进行组织培养试验，发现地下球茎是最佳外植体。

（6）外植体大小。外植体的大小和生理状态与愈伤组织的诱导有密切关系。徐刚等以魔芋茎尖、幼芽为外植体，获得再生植株期间发现，直径小于2毫米的叶柄切段，愈伤组织的诱导率很低。对于植体大小而言，过大的外植体不仅浪费材料还容易造成污染，但外植体也不能太小，非常小的外植体存活率很低。马崇坚等研究发现，将大的魔芋组织块切成0.1～0.2克的小块，最适合培养。严华兵等研究发现，以6毫米长的叶柄切段正插入培养基中培养，可获得相对较高的愈伤组织诱导率和芽分化率，白魔芋和花魔芋的愈伤组织诱导率分别达到79.2%和59.2%，芽分化率分别为29.5%和21.8%。

2. 培养方式

根据外植体的不同，可将魔芋组织培养技术分为芽培养、鳞片培养、叶柄培养、根状茎和球茎培养、胚培养以及茎尖培养等。

（1）芽培养。芽培养是迄今为止应用最普遍的培养方法，以芽为外植体主要有幼芽、幼嫩芽鞘、皮上胞芽、侧芽、顶芽。周涛研究发现，楚魔芋1号组培中，最佳外植体为芽，诱导分化率最高（78.26%），是最佳的接种材料；云南省农业科学院吴毅歆等研究发现，皮上芽苞组织为最好的接种材料。张征兰、黄连超等人采用魔芋幼芽和幼嫩芽鞘接种在 MS＋6-BA 0.6 毫克/升＋NAA 1 毫克/升的培养基中形成的愈伤组织转入MS＋6-BA 4.0 毫克/升＋IBA 0.25 毫克/升＋GA$_3$ 3 毫克/升的分化培养基上，4周分化出芽和白色地下茎，再转移至 MS＋6-BA 2.0 毫克/升＋IBA 1.0 毫克/升＋3%活性炭的培养基中，幼茎和叶片从芽鞘中抽出，茎基部分化出根，形成完整的小植株。苏承刚、张兴国等研究发现以桂平魔芋纵切顶芽接入分化培养基中，可长出 3 个左右丛生芽，芽分化率达80%以上。王玲以花魔芋顶芽生长点为外植体，接种在 MS＋6-BA 1 毫克/升＋NAA 1 毫克/升的培养基上，材料边诱导愈伤组织边分化幼苗、生根，约28 天在同一种培养基中一步成苗，形成完整植株。

（2）鳞片培养。原西南农业大学张兴国最先发现取魔芋鳞片经表面消毒后切成 0.5～1 厘米见方的小块，接种到附加 0.5～3 毫克/升 BA、0.1～2 毫克/升 KT、0～1 毫克/升 IAA、质量分数 2%～4% 蔗糖和0.7%琼脂的 MS 培养基上，可以独立繁殖微型芋。苏承刚、张兴国等研究发现以南蛇棒魔芋和桂平魔芋鳞片为外植体进行的组培及再生技术研究发现南蛇棒魔芋鳞片在 MS 附加 1.5 毫克/升 6-BA 和 1.5 毫克/升 NAA的培养基中，愈伤组织诱导率达 98%。以桂平魔芋鳞片为外植体，在MS＋6-BA 0.5 毫克/升＋NAA 0.5 毫克/升的培养基中诱导率为100%。

（3）叶柄培养。魔芋茎的生长点在叶柄基部内，因此用叶柄也能诱导出愈伤组织。胡建斌以花魔芋球茎和白魔芋幼嫩叶柄为外植体诱导愈伤组织，经过 3 次或 3 次以上继代培养，发现魔芋愈伤组织可形成 3 种不同类型：A 型——水渍状，半透明；B 型——浅黄色，表面呈球形瘤状突起；C 型——绿色或橙红色，结构致密。而且 3 种类型的愈伤组织在不同的培养条件下可以相互转变。通过不同外植体诱导魔芋微球茎的比较研究发现切割形成的带叶片和无叶片的叶柄在置于微球茎诱导培养基中 20～30 天，叶柄末端会膨大，随后逐步转化为微球茎。叶柄基部在形成微球茎的同时还会在该部位形成 1～2 株单生苗，而将叶柄平放在培养基表面则不能形成单生苗。研究还发现红魔芋的微球茎再生诱导频率较黄魔芋高。Hu 等利用白魔芋叶柄在 MS＋5.37 摩尔/升 NAA＋4.44 摩尔/升 6 - BA 诱导的愈伤组织，再转移到 0.54 摩尔/升 NAA＋4.44 摩尔/升 6 - BA 中致密愈伤组织能发芽。2006 年，罗远华以海南野生大头芋（也称南蛇棒）的叶柄、主叶脉为外植体，也筛选出了适宜各外植体各培养阶段的培养基。

（4）根状茎和球茎培养。根状茎和球茎分化率较高，是魔芋组培中常用的材料。但是必须注意魔芋球茎在表面消毒前切勿接触水分，否则，球茎内魔芋葡甘聚糖遇水溶胀，包裹病菌，引起接种后大量污染。

在 20 世纪 50 年代，美国有研究表明从花魔芋块茎诱导出愈伤组织并获得再生植株。日本 Miwa K. 在 1976 年就有对魔芋块茎快繁技术的研究。中国最早始于 1987 年，解继能、刘新蓉等人采用魔芋根状茎和球茎作外植体，在 MS＋6 - BA 1.0 毫克/升＋2,4 -滴 0.5 毫克/升＋NAA 0.2 毫克/升及质量分数 3％蔗糖、0.8％琼脂、pH 5.8 的培养条件下诱导的愈伤组织，在 1/2MS＋6 - BA 2.0 毫克/升＋IBA 0.125 毫克/升＋NAA 0.1 毫克/升、温度（25±0.5）℃、光照 12 小时/天，光强 1 500～2 000 勒克斯的条件下分化出苗。

2003—2004 年，恩施州农业科学院科研人员以花魔芋小球茎或根状茎切块为外植体，发现根状茎或小球茎在含质量分数 0.05％的聚乙烯吡咯烷酮（PVP）＋0.5％维生素 C 的溶液中切块，可有效防止切块的褐变。邹华文、张再君等再次采用白魔芋块茎作为外植体，结果表明：MS＋6 - BA 0.5 毫克/升＋NAA 0.5 毫克/升＋2,4 -滴 0.1 毫克/升培养基上容易诱导愈伤组织（诱导效率为 96％），且愈伤组织容易分化（分化效率为 86％），在 MS＋6 - BA 1.0 毫克/升＋NAA 0.1 毫克/升培养基上分化出的不定根和不定芽转至培养基上。白魔芋与花魔芋根状茎和球茎是诱导愈伤组织的最好外植体，白魔芋球茎组培的分化效果好于花魔。

外源激素 6 - BA、IBA、NAA、GA$_3$、2,4 -滴对魔芋球茎生长和根的发生具有明显的作用，多种激素共同作用时，随着细胞分裂素与生长素浓度比例的降低，发芽数明显减少。2006 年，吴毅歆以花魔芋块茎的中部组织为外植体，在 12 种培养基上诱导愈伤组织，筛选出诱导愈伤组织最适培养基，诱导率达 100％，并且发现随着继代次数的增加，脱毒率明显提高。马崇坚采用野生魔芋块茎作为外植体，在不同生长调节剂组合的培养基上进行组织培养试验，也发现了容易诱导愈伤组织和愈伤组织容易增殖和分化出不定芽的培养基。

（5）胚培养。多数情况胚培养是利用成熟的种子作为外植体，诱导无菌芽的发生。种子作为外植体时芽的形成率很高，但一般一个外植体只能产生一个芽，繁殖系数较低。柳俊、谢从华、余展深等发现以魔芋种子为外植体的处理因接种部位不同而有差异，顶部外植体大多数情况下不经过愈伤组织阶段而直接形成芽，只有极少数愈伤组织形成芽。中部和基部则不能直接形成芽而且形成的愈伤组织表现出颜色暗、表面发黑等现象，分化频率相应也较低。段龙飞等研究发现，花魔芋实生种子愈伤诱导最佳配方为 MS＋6－BA 1.0 毫克/升＋NAA 0.5 毫克/升，诱导率高达 90％，增重倍数为 7.8；不定芽分化配方为 MS＋6－BA 2.0 毫克/升＋NAA 0.5 毫克/升，分化率高达 100％，增殖系数为 4.6；生根配方为 1/2MS＋NAA 1 毫克/升，生根率为 84％，平均生根数为 38 条。李慧平等将花魔芋种子播种于 MS 培养基中，30 天即可获得无菌幼苗，将无菌幼苗的叶柄、叶片接种于 MS＋1.0 毫克/升 6－BA＋1.5 毫克/升 NAA 的培养基中培养，叶柄、叶片愈伤组织诱导率可达 64％、58％，幼苗分化率可达 74％、62％；根芽苗接种于 1/2MS＋0.5 毫克/升 NAA 培养基中进行生根培养，14 天可长出根系，其生根率为 97％。随着人工种子的制作产生，张兴国等以花魔芋的块茎为材料，将已出芽和根的愈伤组织用海藻酸钠、火棉胶包裹为人工种子，直接播于苗床，出苗率为 70％，为魔芋的大规模工厂化育苗奠定了科技基础。

（6）茎尖培养。魔芋由于主要是进行无性繁殖，以自行留种为主，变异和病毒积累，种性退化严重。Zettler 等指出芋花叶病毒（DsMV）使天南星科 *Caladium*、*Dieffenbachia*、*Philodendron* 等属作物减产约 60％。自 1952 年 Morel 和 Martin 用病毒感染的大丽花植株的茎尖分生组织培养出无病毒植株以来，茎尖脱毒组织培养技术在许多作物上得到广泛应用。

茎尖培养脱毒苗是防治病毒病最有效的方法。病毒在植物体内呈梯度分布，在受侵染的植株中，顶端分生组织一般是无病毒的，或者只携带有很低浓度的病毒。因此，茎尖脱毒培养成为植物脱毒育苗的主要方法。研究发现，以魔芋主芽为外植体，常规消毒后，剥离茎尖，容易污染，且操作烦琐；以魔芋芽鞘为外植体，常规消毒后建立无菌体系，用分化的不定芽作为茎尖剥取对象，避免了茎尖直接消毒困难的问题。

3. 魔芋器官发生

魔芋愈伤组织可通过不定芽和拟球茎两种途径形成。魔芋为单叶柄支撑的单叶植物，离体条件下不能通过腋芽或者分蘖方式进行繁殖，并且茎尖培养技术尚未获得重大突破，目前的魔芋组织培养体系一般是建立在愈伤组织培养基础上的，再生体系效率和繁殖系数的高低都与这一过程密切相关。

（1）芽器官发生。黄丹枫和刘佩瑛（1994）对花魔芋离体植株形态形成的方式进行了统计，发现通过愈伤组织形成芽进而形成植株是最主要的途径，分化培养过程中，愈伤组织内某些胚性细胞出现定向生长，并逐渐形成突起的生长锥，进而形成芽原基，而芽原基周围的叶原基则发育成芽苞片，最终形成不定芽；而外植体上的极少数（5%以下）潜伏芽可直接萌发形成植株。研究发现，魔芋的球茎、叶柄、叶鞘和花序、主芽和种子等外植体都能形成愈伤组织，大部分愈伤组织在适宜的培养基上均能分化出芽。一般认为，魔芋不定芽起源于愈伤组织中的胚性细胞或胚性细胞团，这些细胞或细胞团在分化培养过程中可直接形成芽原基。

Hu等（2005）利用组织切片技术对花魔芋植株再生过程进行了详细观察，发现不定芽主要起源于愈伤组织浅层或表层细胞。这些细胞体积较小，细胞质浓厚，核仁明显，内含物丰富，具有典型的胚性细胞特征，经分化培养形成拟分生组织团，拟分生组织团可直接发育成芽原基，进而形成植株；他们还发现魔芋组织培养中产生的不定芽属于外起源，因为位于愈伤组织深处的拟分生组织团在发育过程中受到周围细胞的挤压而不能正常生长，最后只形成一些畸形芽原基，而不能发育成植株。

（2）拟球茎发生。黄丹枫和刘佩瑛（1994）在观察花魔芋离体形态形成时发现，除了主要通过不定芽途径发生外，魔芋愈伤组织在特定条件下还可以形成一种球型结构——拟球茎，随后拟球茎主芽萌发形成植株。Irawati等（1986）在 *A. campanulatus* var. *hortensis* 离体培养中发现，继代9个月的愈伤组织容易形成类似于魔芋地下球茎状的结构（拟球茎），这种拟球茎继续培养可形成具有发达根系的植株。柳俊等（2001）也发现多次继代的白魔芋愈伤组织容易形成拟球茎，这种拟球茎即使不转入分化培养基也会在其顶端出芽。

胡建斌等（2004）研究发现，魔芋组织培养中可形成三种不同类型的愈伤组织，通常只有结构致密且表面呈瘤状的Ⅲ型愈伤组织才具有形成拟球茎的能力，其他两种类型的愈伤组织（Ⅰ型和Ⅱ型）则主要形成不定芽。Hu 等（2005）对花魔芋拟球茎发生过程进行了组织细胞学观察，发现愈伤组织浅层的拟分生组织除可直接形成芽原基外，还可形成一种中间球状组织，这种组织突破愈伤组织表皮后形成拟球茎，随后拟球茎生长膨大，并在顶部和基部分别形成芽和根，进而形成完整植株。为了明确这两种形态建成模式的调控机理，胡建斌利用高效液相色谱分别分析了这两种途径的愈伤组织中内源激素的含量，发现赤霉酸与茉莉酸的平衡是调控魔芋离体形态建成方式的主要因素，即 GA_3/JA 值升高时，形态形成以不定芽途径为主，反之则以拟球茎途径为主。

Hu 等（2006）通过试验发现，MS＋0.5 毫克/升 NAA＋2.0 毫克/升 BA培养基最有利于拟球茎的形成，提高 NAA 与 BA 的比值会导致愈伤组织生长而不分化，降低其比值则会产生多芽或丛生芽。此外，他们还发现，高浓度蔗糖（4%～6%）和适当低温（22～25℃）均可促进拟球茎发育。谢庆华等利用白魔芋、花魔芋和黄魔芋的鳞叶、叶柄、球茎等器官为外植体通过愈伤组织阶段成功诱导出微型球茎（拟球茎），说明拟球茎现象在魔芋属植物组织培养中普遍存在，并没有组织器官的特异性。拟球茎一旦形成，便可产生芽和根，进而形成完整植株，省去了生根培养环节，与试管苗相比，拟球茎具有体积小、可储运、易出苗和易生根等优点，但提高这一途径发生频率是该项技术能够应用的关键。

（3）体细胞胚发生。体细胞胚发生是植物离体培养中存在的普遍现象，目前已报道在210多种植物中成功诱导出体细胞胚。有关魔芋体细胞胚的研究却十分少见，甚至有的作者认为天南星科植物不能形成体细胞胚（刘淑琼等，1990）。黄丹枫和刘佩瑛（1994）研究发现，经过多次继代的魔芋球茎愈伤组织可以形成体细胞胚，但发生频率非常低，且不能形成再生植株。他们发现体细胞胚起源于愈伤组织中单个胚原细胞，胚原细胞经过一次分裂后形成二细胞原胚后便进行无序分裂，可形成球形胚、心形胚，最终形成珠芽结构，而不是经过子叶期形成完整植株。

Hu 等（2005）发现在 MS＋4.0 毫克/升 NAA＋1.0 毫克/升 BA 培养基上，经过多次继代培养的花魔芋愈伤组织偶尔也可形成体细胞胚，但研究过程中并未发现植株形成。组织学观察表明，这些体细胞胚在结构上均存在畸形，例如子叶期胚顶端无分生组织或分生组织侧移、胚的子叶融合等，这可能是导致体细胞胚不能发育成正常植株的原因（崔凯荣等，1993）。魔芋体细胞胚途径发生频率低且不能成苗，因此要使其成为植株再生方式则需对体胚的分化和发育机制及形成条件做深入研究。

4. 培养条件

植物细胞要表达全能性必须经过脱分化和再分化的过程，在外植体类型一致的前提下，影响脱分化及再分化效果的主要因素是培养基的状态、成分、激素种类和浓度以及激素间的配比等。

（1）基础培养基选择。魔芋组织培养研究中，不同的培养基状态、不同的材料对形态的发生及植株再生均有一定的影响。庄承纪和周建葵研究表明，MS、B5、ER、N6 都能作为魔芋组织培养的基本培养基，其效果没有明显的差异，但现有魔芋组织培养的研究中，仍以 MS 基础培养基应用最为频繁。

（2）激素的选择。植物激素在植物生长发育过程中具有重要的调控作用，也是离体培养条件下调控细胞脱分化和再生分化的重要因素，生长素和细胞分裂素对于离体条件细胞分化尤为重要。早在 20 世纪 50 年代，Skoog 和 Miller 就提出了"激素平衡"假说，认为组织培养过程中器官形成是由参与生长和发育的物质之间在数量上的相互作用，即两者之间的比例关系决定的，而不是由这些物质的绝对浓度决定的。魔芋离体培养一般需要经历 2 个阶段，即愈伤组织诱导阶段和分化培养阶段。在培养基各成分中，尤以植物激素所产生的影响显著，但植物激素只有配合使用适当，才能诱导愈伤组织、丛生苗的形成等合乎理想的变化。魔芋组织培养中，不同生长阶段所需激素以及浓度均有不同，且与外植体的选择有关，不同的外植体所需激素也不同。

（3）碳氮比及 pH。培养基的碳氮比和 pH 对组培有重要影响。陈永波通过正交试验得出，对形成愈伤组织因素的影响力大小为糖质量分数＞盐质量分数＞暗培养时间＞pH；糖、盐质量分数以 30% 最佳，浓度过高会对愈伤组织的形成产生抑制作用；盐浓度以 1/2MS 或 MS 为好，2MS 会显著抑制愈伤组织的形成；pH 在以上因素均已确定的前提下，以 6.2 为宜。

（4）温度。魔芋不同组织培养阶段、不同外植体对温度要求不一样，其中魔芋的愈伤组织诱导率对温度的反应较为敏感，较低的温度（20℃）有利于块茎愈伤诱导。马林等研究发现，经过 4℃ 低温预处理的子芋和根状芋比未经预处理的外植体更易诱导出愈伤组织，可能是低温处理部分抑制了魔芋外植体组织内的多酚氧化酶活性所致。陈建华等发现，在 18～20℃，富源花魔芋、禄劝花魔芋、白魔芋的褐变率基本接近，在 21～27℃ 上升缓慢，27℃ 以上时上升幅度较大，特别是白魔芋在 29℃ 以上，呈极显著的上升趋势，褐变率达到 80% 以上。因此，建议白魔芋的花药培养控制在 26℃ 以内，花魔芋控制在 28℃ 以内。王玲等提出，形成试管芋的最佳光温条件是，光照 1 500～2 000 勒克斯、温度 25～30℃。

魔芋种质资源离体保存的方法主要是通过愈伤组织保存，最大的问题是容易产生无性系变异，寻求离体种质保存方法对于种质资源保护及育种工作有重要意义。张玉进等对魔芋不定芽进行了离体低温保存，发现不定芽大小是影响保存存活率的决定性因素，大的不定芽保存效果更好。张玉进等还建立了魔芋不定芽超低温保存体系，利用超低温保存方法对魔芋花粉进行保存，发现保存后的花粉具有"冷刺激"效应，即比新鲜花粉具有更高的萌发率，该项研究为克服由魔芋雌蕊先熟造成的生殖隔离现象以及促进杂交育种研究具有重要意义。

（5）光照。植物组织培养的不同阶段（愈伤诱导、芽分化和生根过程）所需光照条件均不一样。张云峰等研究表明，叶片诱导试管微球茎发生的培养温度、光照强度及碳源组合是主要的限制因子，改良 MS 培养基中添加 NAA 0.5 毫克/升、KT 0.5 毫克/升，碳源组合为 4%S（蔗糖）＋4%M（甘露醇）为最佳诱导培养基，培养温度 28℃、光照 8 小时/天、光照强度 800 勒克斯为最佳培养条件。陈永波等发现，在 MS（或 1/2MS）＋ BA 1.5 毫克/升＋NAA0.5 毫克/升＋IBA1.0 毫克/升＋糖 30%（pH6.2）培养基上，暗培养 15～20 天后，光照 12 小时/天，愈伤组织生长旺盛，而且形成完整的植株。

5. 诱导培养

（1）愈伤组织诱导。能否成功诱导出愈伤组织是建立快速繁殖体系的决定性因素。大量研究表明，魔芋愈伤组织诱导需要生长素 IAA（indole-3-acetic acid）、IBA（3-indole butytic acid）、NAA（α-naphthalene acetic acid）和细胞分裂素 BA（6-benzyladenine）、KT（kinetin）、ZT（zeatin）、TDZ（thidiazuron）共同作用。其中 BA 和 NAA 最为常用，效果也较好，用量通常为 0.5～2.0 毫克/升 BA 和 0.5～2.0 毫克/升 NAA；使用单一的激素难以诱导愈伤组织形成。

张兴国（1988）研究发现，当 BA/NAA＞1 毫克/升时有利于芽发生，BA/NAA＜0.5 毫克/升时有利于根的形成，BA 与 NAA 浓度相当则促进愈伤组织生长。从 MS 中除去 NH_4^+ - N，显著促进了芽再生。罗远华等提出，6 - BA 用量低，则外植体膨大不够，愈伤组织诱导率、增殖率低，形成的不定芽粗壮，但数量少，不利于大量增殖；6 - BA 用量过高，则愈伤组织过于膨大、疏松，且分化率低，形成的不定芽虽多，但生长细弱。Asokan 等（1984）和 Irawati 等（1986）的试验表明，MS 培养基中 BA 与 NAA 的比值大于 10 时愈伤组织分化率较高，若降低 BA 浓度，愈伤组织分化率也随之降低。庄承纪和周建葵发现，只需 KT/NAA 或 ZT/NAA 比值大于 2 即可使魔芋愈伤组织分化率达 100%。

陈永波等（2005）研究发现，在魔芋器官发生过程中，细胞分裂素以 BA 作用显著，以 1.5 毫克/升处理效果最好。吴金平等提出，BA 用量低，愈伤组织诱导率低，形成的不定芽少但粗壮；BA 用量过高，则愈伤组织过于膨大、疏松，形成的不定芽多但弱，且分化率低。西盟魔芋最佳愈伤组织诱导培养基是 MS＋BA 1.5 毫克/升＋NAA 0.2 毫克/升，分化培养基是 MS＋BA 1.2 毫克/升＋NAA 0.2 毫克/升，壮苗及生根培养基是 1/2MS＋NAA 0.1 毫克/升。陈永波等（2005）研究表明，影响愈伤组织诱导及分化的主要因素是 BA、NAA 和 IBA，在培养基 MS＋BA 1.5

毫克/升＋NAA 0.5 毫克/升＋IBA 1.0 毫克/升上愈伤组织不仅生长旺盛，而且分化率较高，能分化出较多的芽。刘睿等研究表明，当培养基中 BA和 NAA 的含量均为 1.0 毫克/升时，花魔芋的出愈率高。胡选萍研究报道表明，培养基中添加 2,4-滴对魔芋愈伤组织的诱导具有较强的抑制作用，KT 与 2,4-滴组合对愈伤组织的诱导没有明显作用，尤其不利于根段外植体的诱导。

黄丹枫等研究发现细胞分裂素以 BA 作用显著，在 0.5～4.0 毫克/升范围内均有利于不定芽的发生，以 2.0 毫克/升处理效果最好；ZT 处理使培养材料细胞内 iPAs 含量上升，但效果不显著；KT 作用不显著。庄承纪等研究表明，白魔芋、花魔芋、勐海魔芋和云南魔芋的 1～2 年生块茎诱导效果最好的培养基激素组合是 0.05 毫克/升的 ZT 或 KT 与 0.5 毫克/升的NAA 组合，诱导率达 100%；1.0 毫克/升 BA＋0.5 毫克/升 NAA 的诱导效果次之，诱导率达 96.6%；随 ZT 和 KT 浓度的增高，诱导率呈递减趋势。

马林、张玲等研究认为，魔芋不同外植体类型诱导愈伤组织能力的顺序为：顶花芽＞幼嫩芽鞘＞子芋＞根状芋，顶花芽诱导率最高，可达87.5%。顾玉成、吴金平等研究认为，5 种外植体愈伤诱导能力顺序为：拟块茎鳞片（愈伤组织经几次切割继代培养后，即失去愈伤组织状态的结构）＞顶芽＞皮上芽苞＞顶芽鳞片＞侧芽。谢庆华、张云峰等认为，不同外植体诱导愈伤组织能力的顺序为：根状茎＞球茎＞鳞叶＞茎尖＞花序＞叶柄，诱导率最高的都是根状茎。周光来研究提出花芽内层粉红色鳞片为最佳外植体，且以 3～4 层鳞片的诱导效果最佳。

（2）芽的分化。影响芽分化的主要因素有基因型、外植体类型、激素的种类和配比、培养条件、有机成分或其他成分、愈伤组织质地等。谢庆华等研究表明，魔芋主芽和主芽基部组织在 MS＋2 毫克/升 BA＋0.2 毫克/升 NAA＋0.3 克/升活性炭的培养基上分化率最高，分别为 50% 和80%；侧芽和皮下组织在的培养基上分化率最高分别为 50% 和 72.2%；皮上芽苞在培养基 MS＋1.5 毫克/升 BA＋0.15 毫克/升 NAA 上分化率可达 100%。严华兵等发现，白魔芋在 MS＋1.0 毫克/升 BA＋0.1 毫克/升NAA 的培养基上表现出较高的分化率。郭政宏等研究认为不同激素配比的培养基能够使愈伤组织分化形成芽点的数目不同。

王丽等研究提出，影响不定芽分化的最大因素是 IAA，其次是 BA 和 NAA，较佳诱导组合水平为 MS＋BA 2 毫克/升＋IAA 2 毫克/升＋NAA 0.05 毫克/升；BA/NAA 浓度比高有利于芽的生长，但是 BA 浓度过大对芽生长有一定抑制作用；MS＋BA 2 毫克/升＋NAA 0.01 毫克/升是芽分化较好的培养基。吴金平等研究表明甜魔芋芽分化的最适培养基是 MS＋1.5 毫克/升 BA＋0.5 毫克/升 NAA，分化率达 93.8%。胡建斌等研究发现魔芋愈伤组织在经过 3 次以上继代后形成 3 种不同类型的愈伤组织，即 A 型为呈现半透明水渍状，结构疏松；B 型为愈伤组织呈现浅黄色，表面呈瘤状；C 型为绿色或橙红色，表面光滑，结构致密。分化培养时发现 A 型愈伤组织的分化能力差，几乎全部褐变坏死；B 型愈伤组织大部分可分化成芽，但这种芽不易发育成完整植株；C 型愈伤组织的细胞结构致密，排列紧密，代谢旺盛。细胞内藏有大量的淀粉颗粒，几乎全部能分化成不定芽，并可以发育成完整植株，证明 C 型愈伤组织具有较强的器官发生能力。

苏承刚等以甜魔芋球茎为外植体进行芽分化研究，结果表明，在 MS 附加 1.0～1.5 毫克/升 BA 和 0.2 毫克/升 NAA 分化培养基中，其分化率达 90% 以上。各祥根等优化了花魔芋组培快繁培养基的激素配比，发现适宜花魔芋愈伤组织分化不定芽的培养基为 MS＋8 毫克/升 TDZ＋1 毫克/升 IBA，分化率达 137.50%，且分化得到的不定芽比较粗壮，生长良好。陈永波等发现对魔芋出芽影响最大的是 BA、NAA 和 IBA，GA_3 影响最小，其中以 NAA 的浓度变化影响最大；在 BA 浓度为 1.5 毫克/升时，NAA 浓度为 0.5 毫克/升，IBA 浓度为 1.0 毫克/升时出芽率最高，浓度继续增大，出芽率反而降低。杨宝明等发现，以珠芽黄魔芋块茎为外植体，最佳不定芽增殖培养基为 MS＋BA 2.5 毫克/升＋NAA 0.2 毫克/升；最佳生根培养基为 MS＋NAA 0.5 毫克/升。

（3）根的诱导。魔芋组培苗通常需要经过生根阶段，移栽后才能保证其有较高的成活率。组培苗有瓶内生根和瓶外生根两种方式，瓶内生根受培养条件影响大，生长周期长、成本高，采用瓶外生根可以将生根与炼苗阶段结合起来，节约了成本，缩短了育苗周期，提高了生产效率，目前国内外对魔芋组培苗瓶外生根的研究及应用都很少。研究表明，经一定浓度的 IBA、NAA 处理组培苗再进行瓶外生根，其生根率能达到 90% 以上，但还需要进一步研究与完善。魔芋组培苗生根培养过程：将增殖阶段培养产生的魔芋丛苗切成单株后接入生根培养基中生根成苗，但生根率与基因型、丛芽生长状态、激素种类、浓度以及水平息息相关。

在魔芋的生根培养中，最常用的激素为 BA、KT、NAA 以及 IBA，添加一定浓度的 GA_3 能促进魔芋组培苗不定根的诱导。郭政宏等研究表明，将分化的不定芽在附加 NAA 的培养基上生根培养，再将生根的组培苗转至不含任何激素的 MS 培养基上培养 30 天后长成完整的植株，生根率94%。吴毅歆等用培养基MS＋BA 1.5 毫克/升＋NAA 0.15 毫克/升进行生根培养，5 天就能生根，生根率达 100%，缩短了生根时间，小苗生长健壮。刘荣鹏等研究发现将分化出来的不定芽在附加 KT 的 1/2MS 培养基上进行生根培养，在 30 天内可直接长出完整植株，生根率达 100%。各祥根等提出，适宜花魔芋不定芽生根的培养基为 1/2MS＋5 毫克/升 NAA＋0.2% 活性炭，生根率 100%，生根数量多且较粗壮。苏承刚等以甜魔芋球茎为外植体进行植株再生研究，结果表明不定芽在生根培养基 MS 附加 0.5 毫克/升 BA 和 0.2 毫克/升 NAA 上，能 100% 生根形成完整的植株。杨宝明等研究发现，以珠芽黄魔芋块茎为外植体，最佳生根培养基为 MS＋NAA 0.5 毫克/升。赵青华等试验结果表明：MS＋BA 1.5 毫克/升＋NAA 0.5 毫克/升＋IBA 1.0 毫克/升和 MS＋NAA 1.0 毫克/升＋PP_{333} 1.0 毫克/升两种培养基对于诱导出苗及生根效果最好，添加 PP_{333} 不仅可加快出苗生根，还可促使试管苗矮壮。

6. 其他诱导

魔芋组培苗的不同生长阶段所需的激素以及浓度有差别。细胞分裂素 BA 在魔芋组培中对愈伤组织及芽的诱导有着积极作用，但对试管芋的诱导却有抑制作用；生长素 NAA 和 IBA 对试管芋的形成起着激发作用，NAA 的作用更明显。马林等研究发现，较高浓度的 NAA 可能对分化不定芽不利。杜渊等结果表明，不同激素组配和浓度水平对花魔芋愈伤组织诱导微球茎具有显著影响，与用根状茎、球茎、茎尖组织等器官为外植体相比，用魔芋愈伤组织作外植体诱导微球茎，可缩短培养时间，快速得到优良种源，并且不易发生变异。

二、组培技术应用

（一）组培室建设

一个完整的组培室须满足实验准备、无菌操作和培养 3 个基本需要，一般由洗涤室、准备室、灭菌室、接种室、培养室、隔离室、驯化室组成。各功能间的排列应按组织培养程序来设计，避免某些环节倒排，引起日后工作混乱。实验室各分室的大小、比例要合理，与生产规模相适应。

1. 洗涤室

一般面积为 15～50 米^2，地面应耐湿并排水良好，设置 1～2 个专用水槽用于清洗玻璃器皿，此外还应配置落水架、干燥箱、柜子、超声波清洗器等，如果规模化生产，可安装洗瓶机。

2. 准备室

主要是完成药品的储备、称量、器皿洗涤、培养基配制与分装、培养材料的预处理等，一般面积为 20～60 米^2，配备冰箱、电子天平、分析天平、微波炉、磁力搅拌器、pH 计、培养基分装器、药品柜、器械柜、电炉、各种规格的培养瓶、培养皿、移液管、烧杯、量筒、容量瓶、储藏瓶等。

3. 灭菌室

主要用于对培养基、玻璃器皿及接种工具的灭菌，应配备实验台、高压灭菌锅、细菌过滤设备、干热消毒柜、电炉等。

4. 接种室

又叫无菌操作室。主要用于植物材料的消毒、接种、培养物的转移、试管苗的继代、原生质体的制备以及需要无菌操作的程序，宜小不宜大，一般 10～20 米^2 即可，要求不易受潮、封闭性好，内墙壁应采用塑钢板、瓷砖等防水和耐腐蚀材料装修，易于清洁和消毒；配置拉动门，减少开关门时的空气对流，适当位置吊装 1～2 盏紫外线灭菌灯，用以照射灭菌，配置超净工作台、紫外灯、小推车、搁架、各种接种工具（各种镊子、解剖刀、手术剪、接种针、酒精灯、手持喷雾器、细菌过滤器等）。

5. 培养室

主要用于植物材料的培养，室内要求洁净并能保持一定的温度、光照以及湿度，以促进植物材料的生长和分化。一般分为光照培养室和暗培养室，应配备空调、培养架、灯管、自动定时器、加湿及除湿器等。

6. 驯化室

主要用于组培苗的驯化与移栽，配备环控设施、弥雾装置、遮阳网、移栽床等设施，塑料钵、花盆、穴盘等移栽容器，珍珠岩、蛭石、沙子、草炭土、腐殖土等。

（二）影响组培的因素

1. 组培污染问题

污染问题是植物组织培养中长期存在的问题，降低污染率，可大大降低魔芋组培工厂化生产的成本，提高经济效益。

（1）污染来源。材料的污染会经常发生，主要有以下两个方面：接种前和操作中污染、接种后污染。前者可通过加强外植体消毒、完善操作、净化环境，严格操作程序来克服，后者可通过加强环境消毒灭菌、清洁超净台滤布来解决。在上述问题中，外植体带菌引起污染的问题较为严重，常常因为外植体消毒不完全，而导致严重污染。魔芋外植体消毒困难的原因主要有以下三个方面：一是魔芋生长环境病菌滋生严重，容易导致魔芋块茎带有较多的病菌；二是魔芋含有的葡甘聚糖，遇水能形成大量的黏液，很容易包裹病菌，而难以彻底清洗和消毒；三是魔芋块茎中含有内生菌。

（2）解决措施。

①培养环境污染的解决措施。经常对接种室进行空间消毒，用70%的酒精喷雾降尘消毒，用消毒水擦拭地面、墙壁、工作台等；用甲醛加少量的高锰酸钾熏蒸灭菌（甲醛用量4~6毫升/米^3、高锰酸钾用量3~6克/米^3）。接种操作前20分钟使超净工作台处于工作状态，打开紫外灯进行消毒，20分钟后关闭紫外灯，用70%的酒精擦拭工作台面，以确保工作台处于无菌状态。

②接种污染的解决措施。强化操作人员的无菌意识和无菌操作技术，操作人员双手伸进超净工作台之前，应先用酒精棉球擦拭双手再进行其他

操作，手每次进出超净工作台都要用酒精棉球擦拭双手等。

③外植体污染的解决措施。第一，外植体的选择要以污染少、易诱导为原则，如带菌少的植物茎尖等幼嫩的分生组织通常被用作外植体；球茎或根状茎应该选择表面较光滑、无伤口的健康材料。第二，常规的外植体消毒方法是：用自来水将外植体冲洗干净后，采用70％～75％乙醇溶液浸泡10～60秒，然后用0.1～0.2％氯化汞浸泡5～20分钟或1％～2％次氯酸钠溶液浸泡5～20分钟，再用无菌水清洗3～6次即可进行接种。第三，用青霉素、链霉素、氨苄西林和氯霉素抗生素进行消毒灭菌。

2. 褐化问题

外植体在诱导脱分化或再分化时自身组织由其表面向培养基释放褐色物质，以致外植体和培养基逐渐变成褐色，甚至导致外植体死亡，褐变已经成为魔芋组培中的重要问题。

（1）褐化机理。组织培养中酚类化合物在酶的催化下迅速氧化形成褐色醌类物质，与组织中的蛋白质发生聚合，会抑制其他酶的活性，毒害整个外植体组织，导致组织代谢紊乱、生长受阻，最终逐渐死亡。褐变一般分为两种形式：

①非酶促褐变。即由于细胞受胁迫或其他不利条件如温度影响所造成的细胞死亡而形成的褐变现象，该种褐变不涉及酚类物质的产生。

②酶促褐变。即酚类物质被多酚氧化酶氧化所引起的褐变，这是组织培养中引起褐变的主要原因。

PPO（多酚氧化酶）是一类含铜蛋白质，大多存在于细胞质中，但也存在于细胞膜或细胞壁上。该酶催化酚转变成醌，可分为两大类，即儿茶酚酶和漆酶。儿茶酚酶可以催化两种不同的反应，即催化含一个羧基的酚形成二醌和催化含两个羧基的邻苯二酚形成二醌。漆酶的催化底物范围很广，可催化对苯二酚或苯酚形成对苯醌或邻苯醌，还可以催化其他多种基质的氧化，如抗坏血酸、对苯二酚等。

褐变往往是多种因素共同作用的结果，膜结构的破坏或细胞中物质区域化分布的破坏是酚类物质的酶促氧化并最终导致褐变的关键。在完整的组织和细胞中，酚类物质和PPO是分隔存在的，酚类物质分布在液泡中，而PPO则分布在各种质体或细胞质中，这种区域性分布使底物与PPO不接触，但当外植体组织被切割和接种时，细胞膜被破坏从而破坏了酚类化合物和多酚氧化酶的分隔状态，使两者相遇，酚类化合物在酶的催化下迅速氧化而形成褐色醌类物质，并进一步与组织中的蛋白质发生聚合，抑制其他酶的活性，进而使生长受阻，最终导致死亡。

（2）褐变原因。魔芋组织培养中的褐变问题与魔芋种龄、琼脂浓度、温度和光照等因素有关，主要有以下几种。

①外植体的生理状态。魏海蓉等的研究结果表明，酚类物质的多少及相关氧化酶的活性与植株的生理状况有着密切的关系。王玲等研究发现，种龄越大的魔芋球茎，在培养时越易褐变，成功的概率小，3年种龄的褐变率比1年种龄的高5倍，达32%。

②培养条件。在组培过程中如果温度过高或光照过度会导致PPO活性提高，促进酚类物质的氧化，加速褐化，因此大多数植物在组培时为了防止褐变，多进行一段时间暗培养而减少或克服褐变。王玲等人研究表明高温（30～40℃）强光（2 000勒克斯）大大提高了魔芋的褐变率，而温度为25～30℃、光照强度为1 500勒克斯时，褐变率最低，为6%。陈建华等开展花药培养试验说明，白魔芋花药培养时，温度应控制在26℃以下，当温度超过27℃时，褐变率明显上升。

③外源激素的类型和浓度。不同的激素水平及组合对不同培养物酚类物质的积累、多酚氧化酶活性的激活反应不同。王玲等研究发现，随着生长激素2,4-滴浓度的不断下降，细胞分裂素浓度相对提高，外植体愈伤组织诱导率在不断提高，而褐变率则随之下降。魔芋的组培中，BA对材料的褐变似乎具有抑制作用。

④琼脂浓度和氧化剂。胡楠等研究表明，固体培养基添加1% PVP能有效降低褐变的发生。王玲、房亚南等研究提出，琼脂浓度为4.5克/升时，褐变率最低为6%，比不加琼脂和琼脂浓度为7.0克/升时的褐变率低8～16倍。

（3）防褐变措施。外植体年龄小、切片面积小其褐变程度也相应越小，在接种时尽量选择幼嫩的外植体，切割时应尽可能减小伤口面积，伤口剪切尽可能平整，并缩短切片在空气中暴露的时间。不在高温季节采收外植体和对外植体进行预培养等措施均可有效防止褐变的发生。

将魔芋进行暗培养可以降低褐化率。郭政宏等为控制褐变，采取先暗培养 20 天，随后反复继代在加入活性炭的培养基中培养的方法。魔芋的低温培养能否降低褐化率目前还没有报道，但对薯蓣低温培养降低褐化率也已得到证实。

外植体对不同激素配比的培养基反应不同，生长素 2,4 -滴浓度降低，细胞分裂素浓度相对提高，外植体愈伤组织诱导率不断提高，褐变率也随之下降。欧阳达等提出，采用降低无机盐和激素浓度、合理使用植物生长调节剂以及控制光照，可取得良好效果。王贵元等研究提出，培养基中生长激素 2,4 -滴浓度适当降低和细胞分裂素浓度相对提高，有利于褐变率的降低。

液体培养容易使有毒物质扩散，魔芋组培大多采用固体培养。在培养过程中，可以调整琼脂浓度来降低褐变率，在培养基中加入一些抗氧化剂或吸附剂，如活性炭（500 毫克/升）、半胱氨酸、硫代硫酸钠（Na_2SO_3）、二氧化硫、抗坏血酸等，能控制褐变发生；把培养体切面浸入培养基中，可减少褐变发生的表面积；较大组织切块的创伤面积相对较小，能减少褐化。易褐变的材料，进行连续转接，可以减轻醌类物质对培养材料的毒害作用。

基于固体培养基的魔芋组织培养存在褐变率高、愈伤组织生长及分化效率低等不足，这可能与固体培养基中愈伤组织产生的有毒物质不易向四周扩散和固体培养基中的营养物质不能自由流动有很大关系。胡楠等采用不同激素配比的液体和固体培养基对花魔芋进行了组织培养研究，结果表明，浅层液体培养基在花魔芋组织培养时较固体培养基具有褐变率低、愈伤组织生长速度快、平均出芽数高、根粗壮、成本低等优势。液体静态培养与固体培养交替进行培养、纸桥培养等也能减轻褐变的危害。栗均平等发现使用珍珠岩代替琼脂做支持物可以降低魔芋组培褐变率，但同时增加了生产成本和操作复杂性。

3. 玻璃化现象产生与预防

魔芋组织培养中会出现组培苗的玻璃化现象，与正常苗相比，表现为试管苗叶片、茎段如水浸一般，呈水晶状透明或半透明，整株矮小肿胀、失绿、叶片内卷变厚、质地脆弱；体内水势高于正常苗，叶绿素、蛋白质、纤维素、木质素等含量降低，生长出现不良甚至死亡现象。

（1）魔芋玻璃苗形成的原因。国内外学者在玻璃化植株的形态特征、生理生化变化及防控措施等方面有较多研究，但在玻璃苗的机理和诱发因素方面没有确切定论。有研究表明，琼脂和蔗糖浓度与玻璃苗的比例呈负相关，另外培养材料、培养基成分、植物激素、培养的环境条件等均会造成魔芋组培中玻璃苗的形成。

（2）玻璃苗现象预防措施。减少玻璃苗产生，一般采取如下措施：选择不易玻璃化的基因型及部位做外植体；增加培养基中的溶质水平，降低培养基的水势，如适当增加琼脂和蔗糖含量等；提高光照强度，增加容器通风，降低培养容器内的空气相对湿度和改善氧气供给状况；减少培养基中含氮化合物的用量或及时转移；在培养基中添加活性炭及 K、P、Fe、Cu 等元素，兼顾不定芽增殖和控制玻璃化苗发生；降低培养温度，进行变温培养，有助于减轻试管苗玻璃化的现象发生；长期继代培养过程中 BA 浓度采用 2.0 毫克/升、1.0 毫克/升交替使用。

（三）培养基配置与灭菌

1. 培养基母液配制

魔芋组织培养主要使用 MS 培养基，先配制成一系列母液置于 4℃ 冰箱中保存，使用时按比例稀释。为便于保存，一般将 MS 培养基母液分成 3 大系列，即大量元素、微量元素、有机物。母液配制前应根据培养基组成和配制体积计算母液试剂用量，然后称取药品，大量元素可以用百分之一或千分之一天平，微量元素、有机物、铁盐和各种植物生长调节剂用万分之一天平称量。母液配制时要采用重蒸馏水，药品采用等级较高的分析纯。配制母液所需的仪器设备有电子天平、量筒（1 000 毫升、100 毫升、25 毫升）、烧杯（50 毫升、100 毫升、500 毫升）、容量瓶（1 000 毫升、500 毫升、100 毫升）、移液管（10 毫升、5 毫升、1 毫升）、试剂瓶、药匙、玻璃棒、称量纸等。

（1）大量元素母液配制。大量元素母液由 5 种化合物组成，除 $CaCl_2 \cdot 2H_2O$ 外的其余 4 种药品需分别先以少量重蒸馏水充分溶解后混合在 500 毫升烧杯中，倒入 1 000 毫升容量瓶中用重蒸馏水定容至刻度，置于棕色试剂瓶中保存。$CaCl_2 \cdot 2H_2O$ 需单独配制保存，配制方法同上。试剂瓶贴上标签注明化合物名称（或编号）、浓缩倍数、配制日期和配制者姓名。

大量元素母液配制详情见表 6-1。

表 6-1　大量元素母液配制表

成分	原配方量（毫克）	扩大倍数	称取量（毫克）	母液体积（毫升）	每升培养基吸取量（毫升）
KNO_3	1 900	10	19 000		
NH_4NO_3	1 650	10	16 500		
$MgSO_4 \cdot 7H_2O$	370	10	3 700	1 000	100
KH_2PO_4	170	10	1 700		
$CaCl_2 \cdot 2H_2O$	440	10	4 400		

（2）微量元素母液配制。微量元素按实际使用浓缩 100 倍的数值分别称取各种化合物，MS 培养基的微量元素由 9 种化合物组成，除铁盐外其余 7 种化合物称量完毕后分别用少量重蒸馏水彻底溶解后混合，在 1 000 毫升容量瓶中定容后置于棕色试剂瓶中保存，贴上标签；铁盐为硫酸亚铁（$FeSO_4 \cdot 7H_2O$）和乙二胺四乙酸二钠（$Na_2-EDTA \cdot 2H_2O$）的螯合物，分别将硫酸亚铁和乙二胺四乙酸二钠溶于重蒸馏水中，加热并不断搅拌，溶解后混匀，调 pH 至 5.5，然后加水定容至 1 000 毫升，置于棕色试剂瓶中并贴上标签保存。微量元素母液配制详情见表 6-2。

表 6-2　微量元素母液配制表

成分	原配方量（毫克）	浓缩倍数	称取量（毫克）	母液体积（毫升）	每升培养基吸取量（毫升）
$MnSO_4 \cdot 4H_2O$	22.3	100	2 230		
$ZnSO_4 \cdot 7H_2O$	8.6	100	860		
H_3BO_3	6.2	100	620		
KI	0.83	100	83		
$Na_2MoO_4 \cdot 7H_2O$	0.25	100	25	1 000	10
$CuSO_4 \cdot 5H_2O$	0.025	100	2.5		
$CoCl_2 \cdot 6H_2O$	0.025	100	2.5		
$Na_2-EDTA \cdot 2H_2O$	37.3	100	3 730		
$FeSO_4 \cdot 7H_2O$	27.8	100	2 780		

（3）有机物母液配制。MS 培养基的有机成分有甘氨酸、盐酸吡哆醇、盐酸硫铵素、烟酸和肌醇 5 种。按需求浓缩 50 倍，分别称量后溶解于 500 毫升容量瓶中定容，倒入棕色试剂瓶中贴上标签保存。有机物母液配制详情见表 6-3。

表 6-3　有机物母液配制表

成分	原配方量（毫克）	浓缩倍数	称取量（毫克）	母液体积（毫升）	每升培养基吸取量（毫升）
甘氨酸	2.0	200	100		
盐酸吡哆醇	0.5	100	25		
盐酸硫铵素	0.1	100	5	500	10
烟酸	0.5	100	25		
肌醇	100	100	5 000		

（4）植物生长调节剂母液配制。为便于生产操作，植物生长调节剂需先配成原液，需要时按量添加即可。配制生长素如吲哚乙酸（IAA）、萘乙酸（NAA）、2,4-二氯苯氧乙酸（2,4-滴）等应先用少量 95% 乙醇或 1 摩尔/升的 NaOH 溶解，然后用重蒸馏水定容到一定浓度。配制细胞分裂素如 6-苄氨基腺嘌呤（6-BA）、6-糠基腺嘌呤（KT）、玉米素（ZT）等应先用少量 95% 乙醇或 3～4 滴 1 摩尔/升的 HCL 溶解，再用重蒸馏水定容。

2. 培养基配制与灭菌

培养基配制按计量、移母液、培养基熬制、调 pH、分装、灭菌的步骤进行。下面以配制 1 000 毫升 MS 培养基为例介绍培养基配制与灭菌过程。

（1）计量。根据配制培养基的量和母液的浓度计算需要吸取母液的量，计算公式：吸取量（毫升）＝培养基中物质的含量（毫克/升）× 1 000 毫升/母液浓度（毫克/升）。

（2）移母液。用移液管或量筒量取培养基母液，量取母液前先用所量取的母液将量筒或移液管润洗 2 次，量取母液时移液管不能混用。用 100 毫升量筒量取大量元素母液 100 毫升（含钙盐母液），分别用 10 毫升移液管一次性吸取微量元素母液 10 毫升、铁盐母液 10 毫升、有机物母液 10 毫升和所需的植物生长调节剂母液，盛装到大小合适的容器中。

添加植物生长调节剂母液时应充分了解其理化性质，如 IAA、ZT、ABA 等激素以及某些维生素在高温高压时容易分解或失活，不能和其他的培养基一起高压灭菌，而要进行过滤灭菌。

（3）培养基熬制。用烧杯量取 500 毫升蒸馏水倒入不锈钢锅具放在电炉上加热，加入 5～7 克琼脂，边加热边用玻璃棒搅拌直到琼脂全部融化，加入适量蔗糖搅拌，使蔗糖全部融化。将融化的琼脂和母液充分混合，用蒸馏水定容到 1 000 毫升，充分混匀。蔗糖和琼脂用百分之一电子天平称取备用。

（4）调 pH。用浓度为 1 摩尔/升 HCl 或 NaOH 调节培养基的 pH，检测 pH 可用 pH 试纸（5.4～7.0）或 pH 计，培养基 pH 调为 5.8～6.0 即可。

（5）分装。将调好 pH 的培养基趁热分装到培养瓶中，分装时不要让培养基沾到组培瓶瓶口和外壁，每 1 000 毫升培养基可分装 25～30 瓶。

（6）灭菌。将分装后的培养瓶盖上瓶盖或包扎好瓶口，装到灭菌锅盖上锅盖灭菌，一般灭菌条件为 121℃、25 分钟。灭菌结束应尽快转移培养瓶，使培养基自然冷却凝固备用。

（四）组培基本操作

1. 器皿洗涤

新购买的玻璃器皿使用前先用自来水简单刷洗，然后用 5％盐酸溶液浸泡 4 小时以上，然后用自来水冲洗，再用去离子水冲洗两次，最后在 100～120℃烘箱内烘干备用。常用的玻璃器皿洗涤剂有肥皂、洗洁精、洗衣粉和铬酸钾等。烧杯、量杯、锥形瓶、量筒等普通器皿可用毛刷蘸取去污粉或洗涤剂刷洗，用自来水冲洗干净后用蒸馏水润洗 3 次；容量瓶、移液管等有精确刻度的器皿应先用合成洗涤液或铬酸洗液浸泡几分钟，用自来水冲洗干净后再用蒸馏水润洗 3 次。洗净的玻璃器皿应透明发亮、内外壁水膜均匀不挂水珠，若重洗后仍挂有水珠则需用洗液浸泡数小时（或用去污粉擦洗）后重新清洗。

2. 外植体采集

活植物体上切取下来以进行培养的部分组织或器官叫作外植体，通常选择茎尖、根尖、节间、叶片、叶柄和鳞片等代谢旺盛、再生能力强的部位作为外植体材料。取材时间应安排在晴天的中午或下午，不能在雨天、阴天或露水未干时取材。取材后需对植物材料进行修剪整理，去除不需要的部分，将准备使用的植物材料在流水中冲洗 20～60 分钟备用。

3. 灭菌

灭菌是组培成功与否的关键之一，植物组织培养对无菌条件的要求非常严格。组培上常用的灭菌方法可分为物理和化学两类，物理灭菌包含湿热、干热、射线处理、过滤、清洗和大量无菌水冲洗等措施；化学灭菌是使用氯化汞、高锰酸钾、甲醛、过氧化氢、漂白粉、次氯酸钠、酒精等化学药品处理，使之呈无菌状态。

外植体灭菌剂主要有氯化汞、酒精、次氯酸钠、次氯酸钙、漂白粉、过氧化氢等。外植体消毒程序较多，一般程序有自来水冲洗、消毒剂浸泡、无菌水冲洗等。氯化汞和酒精是植物组织培养中最常用的外植体消毒剂。氯化汞是一种有毒物质，消毒效果极佳，但对外植体的伤害很大，且容易在外植体上残留，大大降低了诱导率。酒精是一种很强的脱水剂，外植体在酒精中浸泡时间过长则容易使外植体脱水死亡。酒精和氯化汞的浓度和时间对外植体的萌动、成活率、污染率影响很大，消毒时间过长对外植体组织细胞具有很强的杀伤作用，使萌动率降低。消毒时间过短达不到灭菌效果，外植体易被污染。

组培中常用的湿热灭菌是高压湿热灭菌。在 0.1 兆帕的压力下，灭菌锅内温度达 121℃，维持 20～30 分钟各种细菌及其高度耐热的芽孢很快被杀灭，培养基、玻璃器皿、金属器皿、工作服、口罩、帽子等一般用湿热灭菌法灭菌。体积较大的玻璃器皿、金属器皿以及不能与蒸汽接触的物品一般采用干热灭菌，即在烘箱内 150℃下持续灭菌 40 分钟或 120℃下持续灭菌 120 分钟。灼烧灭菌也叫火焰灭菌，镊子、解剖刀等金属器械通常使用灼烧灭菌法，先把金属器械放在 95％的酒精中浸泡一下，然后放在酒精灯火焰上灼烧灭菌，待冷却后再使用的灭菌方法。火焰灭菌法在无菌操作过程中需反复进行，以免交叉污染。

一些植物生长调节剂，如赤霉素、玉米素、脱落酸等物质不耐高温高压，通常采用过滤灭菌法。过滤灭菌是将液体用孔径为 0.20～0.45 微米的无菌硝酸纤维素膜过滤，细菌细胞或真菌孢子因直径大于滤膜孔径被阻，从而达到除菌目的。需要过滤灭菌的液体液量小时可用注射器，将滤膜装在无菌注射器靠针管处，将待过滤的液体装入注射器，推压注射器活塞杆，溶液压出滤膜，从针管压出的溶液就是无菌溶液。量大时常使用抽滤装置。

紫外灯灭菌常用于接种室、超净工作台或接种箱灭菌。紫外线能够破坏微生物机体细胞中的 DNA（脱氧核糖核酸）或 RNA（核糖核酸）的分子结构，造成有害微生物死亡达到杀菌消毒效果。紫外线波长为 253.7 纳米时杀菌作用最强，但紫外线穿透物质的能力很弱，只适于空气和物体表面灭菌，且照射物以不超过 1.2 米为宜。

熏蒸灭菌常用于组培室房间内整体灭菌，将消毒剂加热或加入氧化剂，使其产生气体而进行消毒的方法称为熏蒸灭菌。组培中常用的熏蒸剂为甲醛，甲醛毫升数与高锰酸钾克数之比为 2∶1，一般按甲醛 30 毫升/米³、高锰酸钾 15 克/米³ 和常水 15 毫升/米³ 计算用量。操作时，先将水倒入陶瓷或搪瓷容器内，然后加入高锰酸钾，搅拌均匀再加入甲醛，人即离开，密闭房间。用于熏蒸的容器应尽量靠近门，以便操作人员能迅速撤离。熏蒸时间 24 小时以上，如不急用可密闭 2 周。怀孕期、哺乳期、月经期的妇女不得进行熏蒸操作。

4. 无菌操作

接种室要定期打扫，定期用甲醛熏蒸，使用 20% 的新洁尔灭对室内墙壁、地板进行擦洗，保持接种室处于无污染状态；工作衣、帽、口罩要经常清洗，晾干后用牛皮纸包好进行高温高压灭菌；接种前 30 分钟要打开紫外灯对超净工作台进行杀菌，然后打开风机吹风 20～30 分钟，接种室气体散完后才能开始接种；接种前用 75% 酒精擦拭超净工作台台面或用喷壶喷雾，密闭 5 分钟左右；接种前将手和手臂用 75% 酒精消毒，凡是带入超净工作台内的培养基、瓶子等均要用 75% 酒精擦拭瓶子外表面；镊子和剪刀等金属器械从头至尾用火灼烧一遍，每一次接种后均要灼烧，避免交叉污染；接种过程要靠近酒精灯火焰，动作要轻柔、准确，不能乱碰；在超净工作台内不能将酒精容器碰倒或喷洒酒精引发火灾；接种时操作人员双手不能离开工作台，不能说话、咳嗽、走动；接种完毕后要及时将工作台清理干净并打开紫外灯灭菌30分钟。

（五）脱毒组培苗生产

1. 愈伤组织诱导培养

在超净工作台中切去药液接触过的伤口后，将魔芋块茎放在培养基上，芽点朝上，用镊子轻轻将其下部稍微压入培养基中，7～10天后芽点开始萌动，基部变绿，25～30天长出愈伤组织。经试验，愈伤组织诱导培养基为：在每升MS培养基中添加BA 1.0毫克、NAA 0.1～0.5毫克、蔗糖2.5%和卡拉胶5%～7%。培养室温度（24±1）℃，每天日光灯辅助照12小时，光照强度为1 200～2 000勒克斯。

2. 不定芽诱导与培养

在超净工作台中切去褐化组织或者发黑组织块，将魔芋带芽点的愈伤组织平放在培养基上，用镊子轻轻将其中一端稍微压入培养基中，7～10天后芽点开始萌动，20～25天芽开始伸长，生长良好的芽60天后可长达5厘米并出现丛生芽，平均每个丛生芽中含2～3个芽。经试验，诱导芽增殖的培养基为：在每升MS培养基中添加BA 0.8～1.0毫克、NAA 0.05～0.1毫克、蔗糖2.5%和卡拉胶5%～7%。培养室温度（24±1）℃，每天日光灯辅助照12小时，光照强度为1 200～2 000勒克斯。

3. 继代增殖培养

当魔芋初代培养成功之后，采用初代组培苗作为继代培养的材料来源，将无菌苗在超净工作台中取出，用手术刀剔除部分叶片以减少营养消耗，然后切成2～4厘米的茎段，每段含2个腋芽，将茎段平放在培养基中，用镊子轻轻将其中一端稍微压入培养基中进行继代培养，或将丛生芽切割成带2～3个芽的小块移到新的培养瓶中培养，用此法不断进行丛生芽增殖。培养基配方：在MS培养基中添加1.0毫克/升的6-BA、0.5毫克/升的IAA、蔗糖2%和卡拉胶5%～7%。

4. 诱导生根

把丛生芽切成单株接种到生根培养基中诱导生根，芽高以不超过5厘米为宜。10～15 天每株苗可长出 3～5 条乳白色须根。生根培养基配方：于 1/2MS 培养基中，每升添加 0.5～1.0 毫克 IBA、2.0％蔗糖和 5％～7％卡拉胶。

5. 试管苗移栽

挑选生长状况良好，生根相对一致，叶色浅绿至墨绿，苗高 5～7 厘米的瓶装魔芋组培苗移至室外大棚或温室中进行炼苗，逐渐打开瓶盖在自然环境中培养 7～10 天。炼苗最适合的昼夜温度为 15～25℃，遮阴度为 60％左右。经过 7～10 天的过渡培养，魔芋组培苗出现叶色变深时移出魔芋组培苗至清洗池，将苗根部的培养基全部清洗干净，清洗时尽量避免损伤，然后放在 800 倍多菌灵消毒液中浸泡 30 分钟，捞出沥干表面水分后移栽到育苗床。

移栽时用竹签在苗盘基质上打孔，将小苗栽入并轻轻覆盖、压实，然后用喷壶浇透水。魔芋组培苗比较适合生长在疏松多孔、富含有机质的基质中，移栽基质以消毒处理后的蛭石、珍珠岩、腐殖土、有机肥按一定比例混合，具体体积配比为蛭石（20％）＋珍珠岩（20％）＋腐殖土（40％～50％）＋颗粒或粉状有机肥（5％～10％）。

移栽后的小苗应避免太阳光直射，以免灼伤叶片。生产上一般采用双层遮阴网遮光，外层用 50％的固定遮阴网，内层用 75％的活动遮阴网，这样便于调控光照强度。夏季炼苗要控制好湿度，高温高湿容易滋生杂菌造成烂根。

第七章 贵州魔芋主要病虫草害防控技术

第一节 主要病害及防控技术

一、软腐病

软腐病是对魔芋生长危害最严重的病害，在魔芋整个生育期均可发病，在大田间生长阶段发病，会造成叶片、叶柄及球茎腐烂，在储藏期间发病会造成球茎腐烂。病原菌主要通过伤口侵染，能危害茄科、十字花科、瓜类等多种作物。

（一）病原

1. 病原菌及结构特征

魔芋软腐病主要由软腐欧文氏菌侵染引起，主要病原菌有胡萝卜软腐欧文氏菌胡萝卜亚种、胡萝卜软腐欧文氏菌黑胫亚种和菊欧文氏菌 3 种细菌。贵州分离的病原菌以菊欧文氏菌致病力最强。

病原菌胡萝卜软腐欧文氏菌胡萝卜亚种在肉汁胨琼脂平板上培养 48 小时，菌落圆形，大多数直径为 0.3～0.6 毫米，中央突起，淡奶油色，非水溶性色素，质地均匀，表面光滑发亮。菌体短杆状，大小为（1.2～2.5）微米×（0.55～1.1）微米，革兰氏染色阴性，鞭毛周生，多数为 36 根，能发酵葡萄糖、乳糖、蔗糖、麦芽糖，产酸不产气；硝酸盐反应、酪氨酸水解、淀粉水解反应为阴性；过氧化氢、明胶水解、酪素水解为阳性；可以分解含硫有机化合物产生 H_2S，不能分解色氨酸产生吲哚；能在含 5%NaCl 培养液和 37℃下生长；生长最适宜温度为 25～30℃；软腐菌生长最适 pH 为 6.0～7.0；最适碳源为乳糖；最适氮源为酵母汁。

2. 病原菌主要致病因子

软腐欧文氏菌的主要致病机制是可协同分泌多种高水平的酶类，包括纤维素酶、蛋白酶、果胶酶等，这些酶可以降解植物细胞壁释放出养分以供细菌生长使用。

（1）纤维素酶主要表现葡聚糖酶活性，首先降解纤维素，然后降解寄主的细胞壁。尽管在致病过程中纤维素酶不是最重要的致病因子，但可以和其他酶协同侵染植物。

（2）在魔芋软腐病的研究中，也发现了几种常见蛋白酶，这些酶的功能可能是提供细菌蛋白生物合成所用的氨基酸或降解寄主和抗性有关的蛋白质，但是和纤维素酶一样，在致病性中都只起了很小的作用。

（3）果胶酶是致病过程中最重要的酶。这种酶分解并利用中间薄层和细胞壁的果胶质，造成组织瓦解、细胞破坏及细胞质渗漏，它以果胶酸盐裂解酶、果胶质裂解酶、果胶甲基酯酶、多聚半乳糖醛酸酶等多种形式存在（同工酶），这些酶由不同基因编码，这些基因成簇排列并起源于连续的一系列基因副本。果胶酸盐裂解酶是果胶酶中最重要的酶，和其他酶相比，它在种、亚种和株系间有很大不同。次级果胶酶只在外植体中被诱导表达，尽管他们的酶活性很低，却在侵染过程中及寄主特异性上发挥很重要的作用。尽管果胶酶在致病过程中起很大作用，但病害的产生并不是需要所有酶参与。

（二）症状及危害

该病在魔芋产区普遍发生，一般田块发病率在 $10\%\sim30\%$，局部地区或多雨季节发病率可达 80% 以上，甚至绝收。病原菌侵入魔芋叶柄、叶片时，植株受害组织部位变软、发黑、腐烂。在叶片上，初发生时在叶柄或叶轴呈现长椭圆形水浸状病斑，随即向上向下迅速蔓延扩展，在叶柄一侧形成水浸状纵长形条斑，在条斑一侧的叶片，先失绿后黄化至整个复叶枯黄萎蔫、倒苗，发病部位多在叶柄基部与球茎交界处腐烂的组织散发出酒糟味和恶臭味。从病部流出带菌汁液，会随雨水侵染附近的植株，长期雨水天气容易导致病害暴发流行，严重时成片倒伏并腐烂。

病原菌侵入球茎时，通常先在球茎根基部感染，再向地上部位发展。播种后病菌侵入球茎后，植物外观无异常，内部逐渐通过导管由下向上自叶柄一侧形成水浸状纵长形条斑，条斑随即凹陷成沟槽状，使内色组织变成灰白色，甚至黄褐色，球茎软化，组织腐烂成黏稠糊状，并伴有大量菌液溢出，散发出臭味；若遇天气晴朗，则停止腐烂，在魔芋叶柄一侧形成凹槽状。因此，软腐病也叫"半边疯"。

（三）侵染与传播

1. 侵染途径

软腐病病原菌主要通过寄主伤口侵入植株，自然传播介体主要有雨水、昆虫、灌溉水等，病菌可随雨滴反溅、灌溉水流、病健处摩擦及农具、害虫而传播，带菌球茎可远距离传播。

带菌种芋若在出苗前遇持续高温天气，就会腐烂、死亡；出苗后7—8月是发病高峰期，9月中下旬，随着天气转凉、降水量降低，发病率逐渐下降。病原菌在带病种芋、病残体、土壤、某些昆虫体内及杂草根际中越冬，并成为初染源。

2. 魔芋软腐病流行原因分析

（1）生长环境影响。各地栽培魔芋的经验表明，凡野生或原始式自然栽培以及农户房前屋后零星栽培的魔芋均发病轻或不发病，而集中成片栽培病害发生严重，说明环境条件的改变如果达不到魔芋自然繁衍的生境，会导致植株的抗病性下降，魔芋病害具有潜在流行的风险。

（2）品种抗性影响。不论花魔芋，还是白魔芋，均不具备典型的魔芋软腐病抗性，随着魔芋连作时间增加，软腐病细菌性病源物对魔芋表现很强的致病率，导致近年魔芋软腐病暴发。

（3）病菌宿主影响。魔芋软腐病是由欧文氏菌属多个菌种引起，病源宿主广泛，又属于土传性病害，难以防治。魔芋软腐病菌的主要侵染来源是种芋带菌或土壤带菌，随着感病品种的连续种植，抗性逐年减弱，加之对田间的魔芋病株销毁不彻底，致使田间菌源量逐渐积累，容易达到区域流行的种群数量。

（4）栽培管理影响。种植密度大，田间湿度高，若在苗期氮素施用水平偏高，则魔芋茎叶柔软嫩绿，植株内游离氨基酸含量增加，加速了魔芋软腐病发生；不少农户在种芋储藏及播种前未充分晒种，药剂消毒等措施也不到位，种芋带菌率高；种芋在挖收、储藏、运输过程中受伤，一旦出现伤口，则极易发生软腐病菌传播；部分新产区从外地调运种芋，质量把关不严格，加上随意乱搬乱运、上车下车及长途运输碰伤等因素，造成种芋损伤严重，运到当地后又不及时分散储藏，为魔芋病害流行埋下了隐患；大量施用未完全腐熟的农家肥、不重视监测土壤酸碱度、连作严重、农事操作不当及选用前茬为马铃薯、烟叶、茄果、蔬菜等作物的土地，都会导致病害暴发。

3. 贵州魔芋软腐病发生原因分析

（1）种芋问题。通常情况下，远距离调运来的种芋较当地繁殖的种芋当年发病重。魔芋新建基地往往需要从外地调运种芋，魔芋皮薄、质脆，轻微碰擦就可造成伤口，利于病菌入侵；再加上部分经营主体采用网袋包装，保护性措施差，极易造成种芋运输损伤；播种前种芋未进行严格消毒，加快受损芋种病菌入侵和带病种芋的发病率。建立优质种源基地是解决种芋问题的重要途径，贵州按照标准化流程进行种植管理的基地还不多，良种仍然有较大缺口。

（2）土壤问题。魔芋软腐病是一种土传细菌性病害，随着种植时间的增长病原菌积累逐年增多，连作期越长发病越严重。软腐病菌寄主作物有1 000多种，在魔芋上尤为严重，随着连作时间增加，土壤病原菌不断累积风险增加。因此，提倡三年以后就换地种植。

（3）施肥问题。在实际生产中，部分农户施用的农家肥未完全腐熟，更多的是不施家肥、底肥全部施化肥，破坏了土壤的酸碱平衡，导致土壤结构的改变，并且魔芋根系脆弱，扎根时根须延伸至化肥区很容易烧损；魔芋出苗时间较其他作物晚（从播种到出苗一般不少于两个月），到长根出苗时化肥损耗量大，后期需要一定量的追肥，否则会影响植物生长；肥料施用不当，会对根、茎、叶造成损伤，导致病菌侵染性病害暴发。

（4）草害问题。草害对魔芋生长影响极大，魔芋根系脆嫩，在除草过程中容易损伤根系、叶片及叶柄，引起病菌侵染。

（5）气温及遮阴问题。魔芋具有喜温暖怕高温、喜阴怕晒、喜潮湿怕旱涝等特性，最适温度为20～25℃，气温低于12.5℃或高于30℃都不利于魔芋生长发育。贵州紫外线较强，太阳直接照射魔芋易产生灼伤，导致病害加重。

（6）防控不力问题。软腐病在魔芋栽培的整个生育期均有发生，生产中农药使用不科学、防控不及时、浓度不对、施药方法欠妥都会导致防控效果差。

（7）储藏问题。种芋储藏时未进行脱水及消毒处理，储存条件差，温度高、湿度大、空间小、通风差，致使魔芋在储藏期间腐烂率高，严重时储藏期腐烂率超过 30％。

（四）软腐病防控技术

1. 农业措施防治

（1）种芋筛选。应选择表皮光滑，皮色鲜艳，顶芽粗短，芽窝浅、平，性状典型，无病虫和损伤的球茎或根状茎作种。

（2）实行轮作。魔芋种植忌连作，实施轮作制度是控制魔芋病害最经济简单有效的措施，最好与禾本科、豆科、蓼科作物轮作，尽量避免与十字花科、茄科等作物轮间作。

（3）地块选择。应选择在有机质含量较高、土壤较肥沃、土层深厚、土质疏松的田块，土壤酸碱度近中性略偏酸。

（4）肥水管理。重施腐熟农家肥和有机肥，以底肥为主。追肥多施磷、钾肥，少施氮肥，增施钙肥，增强植株抗病力，施肥时不要太靠近植株，以免损伤块茎（球茎）和植株；天旱时应及时进行喷、滴灌，及时补充水分。

（5）遮阴与除草。魔芋喜阴怕晒，高温易造成灼伤，可与玉米或其他经济林木套种或间种，增强植株的抗病力；魔芋根系脆弱且分布浅，在10～20 厘米的表土层内，中耕除草最好用手拔除杂草以防损伤根系和幼苗，或使用选择性除草剂防除杂草。

（6）采收与储藏。魔芋完全倒苗后，选择晴天采收，边挖边晒，利用阳光中的紫外线消毒杀菌，采收时要轻挖、轻放、防止损伤球茎。入库前应先晾晒减少魔芋球茎的含水量，能减少发病，入库前要将储藏库应进行全面消毒。

2. 化学防控措施

（1）种芋消毒。软腐病病原菌以魔芋球茎和土壤植物残体为宿主越冬，种芋球茎带菌增加了储藏、运输和魔芋生长期间感病概率，种芋消毒是软腐病综合防治的重要策略，也是生产过程中必不可少的环节。

（2）土壤消毒。土壤处理是防治土传病害的重要途径，地块要及时清除田间杂草，消灭害虫；冬季深翻土30～40厘米，有利于加速病残体的分解，抑制病原菌的滋生；春季整地要做到深沟高垄，以利排水，防止积水；发病重的地块在整地时可撒施土壤消毒药剂，播种前施三元消毒粉或生石灰粉进行土壤消毒。

（3）药剂防控。药剂防控要及时，在幼苗出土展叶至发病前进行第一次药剂防控，发现病株及时清除，再用石灰消毒，以防病害传播。常用的化学药剂主要有春雷霉素、噻菌铜、碱式硫酸铜、氯溴异氰尿酸等，对全田进行喷雾防控，整个生育期喷2～3次。

3. 生物防治措施

（1）抗病品种选择。选用具有良好抗性、品质较好的品种进行推广应用，是控制软腐病发生的根本方法，能够从根源上解决病害发生问题。

（2）筛选魔芋病原菌拮抗生物及其产物。利用有拮抗作用的微生物或相应的代谢产物来防治软腐病。近年来，已报道的魔芋软腐病生防菌有芽孢杆菌、溶杆菌属、链霉菌等。芽孢杆菌主要有枯草芽孢杆菌、解淀粉芽孢杆菌和苏云金芽孢杆菌。生防微生物受田间气候环境、农残、微生物群落结构等因素的影响，对作物病害的防效的稳定性、持久性等方面还需深入研究。

二、白绢病

白绢病能侵害蔬菜、果树、中药材等植物。在魔芋生产上，白绢病是仅次于软腐病的第二大病害，危害严重。随着魔芋种植面积的扩大和种植年限的增加，魔芋白绢病的发生和危害逐年加重，严重影响了魔芋产业发展。

（一）病原

该病原菌的有性阶段属于担子菌亚门伏革菌属中的白绢伏革菌，无性阶段为半知菌亚门的罗氏整齐小菌核。病原菌菌落白色，呈疏松放射状生长。菌丝无色绢丝状，有分枝，有隔膜，直径 4.5～7.0 微米。后期菌丝扭结成白色菌丝束或菌索，继而形成白色球形菌核，逐渐变为淡黄色，成熟后为茶褐色。菌核球形、表面光滑，椭圆形或不规则形，直径 1～2.5 毫米，在中性偏酸环境易萌发。菌核适应环境变化能力强，室内可存活 10 年，旱地可存活 5～6 年，但在灌水条件下，3～4 个月即死亡。

该菌是传播力强的土传病菌，寄主范围广，能侵染 200 多种植物。主要危害茄科的番茄、茄子、辣椒、烟草、马铃薯等；豆科的豇豆、大豆、菜豆、花生等；葫芦科的南瓜、西瓜、甜瓜等。对魔芋、茶苗、苹果、桑、苜蓿、石榴、菜豆、马蹄金、豆荚、菱角、三叶草、香草兰、香荚兰等作物危害最为严重，白绢病在不同地区发生程度有所不同。吴洵耻等研究表明此菌可引起小麦全蚀病、地根腐性病害。在致病机制方面，许多研究表明白绢病菌能产生 β-1,4-甘露糖苷酶和甘露聚糖酶等能分解寄主细胞壁的酶，使寄主损伤后发病。也有研究表明，白绢病菌几乎不产木聚糖酶和纤维素酶，但可产半纤维素酶、醋酸酯酶、α-阿拉伯糖酶和α-半乳糖酶等酶类。

（二）症状及危害

主要危害魔芋茎、叶柄基部及球茎，发病部位主要在接近地面的叶柄基部。发病初期，魔芋根系局部侵染受害，病菌菌丝体尚未长出地面，地上魔芋植株还表现不出被危害症状。白色绢状菌丝体长出地面后，首先侵染叶柄基部与地面接触处，叶柄基部或茎基染病初期，出现水浸状暗褐色或淡桃红色不规则形小斑或病斑，以后逐渐扩大、软化，稍凹陷。3～5 天后即可长出放射状菌丝。7～10 天，菌丝向四周扩展缠绕叶柄基部一侧或成一圈，使叶柄呈湿软腐、折断倒状。菌丝体相互缠绕层结，形成一些初为白色、后为黄褐色或棕褐色的球状小菌核。表土层干燥时，深处的菌核萌发产生菌丝体，延伸侵染相邻的植株。菌丝和菌核不仅在叶柄上生长繁殖，也会在球茎和根状茎上繁殖，引起腐烂，造成损失。

（三）侵染与传播

白绢病菌一般可潜伏一个冬天，主要是以菌核形态在土中，偶尔也有菌丝菌索等形态。经柳惠庆等研究，白绢病菌核没有休眠期，对极端环境适应力很强，可以在病残体、杂草、土壤中潜伏长达 6 个月时间。当外界生态环境适合其生长时，菌核萌发产生菌丝，通过雨水、灌溉水、带菌肥料传播，直接侵入魔芋，待菌丝侵入后，通过分泌细胞壁降解酶类破坏魔芋细胞，引起发病。

（四）防控技术

1. 农业防治

堵源节流防止菌原传播，如选择无病种芋；深耕土壤，施用石灰调节土壤 pH，使其中性偏碱；遮阴栽培；土壤消毒；轮作等。

（1）选种。选择无白绢病的球茎作种，将没有白绢病史的地块留作种芋地块；外地购种芋时，应在倒苗前到种植基地检查病害发生情况，不要随便购种，以免把病原菌带入。

（2）深耕翻土、改良土壤。将带病的表土层土壤深翻到土层 15 厘米以下，促使病菌缺氧死亡。在翻耕土壤时撒施生石灰，调节土壤酸碱度至中性或微偏碱，以实现对病菌的抑制；用五氯硝基苯（土壤散）粉剂 0.5 千克/亩拌细土施入栽植穴（沟），或出苗后施入叶柄四周并覆土，均有一定效果。

（3）轮作。发病严重地块，可与禾本科作物如大麦、燕麦、玉米、高粱等轮作。水旱轮作效果更佳。

（4）遮阴栽培。遮阴可减少发病，常与高秆作物玉米、高粱等间套作或用遮阴网荫蔽，降低地温，减少发病。

（5）及早防病。发现少量病株时，应在菌核形成前拔除、深埋或烧毁，并用 50％代森铵 400 倍液或 40％硫菌灵 1 000 倍液或生石灰粉喷施。挖收魔芋后及时清园，勿使病株残体和病原菌核遗留。

2. 药剂防治

通过药剂喷施，保护植株免受白绢病病菌侵害，抑制已侵入植株组织的病菌生长，当病株出现时，越早用药越好。常用的农药及用法如下：

（1）常用的非内吸杀菌剂。可用 70％代森锌 400～500 倍液，或 40％菌核净可湿性粉剂 700～800 倍液，或 25％万菌灵（禾穗宁）可湿性粉剂 1 000～1 500 倍液，或 50％异菌脲（扑海因）可湿性粉剂 800～1 000 倍液，每 10～15 天喷施 1 次，2～3 次即可。

（2）常用的内吸性杀菌剂。可用 50％多菌灵可湿性粉剂 1 000 倍液，或 50％甲基硫菌灵可湿性粉剂 800～1 000 倍液，每亩用量 75～100 克，兑成水液喷雾；也可用 20％氟纹胺（塑佳多）可湿性粉剂 800 倍液，或万菌灵（禾穗宁）25％可湿性粉剂每亩 50～60 克，兑水喷雾，或 50％农用井冈霉素水剂 800～1 000 倍液喷雾。在发病初期每隔 7～10 天喷雾 1 次，共 2～3 次。

三、细菌性叶枯病

魔芋细菌性叶枯病，主要发生在叶片上，展叶后到倒苗前均会发生，夏季高温多湿以及初秋冷凉多湿天气会造成该病急速传播蔓延，导致小叶枯死，球茎膨大受抑制，发病早的话危害更重。

（一）病原

魔芋细菌性叶枯病病原菌为 *Xanthomonas conjac*。大小为 0.5 微米×（1.5～2.3）微米的短杆菌，一端有一条鞭毛。该病菌主要在魔芋上寄生，其他作物暂未见报道。

（二）症状及危害

魔芋细菌性叶枯病只危害叶片，不侵染叶柄和球茎。侵染初期，魔芋叶片背部出现油浸状多角形小斑点，不久穿透叶表面，病斑进一步扩大，在叶脉两侧形成暗绿色方形病斑，后变成黑褐色。严重时全叶染病，病斑干枯脱落形成空洞或叶前部病斑相互连成一片，似烧伤状，叶片黄化、脱落，干枯倒伏。

（三）侵染与传播

魔芋细菌性叶枯病最主要传播途径是种芋及病残体带菌传染。在湿热及晴雨交替的条件下发生流行较快。病原菌在病残体上越冬后传给种芋，成为翌年的传染源。病菌随雨滴滴落，反溅到刚抽芽的鳞片或刚展叶的叶片上，从伤口或气孔侵入而至全株，并随水传染全田，速度极快。该病的发生与降雨天数关系密切，7—9 月降雨日数多，发病重；土壤含水量高，发病重，传播快；多肥或氮素不足发病也重。若遇连晴天气，病斑干枯而停止蔓延。

(四) 防控技术

1. 合理轮作

土壤带菌是魔芋病害的主要侵染来源，故魔芋不宜连作，否则易加重病害，应坚持轮作倒茬，尽量不选用前茬为十字花科、茄科等作物的地块，可与小麦、玉米、大豆轮作。

2. 精选种芋

选择芋龄较小、膨大率高的球茎作种芋。要求球茎呈椭圆形，横径大于纵径、上端大于下端，上端凹陷、口平，芽体完整粗壮，芽尖呈粉红色、有光泽，并略高出凹窝边缘或与边平。球茎颜色鲜亮，上半部呈灰暗色，下半部与底部呈灰白色，表皮光滑，无皱裂、疤痕、伤烂和霉变。

3. 种芋消毒

选择晴天，用浸种消毒药液喷雾，晾干后，将种芋全部翻面，使上下面全部翻转完毕后再喷雾一遍，重复2～3遍后，待种芋失水20%以上或种皮木质化变硬后即入库储存待用。

4. 土壤消毒

重茬地土壤翻耕整好后，在播种前1～2天，用土壤消毒剂、三元消毒粉或生石灰进行土壤杀菌消毒。

5. 土壤改良

可用绿肥、荞麦等进行土壤改良，在8—9月可撒一季荞麦、绿肥。一是增加土壤覆盖，增强冬季抗寒能力；二是增加生态多样性降低病害；三是可以用绿肥来进行土壤改良或盖草处理。

6. 药剂防治

发病初期，可用0.3%四霉素60毫升/亩＋45%敌克松100克/亩兑水30千克喷雾处理。发病中后期，可用上述农药，采取灌根、喷雾相结合的方式同时进行防治。采用药剂防治时，为了保证喷药质量，植株上有露水时不宜喷药，晴天以傍晚为主，阴天可全天施药。喷药后6小时内如遇下雨，应在天晴后再补喷一次，以增强防治效果。

四、干腐病及根/茎腐病

镰刀菌一些种或变种会在魔芋田间生长期和储藏期侵染魔芋。在大田生长期侵染的，根据侵染部位不同分为根腐病和茎腐病，在储藏期侵染的称为干腐病，贵州主要以根腐病和茎腐病为主。

（一）病原

魔芋干腐病及根/茎腐病由半知菌亚门丝孢纲镰刀属多个菌种侵染所致，镰刀菌的形态结构包括菌丝、分生孢子梗、产孢细胞、小型分生孢子、大型分生孢子、厚垣孢子、菌核及有性时期的子囊壳。其中，小型分生孢子、大型分生孢子和产孢细胞的形态及有无厚垣孢子，是鉴定镰刀菌种的重要依据。镰刀菌的菌丝有隔膜，产生大小两型分生孢子和厚垣孢子。大型分生孢子镰刀形，无色，多数有 3～4 个分隔，大小为（22.4～46.4）微米×（3.2～4.8）微米。小型分生孢子长椭圆形或圆柱形，无色，有 1～2 个分隔，大小为（5.67～13.4）微米×3.52 微米。此菌能在13～35℃条件下生长，最适生长温度为 29～32℃。周洁等首次报道了魔芋干腐病致病菌为南方镰孢和变红镰孢。

（二）症状及危害

魔芋致病镰刀菌在储藏期和生育期皆可发生，病菌能侵染魔芋球茎、根状茎和根，受侵染的球茎腐烂干缩，不能食用。詹其彩等研究表明，在福建东部魔芋种植区，魔芋干腐病尤为突出，可导致减产 20%～30%，严重时甚至绝收。

一般多见于 8 月中下旬，在田间见到羽状复叶和部分叶柄变黄，并常沿叶柄的一边坏死延伸向下。拔起病株，坏死叶柄一侧的根变黑褐色，部分根内部黑色腐烂，但无异味（软腐病属细菌性病害，腐烂部有恶臭）。在散叶期发病，叶色黄绿，叶缘倒卷，黄化萎蔫，叶柄基部腐烂缢缩，有纵的皱折，叶片变黄，严重的植株倒伏、枯死。病菌侵染根时，发病初期根部有水浸状深色病斑，根的尖端变褐，随后根系和部分球茎腐烂变黑，地上部分叶片发黄，植株生长偏矮小，天气潮时，在病部处又长出新的不定根，以维持生命，但植株生长不良，病株容易拔出，切开根近基处可见变褐色，根状茎也变成褐色。挖收时可见其地下球茎大部分已腐烂，剩余未腐烂部分为凸凹不规则的残体，农民称之为"戏脸壳"，失去商品价值。发病严重时全株枯萎，最后常受细菌侵害而导致软腐病。带病的茎和根状茎在储藏期病菌继续侵染，其内部慢慢变黑色腐烂、干缩，若再用其播种，则不发芽或发芽后叶片异常。

（三）侵染与传播

镰刀菌的孢子广泛存在于病芋、储窖、收获机械等地方，抗逆性较强，存活时间可达5～6年之久，在5～30℃条件下均能萌发生长，对生产危害严重。病菌以菌丝和分生孢子随种芋和根状茎越冬，或以厚垣孢子在土壤中越冬，由种芋和土壤进行传播。一般黏质土比沙质土发病多；中性偏酸性土壤、施用未腐熟的有机肥地块易发病；土壤水分多，发病早，发病株率高，降水量多的年份发病多；排水不良的地块，二次传染速度快，危害重；肥料不足，长势弱的植株易感病；带菌种芋，尤其是芽附近有病斑的种芋，种植病害重；储藏条件差，通风不良，都有利于干腐病的发生，相对湿度大于90%，15～20℃时干腐病发展最快，0℃时传播速度慢，通常70%以下的相对湿度使病害减轻。

在魔芋收获、运输、储藏过程中，球茎受机械损伤形成的伤口，容易受镰刀菌孢子的萌发管或是菌丝侵入，先在寄主的薄壁细胞间生长，分泌果胶酶和纤维素酶分解植物细胞壁，然后进入细胞，到达木质部维管束，菌丝分枝并产生大量分生孢子，继续侵染周边维管束组织。同时，菌丝、大量的分生孢子、胶质物质、甲基纤维素以及维管束破碎组分等形成维管束阻塞物，阻断组织体内的水分运输，魔芋失水变干、腐烂，容易二次感染软腐病。分生孢子通过风、水流等形式向外传播；进入冬季，病原菌以菌丝、分生孢子、菌核或厚垣孢子的形式在种芋、土壤中越冬。染病种芋播种后，超过50%的无法发芽或幼芽感病死亡，其余若能继续生长，多数发育成弱植株，继续发病，导致植株萎蔫或倒伏死亡。

（四）防控技术

1. 严格选种，剔除病芋，在装运种芋时避免受伤。
2. 储藏种芋的地方，严格控制湿度。

3. 与其他科作物轮作，特别是水旱轮作。

4. 有条件的地方可以用溴甲烷、氰氨化钙、棉隆、霉灵噁等进行土壤消毒。

5. 种植时，选择轻沙质土壤地块，施足腐熟的有机肥料，每亩撒施100千克左右石灰，调节酸碱度，并尽量深种。

6. 用50％甲基硫菌灵800倍液或50％多菌灵1 000倍液浸种，进行种芋消毒。

7. 下种时，用硫酸铜800倍液浇洒种芋周围土壤，每窝用药液0.5千克左右。

8. 魔芋基本齐苗施第一次药，开扇期施第二次药，发病高峰期施第三次药，药剂可选50％腐霉利（速可灵）可湿性粉剂1 000倍液，或21.2％春雷·三环唑（加收热必）可湿性粉剂1 000倍液，或50％丙硫唑（施宝灵）胶悬剂1 000倍液，或77％氢氧化铜（可杀得）可湿性粉剂2 000倍液加72％农霉素可溶性粉剂2 000倍液进行药液浇灌，每窝用药液0.35千克左右，主要浇洒魔芋的叶、茎基及周围土壤，此方法可兼治白绢病和软腐病。

9. 严格控制种芋的储藏条件，收获或储藏期尽量避免一切机械损伤。入库前要精选种芋，剔除病芋、虫咬芋、伤芋。在室外晒7～10天，使其水分蒸发，重量减少15％左右。储藏期间勤检查，发现病芋应及时剔除，减少传播。基本的科学管理包括以下两方面内容：一是避免种植带菌种芋；生长期间注意平衡施肥，增施磷肥和钙肥，可提高魔芋细胞壁钙含量，增强抗病性。二是储藏前注意库房以及用具的消毒，用1％～3％的甲醛溶液对库内各个角落进行喷洒，喷药后密闭库房1～2天，然后打开门窗通风1～3天。

五、干性根腐病

（一）病原

病原菌为立枯丝核菌，属半知菌亚门真菌。菌丝体初期无色，分枝成锐角，分枝处缢缩，离分枝处不远有一隔膜。老熟菌丝淡褐色，隔膜增多，部分细胞膨大，分枝成直角，宽 8～23 微米。菌核形状不规则，直径 1～3 微米，褐色，无内外分化，常数个合并在一起，表面粗糙。酷暑高湿形成担孢子。担孢子无色，单胞，椭圆形或卵圆形。病原菌生长温度为 5～32℃，最适温度 28～30℃。4℃ 以下或 34℃ 以上不能生长。对酸碱度忍耐力强，pH 3～9.5 皆能生长，最适 pH 6.8。

（二）症状及危害

魔芋根、球茎、根状茎、叶均能感染。散叶期染病，叶片黄化、萎蔫。地上部轻度黄化时，地下部主根前段、中间及球茎已褐变溃疡、腐烂，小球茎未成熟就已脱落，有的根状茎前端坏死，不能形成子芋。主芽若遇到持续高温，则产生黑色软腐芽，又叫"芽腐"。生育期遇到持续高温，叶柄基部看上去虽好，而上部已产生黑褐色坏死病斑，称之为"叶柄腐"，散叶后则产生"叶腐"症状。

（三）侵染与传播

病原菌在土壤表层生长繁殖，寄主范围广，能侵染藜科、豆科、十字花科等植物。传播途径主要是土传，菌核在土壤中越冬，成为第二年传染源。种芋带菌也能传播，栽种后高温、干燥、施用未腐熟有机肥均能促发病害。

（四）防控技术

1. 种芋选择

使用无病健康的抗病品种是控制病害流行的根本途径，应引进和选用抗性较强的良种进行推广应用。

2. 土壤选择

选用土层深厚、土质疏松、通气性好、阴湿而不积水、富含有机质、pH 6.0～7.5 的土壤种植魔芋。重沙土、通气性不良的土壤不宜栽植魔芋，但是可以实行垄作栽培，加入商品有机肥、腐熟农家肥、玉米秸秆、枯枝落叶等在种植物，起到疏松土壤、增加土壤透气性的作用。栽植前进行土壤消毒。

3. 加强地面覆盖

在魔芋种植厢面覆盖稻草、秸秆、树叶或间种低矮作物（如甘薯、豆类等），既有保湿降温的作用，又可减轻病害，控制杂草生长。

4. 科学施肥

使用腐熟的农家肥作基肥，选取控释高钾型复合肥，配施生物有机肥，可以显著减轻发病，提高产量。

5. 合理轮作

实行轮作，避免连作，魔芋与禾谷类、豆类等作物轮作可以减少田间菌量；及时清理残留的组织可以减少病虫源。

6. 药剂防治

用福美胂可湿性粉剂 600～800 倍液或菌核净 800～1 000 倍液或腈菌唑乳油 1 000 倍液喷洒，也可用 25％敌力脱乳油（丙环唑），7～10 天一次，一般喷施 3 次。

六、炭疽病

（一）病原

病原菌为炭疽菌，菌落为圆形或近圆形，边缘整齐，气生菌丝初为白色，后渐变为灰白色或深灰色，靠近菌落中央产生轮纹状排列的分生孢子盘。分生孢子单胞，无色，镰刀形，产孢量较多，分生孢子大小（18～23）微米×（3.3～4）微米，平均为 21.878 微米×3.427 微米，由侧生分生孢子梗产生，厚垣孢子球形，表面不光滑，多个在菌丝中间串生；分生孢子萌发的芽管深褐色，有隔，棍棒状，边缘整齐。

炭疽菌生长需要一定的碳源和营养物质，但要求不高，最有利于病原菌生长的碳源为蔗糖。该菌能够在 pH 3～9 范围内生长，pH 为 7 最适合生长，不同 pH 对病原菌生长影响试验结果说明，魔芋炭疽菌对土壤酸碱度要求并不高，对土壤的适应能力较强。魔芋炭疽菌对碳源、营养物质和酸碱度要求不高，良好的适应能力加大了其病害发生的可能。

（二）症状及危害

炭疽病主要危害叶片，起初在叶片上显现圆形或近圆形褐色小斑，后扩大为圆形至不规则深褐色大病斑，中间部位则由灰褐色转为灰白色，最后病斑转为黑褐色，末期病斑穿孔，周围叶面积组织褪黄，斑面上生小粒点。病斑多自叶尖、叶缘开始，向下向内扩展，融合成大斑块，病部易裂，严重时叶片局部或大部分病斑融合成片导致叶片干枯，病叶易脱落。

（三）侵染与传播

温暖潮湿的天气，低洼积水、过度密植、田间湿度大，或偏施氮肥、植株长势过旺，都会诱发或加重发病。

（四）防控技术

1. 选择抗病品种与轮作

根据种植地环境、品种特性等因地制宜选择抗病性较强的魔芋品种。尽量避免连作，可与非茄科作物实行 2～3 年轮作，最好与禾本科作物轮作，可减少炭疽病发生。

2. 种芋处理

精选种芋，严格剔除病烂种芋。播种前对种芋进行药剂消毒处理。用 50％福美双可湿性粉剂或用 50％多菌灵可湿性粉剂，进行表面喷雾或加滑石粉进行拌种。

3. 加强栽培管理

高厢种植，合理密植，高湿高温地区要适当稀栽；适当增施磷钾肥；做好开沟排水工作，防止田间积水；及时除草，适时追肥等可减少炭疽病发生。

4. 清洁田园

播种前清洁田园，将残枝败叶集中烧毁或深埋，并进行一次深耕，将表层带菌土壤翻至深层，促使病菌死亡。

5. 药剂防治

（1）前期预防。魔芋出苗后及时喷施枯草芽孢杆菌 200～500 倍液，或 15％多抗霉素 1 200 倍液，或赤・吲乙・芸薹（碧护）5 000～6 000 倍液，或 2％氨基寡糖素（海岛素）1 000 倍液，或 0.04％芸薹素内酯 4 000 倍液等。

（2）中期预防。魔芋换头时及时喷施 75％百菌清可湿性粉剂 600 倍液，或 80％炭疽福美 800 倍液，或 70％甲基硫菌灵可湿性粉剂 800 倍液，隔 7～10 天喷施 1 次，连喷 2～3 次。

（3）后期防治。炭疽病发生初期选用 50％咪鲜胺锰盐可湿性粉剂 1 000 倍液，或 42.8％氟菌·肟菌酯 1 500 倍液，或 75％肟菌·戊唑醇 10～15 克/亩，或 30％苯醚甲环唑·嘧菌酯悬浮剂 32 毫升/亩喷雾防治，隔 7～10 天喷雾 1 次，连喷 3 次。

七、疫病

2014 年，孙道旺等首次报道了魔芋疫病的发生与危害情况，该病侵染途径多样，防治困难，易造成毁灭性危害，发生与危害范围逐步扩大，给魔芋产业带来威胁。近年来，贵州省魔芋的疫病呈逐年增长态势。

（一）病原

病原菌为烟草疫霉，菌落为白色，菌落生长速率较快，气生菌丝较旺盛，菌落均匀一致，边缘较整齐。菌丝无隔，孢囊梗不规则分枝或不分枝，孢子囊不从孢囊梗上脱落，孢子囊形态多样，常为倒梨形、卵形、卵圆形、梨形或近球形，大多数顶生，偶尔侧生，具明显乳突。厚垣孢子球形至卵圆形，光滑，顶生或间生。

（二）症状及危害

该病侵入寄主植物后在很短的时间内产生大量的孢子囊并释放游动孢子，在侵染部位形成水渍状褐色病斑，随后病斑不断扩展，水渍状的黑褐色病斑通常在叶片上首先出现，随后病斑沿茎秆向下扩展，引起植株叶片枯萎，严重时整个植株枯萎死亡。魔芋球茎感病后，魔芋生长中后期整个植株褪绿变黄直至枯萎死亡，严重影响魔芋产量和品质。病菌对魔芋不同部位都表现出较强致病性，但对叶片和根部致病力显著高于种球和茎秆。

（三）侵染与传播

从魔芋上分离得到的烟草疫霉菌不仅对魔芋的不同部位有较强的致病性，还可侵染其他植物，对马铃薯、辣椒、大豆和烟草均有不同程度的致病性。烟草疫霉菌的地理分布及寄主范围均很广，其寄主有上万种植物，包括农作物、果树、林木、观赏植物、草本植物和灌木等。烟草疫霉对烟草不存在绝对的寄主专化性，在一定条件下，可以侵染烟草以外的其他寄主，而来自非烟草寄主的烟草疫霉菌株也可以侵染烟草。

病原菌多存活于土壤中，潜育期短，传播速度快，侵染力强，对植物破坏性大，可通过土壤、植物病残体、厚垣孢子和卵孢子传播，易造成毁灭性的危害。疫霉菌产生病害的发生和流行与气候条件有极为密切的关系，多露、多雾或阴雨有利于发病，在多雨年份容易造成病害流行。

（四）防控技术

1. 清田消毒

播种前进行田园清洁和土壤消毒处理，在冬春清除基地及边沿地角杂草、枯叶等潜在的病原宿主及病残体。冬季深翻土 30～40 厘米，有利于加速病残体的分解，抑制病原菌的滋生萌发。春季整地要做到深沟高垄，以利排水，防止积水。发病重的地在整地时可撒施土壤消毒药剂进行土壤消毒，每亩均匀撒施生石灰 200 千克翻犁消毒，或播种时覆土前垄沟喷施或撒施消毒药剂。

2. 精选种芋

选择表皮光滑，皮色鲜艳，形状周正，顶芽粗短，芽窝浅且平，无病虫和损伤的魔芋球茎或根状茎作种，严格淘汰带病种芋。通过晒种，降低种芋含水量，这样可大大减少疫霉病菌的传染。种芋进行药剂包衣或拌种，可以杀死种芋携带的部分病菌，降低发病的病情指数和推迟疫病的发生，通常选用甲霜灵锰锌、咯菌腈等药剂拌种。

3. 栽培措施

深翻 18～22 厘米，整平耙细，增施腐熟的农家肥、磷钾肥，少施氮肥；采用起垄栽培；加强田间管理，进行 2 次中耕除草培土，这样能够保水保墒提高地温，促进根系及子芋生长，提高产量。

4. 药剂防控

当田间出现中心病株时，立即清除中心病株，并对病株生长处进行消毒处理。常用药剂有：50%烯酰吗啉可湿性粉剂、60%百泰可分散粒剂、70%代森联水分散粒剂、687.5 克/升氟菌·霜霉威、52.5%噁酮·霜脲氰、72%霜脲·锰锌可湿性粉剂、25%瑞毒霉（甲霉灵）可湿性粉剂、18.7%烯酰·吡唑酯、58%瑞毒霉锰锌、80%大生可湿性粉剂、70%安泰生（丙森锌）可湿性粉剂。在病害初期施第一次药，以后每隔 7～10 天喷 1 次药。发病前用保护剂，发病后用内吸治疗剂或内吸治疗剂与保护剂复配制剂，为减少抗药性可用多种药剂交替使用。

八、病毒病

魔芋因常年无性繁殖，病毒积累多，种性退化严重，病毒易通过种芋传播，造成大规模和远距离的传播和流行，严重影响魔芋的产量和质量。魔芋的病毒病不会导致魔芋死亡，但会造成魔芋产量和品质降低。

（一）主要病毒种类

侵染魔芋的病毒主要有 4 种：黄瓜花叶病毒，主要危害叶片、球茎；马铃薯 Y 病毒属主要危害叶片；烟草脆裂病毒主要危害叶片；番茄斑萎病毒主要危害叶片、球茎。

（二）危害症状

1. 叶色不均

这是魔芋病毒病最常见的症状，表现为叶片的色泽不均匀，由形状不规则的深绿、浅绿、黄绿或黄色部分相间杂色组成，不同颜色部分的轮廓较清晰。

2. 植株黄化

整个植株、整个叶片或叶片的一定部位比较均匀地变为黄色。

3. 植株矮化

植株生长受到抑制，植株矮小，各部分比例正常，带病植株比正常植株要矮小得多。

4. 叶片畸形

一种是表现为叶面高低不平的皱缩，叶片与主脉平行向上卷或下卷的卷叶，卷向与主脉大致垂直上卷或下卷的叶片；另一种是叶片形状的改变，如叶片变小或变窄，叶片深裂，叶面组织的发育受到抑制，以至于只剩下叶脉。

5. 球茎畸形

主要表现为球茎上形成瘤肿。

（三）传染方式

1. 汁液传染

通常发生于花叶型病毒，该病毒可以通过病、健株的枝叶间相互摩擦或人为接触摩擦发生传毒。在除草、施肥等农事操作中会通过人体、工具沾染病汁传播。

2. 介体传染

介体以昆虫为主，尤其以蚜虫、叶蝉最为常见，蚜虫传染的病毒病主要引起花叶，少数引起黄化及脉带和叶脉褪绿等病状，其次为土壤线虫及真菌等。

3. 无性繁殖材料传染

病毒病为全株性侵染，一旦感染病毒，寄主植物的各个部位都带有病毒。病毒主要在发病球茎内存活越冬，通过繁殖传到下代魔芋。

4. 土壤传染

魔芋病毒病的发生与土壤有关，经常在一些地块发生并逐年扩大，即使改种其他作物仍可发病。土壤传染又分为无介体土壤传染和有介体土壤传染两种。

（四）防控措施

1. 加强检疫

随着魔芋种植面积的扩大，种芋调运日益频繁，许多新病毒会被带到新的地区，做好魔芋病毒病检疫工作十分重要。

2. 清除传染源

选无病种球繁殖，确保从无病植株上选留种；清除田间杂草，大田农事操作前，对农事工具清理消毒，以防汁液传染；加强检查，在蚜虫高峰期及时喷药杀灭蚜虫，同时隔离挖除病株，以防扩大传染。

3. 采用脱毒种芋

找具有资质的正规经营主体采购脱毒种芋进行生产扩繁。

4. 药剂防控

对发现的病株，及时隔离清除，发病田块可选择喷施 1.5% 植病灵1 000 倍液、5% 菌毒清 500 倍液、抗毒剂 1 号 250 倍液等。每 10 天喷施

1次，连续喷施3～4次。

九、生理性病害

（一）冷害冻害

1. 危害及症状

李松等研究报道魔芋产区春前播种（即冬种）会造成魔芋田间烂种及缺苗，魔芋因冻害引起的缺苗率一般为20％～30％，严重者可达50％以上，芋农经济损失较大，尤其是大规模外地调种的地区后果更严重。

田间调查发现，魔芋冻害往往与病害一起发生，其症状为：魔芋局部呈水浸状，多从底部开始发生，用手按呈稀烂状，冻伤部一般呈白色沙粒状，但极少整芋冻坏。在高寒山区，魔芋播种过早、魔芋留在地里越冬或储藏期没有做好保温防冻工作，球茎受冻，细胞内的水分结冰，内部组织结构被破坏，导致球茎变褐腐烂；调种时间迟，搬运过程中碰伤表皮，加上遇低温冻害，运回后未按要求储藏，容易导致魔芋发生腐烂症状。出现冻害腐烂症状后，温度上升，或者储藏空间通气不畅，在魔芋冻害表面长出白霉。冻害是高寒山区软腐病的重要影响因素。

2. 发病原因

贵州主要种植的花魔芋适宜生长在海拔1 500米以上的地区，冬季气温较低，遇低温和霜冻天气，易造成水分含量较多的魔芋受冻。魔芋未进行晒种、包衣处理，遇低温天气，易发生冻害和病害。此外，魔芋播种过浅，选低洼冷浸田，遇冷冻天气亦是造成魔芋冻害及病害的原因。

3. 魔芋冻害主要防控措施

（1）田间越冬。在容易出现霜冻的高寒山区，比如威宁县每年都有凝冻霜雪，种芋就地储藏越冬最好再覆盖一层土壤，将魔芋叶柄倒伏后的洞堵上，防止冷风灌入冻伤球茎，或是在8—9月撒荞麦、绿肥，起到土壤覆盖作用。当然，最好是将种芋采收室内保温储藏。

（2）室内越冬。将待储藏魔芋种芋进行晒种处理（失水率20％以上），然后按照品种、来源、大小精选种芋，剔除病、烂、伤种芋，分开放置，确保储藏种芋质量；调整储藏温度至5℃以上，保持储藏室通风透气；可采用架藏、筐装堆放，保持室内温度；播种时间安排在春季，一般在 3 月底到 4 月初播种比较适宜，可预防魔芋冻害发生。

（二）日灼病

1. 发生原因

该病是由强日照和长时间持续日照引起。魔芋叶片较厚，且含有较多的黏液物质，吸热保热能力强，叶表面气孔较少，蒸腾能力弱，散热慢，较长时间强日照会使叶温升高到 40℃以上，造成日灼病。

2. 危害症状

该病首先在叶片尖端及叶缘出现黑色斑点，然后变成褐色，继而整个叶片前缘变黑褐色火烧状焦枯，卷曲皱缩，仅叶片前缘基部和中间近中脉处局部保持绿色。发病后，植株生长受到抑制，地下球茎停止生长，甚至球茎干缩。此外，天气干旱、供水不足，或施药浓度过高或施肥不当等会引起火烧病，其症状与日灼病相似，故在防治过程中应分析发病原因，对症下药。

3. 防治方法

若是阳光直射造成的，则要注意遮阴；若是水肥供应不当或缺乏某些微量元素引起的，则可施用腐熟有机肥作基肥，叶面施肥要降低浓度，或补施所缺乏的微量元素肥料，营养元素搭配要平衡。

（三）缺素症

魔芋生长过程中的缺素症主要有：缺镁、缺铁、缺锌、缺锰等。

（1）缺镁会导致植株黄化。镁是构成叶绿素的重要元素，也是多种酶的组成成分，镁缺乏首先影响叶绿素的合成，造成叶片黄化、小叶狭长，先是叶四周边缘黄化进而扩大到内部，使叶脉间变黄，但沿叶脉部分为绿色，严重者叶全部变黄。

（2）缺铁叶片局部白化，光合作用差，不耐高温，易枯。铁是叶绿素合成的一种催化剂，是多种酶的组成成分，魔芋植株缺铁造成幼叶严重褪绿，呈黄色或黄白色。

（3）缺锌会导致叶外缘出现黄色纹。锌是多种酶的组成成分，包括激素合成和糖的氧化酶等，缺锌的魔芋叶片小，缺绿，小叶细长，尖端尖，展叶不正常，萎黄，一般叶面及叶脉间淡黄色至黄白色，沿主脉与侧脉部分残存绿色，黄化部分叶肉薄，早倒伏。

（4）缺锰会导致植株黄白化，植株矮小，叶片褪色，叶脉间叶肉黄白色，但叶脉仍保持绿色，在叶子上零星出现坏死斑点，严重受害时叶片变褐色并枯萎，多发生在碱性土壤中。

防治方法如下：

①缺镁。基肥施钙镁磷肥，每亩50千克左右，生育期喷洒0.5%～1%的硫酸镁水溶液，每隔3天喷1次。

②缺锌病。多施有机肥。发病初期喷洒0.4%硫酸锌水溶液，每隔7天喷1次，共喷3次。

③缺铁。铁元素在酸性土壤中易流失，魔芋地若呈酸性，则应在翻耕之前每亩撒施5～10千克石灰翻耕，以调整土壤pH达到中性或微酸性，也可每亩撒钙镁磷肥25千克。生长发育期若发现魔芋有缺铁症状，可追施含铁的肥料，如喷洒硫酸铁或硫酸亚铁稀溶液进行叶面施肥。

④缺锰。调节土壤pH到6.5左右。基肥中掺入锰肥，按每亩15～20千克计，生育期可喷洒0.2%硫酸锰水溶液2～3次。

第二节　主要虫害及防控技术

一、甘薯天蛾

（一）形态特征

间歇性发生的食叶害虫。鳞翅目，天蛾科。危害魔芋、甘薯等薯芋类作物。成虫体长43～52毫米，翅展100～120毫米。头部暗灰色，胸部背面灰褐色，有两丛呈"八"字纹状的褐色鳞毛。卵球形，直径约1.5毫米。初产时蓝绿色，孵化前呈黄白色。幼虫共5龄，初孵时淡黄色，1～3龄为黄绿或青绿色，4～5龄有青、黄、绿、红、黑等多种体色。头顶圆，中、后胸及第一至八腹节背面的横皱纹形成几个小环，第八腹节末端生有尾角；下颚象鼻状。蛹体长50～60毫米，初期淡绿，后变红褐色。

（二）发生规律

甘薯天蛾在河北、山东等地1年发生2代；安徽淮北3～4代，以3

代为主；中国南方地区 1 年发生 3 代，湖北、湖南、江西、四川等地 4 代。各地均以蛹在土表下 5～15 厘米深处作土室越冬。4 代区全年 2～3 代幼虫危害最重，严重时植株叶片吃光，仅留秃秆。4～5 月上中旬羽化成虫，交配、产卵。

成虫昼伏夜出，以花蜜为食，趋光、趋化，飞行能力强。卵散产于叶片上，以嫩叶居多。雌虫平均产卵量 1 000 余粒，卵期 3～4 天，新孵幼虫先食尽卵壳，约 2 小时后开始取食，3 龄沿叶边取食，4 龄后食量大增，进入暴食期。幼虫期 14～23 天，非越冬代蛹期 10～21 天；耐高温，35℃条件下对其繁殖无明显影响。

（三）防治方法

1. 物理防治

宜结合冬耕，破坏蛹室，减少虫源。进行田间管理时人工捕杀，或设杀虫灯于晚间 7 点至翌日凌晨 1 点开灯诱杀成虫。

2. 化学防治

在幼虫 3 龄前期，当每平方米有 3 龄前幼虫 3～5 头，或每 100 叶有虫 2 头时，即可用药防治。可用 20% 氯虫苯甲酰胺悬浮剂 5 000～7 000 倍液，或 1.8% 阿维菌素乳油 1 500～2 000 倍液，或 2.5% 高效氯氰菊酯乳油 1 000～1 500 倍液，或 8 000 单位/毫升苏云金杆菌悬浮剂 200～400 倍液喷雾。

二、豆天蛾

（一）形态特征

豆天蛾，鳞翅目天蛾科昆虫。成虫体长 40～50 毫米，翅展 100～120 毫米，体黄褐色，头和胸部暗紫色。前翅前缘至后缘有 6 条褐色波状纹，前缘中部有一半圆浅白斑，翅顶部有一三角形暗褐斑；后翅较小，近前缘深褐色，其余部分黄褐色；口器钩状，臀刺三角形，末端不分叉。卵椭圆形，长 2～3 毫米，初产淡绿色，后变黄白色，孵化前变褐色。末龄幼虫长 60～90 毫米，黄绿色。共 5 龄，1 龄幼虫头部圆形，2～4 龄头部三角形，有头角，5 龄无头角，两侧各有 7 条向背后方倾斜的淡黄斜纹，腹部背面斜纹呈倒"八"字形，尾部具一青色尾角。蛹长 45～50 毫米，纺锤形，红褐色。

（二）发生规律

中国淮河以南（北纬 31°以南）大多年生 2 代，以北年生 1 代。5 龄幼虫在耕地及其周围地表下 9～12 厘米处越冬。第一代越冬幼虫 5—6 月移到土表做土室化蛹，蛹期 10～15 天；6 月下旬左右羽化成虫，7 月中下旬为羽化盛期。卵经 4～8 天孵化。幼虫盛发期为 7 月下旬至 8 月下旬，至老熟入土越冬。第二代幼虫·般于 8 月初至 10 月均有危害，9 月老熟幼虫开始陆续入土越冬。

成虫有趋光性，昼伏魔芋田附近，躲在遮阴植株及其他隐蔽处，傍晚开始到魔芋田活动，飞翔能力强。卵多产在植株上部叶片背面，单粒散产。每头雌蛾平均产卵 350 粒左右。幼虫取食叶片留下孔洞、缺刻状伤口，白天躲在荫蔽处，夜间活动取食，阴天可整日危害。幼虫 3 龄开始食量增大，4 龄后有转移危害习性，5 龄食量约占总食量的 90％以上。

（三）防治方法

1. 物理防治

结合深翻冬耕，破坏蛹室，有效降低虫源。幼虫 3 龄前（5 月、8 月）可用杀虫灯诱虫捕杀。

2. 化学防治

可选用 45％马拉硫磷乳油 1 000～1 500 倍液，或 2.5％溴氰菊酯 2 000～3 000 倍液，或 16 000 单位/毫克苏云金杆菌可湿性粉剂 300～500 倍液均匀喷雾。老熟幼虫可用苏云金杆菌 200～400 倍液喷洒防治。

三、斜纹夜蛾

（一）形态特征

属鳞翅目夜蛾科。俗称夜盗虫、乌头虫、行军虫等。斜纹夜蛾的成虫体长 16～21 毫米，翅展 37～42 毫米，头部黄褐色，前翅黄褐色，布有黑褐色斑纹、环形纹和肾形纹间有斜纹。后翅半透明状，边缘白色，背部布黄褐色、白色斜纹。卵半球形，直径约 0.5 毫米。初产黄白色，孵化前呈紫黑色，表面有纵横脊纹。百十粒集成卵块，卵块椭圆形，外覆黄褐色鳞毛。幼虫体长 33～51 毫米，头部黑褐色，中胸至第 9 节腹背面各具有近半月形或三角形的黑斑一对，中后胸的黑斑外侧有黄色小网点。蛹长 15～20 毫米，长卵形，赤褐色至暗褐色，末端具一对发达的臀棘。

（二）发生规律

斜纹夜蛾食性杂，寄主范围广。华北地区一年发生 4～5 代，长江流域 5～6 代，福建 6～9 代。大部分地区以蛹越冬，老熟幼虫入土 3～5 厘米处筑土室化蛹。少数以老熟幼虫入土作室越冬。在华南地区无滞育现象，终年繁殖。

成虫昼伏夜出，有强烈的趋光性和趋化性。羽化后 2～5 天内交配产块状卵于叶片背面，卵表面生淡黄色绒毛。平均每头雌蛾产卵约 8 块，每块含卵约 12 000 粒。幼虫有成群迁移的习性，初孵幼虫在叶背取食叶肉，只留上表皮和叶脉；有假死性，受惊扰后落地。2 龄后开始分散危害，3～4 龄取食痕迹呈缺刻状或吃光全叶，咬断嫩茎；4 龄后食量占 90%。田间水肥好、作物生长茂盛的田块，虫口密度较大。

（三）防治方法

1. 物理防治

斜纹夜蛾的蛹入土较浅，宜结合深翻冬耕，破坏蛹室，有效降低虫源。避免与十字花科植物轮作或间作，避免互相辗转侵害。

2. 化学防治

应掌握在 2 龄幼虫分散前用药，傍晚喷药，药剂可用 20% 米满胶悬剂 1 500 倍液，或 10% 虫螨腈悬浮剂 1 000～1 500 倍液，或 1% 印楝素水分散粒剂 700～1 250 倍液，或 1% 甲氨基阿维菌素苯甲酸盐乳油 2 500 倍液喷雾。也可结合斜纹夜蛾性信息素 1～3 个挥散芯/亩诱捕。

四、小地老虎

（一）形态特征

小地老虎成虫 16～23 毫米，翅展 42～54 毫米。头黄褐色，前翅生有肾形纹、环形纹、楔形纹，斑纹周围镶有黑边。后翅灰白色，边缘颜色较深。雄蛾羽毛状触角，雌蛾丝状触角。卵黄白色，半球形，直径0.5～0.7毫米，老熟的幼虫体长37～50毫米，黄褐色至黑褐色，体表粗糙，生有皱纹和黑色的小颗粒。蛹长14～23毫米，红褐色，末端颜色深，具一对分叉的臀刺。

（二）发生规律

小地老虎适宜在地下水位高、地势低洼、土质疏松的沙土和黏土中生活。中国各地发生的代数不同，西北中、北地区、华北、东北每年2～3代，华东4代，西南4～5代，华南6～7代，各地第一代危害最为严重。北纬33°以南至南岭以北，主要以幼虫和蛹越冬，幼虫老熟后在土层6～10厘米处作土室化蛹。南岭以南可终年繁殖危害。

成虫昼伏夜出，夜间羽化、取食、交配、产卵。羽化1～2天后交配，一般在土块或枯草棒上产卵，每头雌虫平均产卵量1 000～2 000粒。产卵、孵化率一般与当地降水量成正比。在温度区间为6～38℃时会飞行移动，这一区间内温度越高，活动范围越大，12日龄左右丧失飞行能力。幼虫1～2龄聚集危害植株幼苗，食量小，3龄食量增大，昼伏夜出，5龄后暴食，约占幼虫期总食量的90%。

（三）防治方法

1. 物理防治

定植前翻耕平地，清除杂草，减少虫源。设杀虫灯于晚间7点至翌日凌晨1点开灯捕杀成虫。或利用糖醋液加少量敌百虫诱杀成虫，或利用萎蔫的泡桐叶于傍晚放置在田间诱集幼虫，早晨人工捕捉。

2. 化学防治

3龄前期用1.5%的辛硫磷颗粒剂1.2～2千克/亩，或3%阿维·吡虫啉颗粒剂1.5～2千克/亩顺垄撒施，或用0.3%苦参碱可湿性粉剂5～7千克/亩穴施防治初孵幼虫；3龄以上幼虫可用25克/升高效氯氟氰菊酯1 000～2 000倍液喷洒，或用4%二嗪磷颗粒剂1.2～1.5千克/亩撒施防治。

五、铜绿金龟子

(一) 形态特征

铜绿金龟子属鞘翅目，金龟子科，其分布范围广，国内玉米、马铃薯、花生、大豆等作物产区均有发生，也以魔芋为食。成虫体长 18～21 毫米，触角黄褐色，鳃叶状。胸部、鞘翅铜绿色具金属光泽。鞘翅上面有细密刻点，卵椭圆形，乳白色。幼虫（蛴螬）身长约 32 毫米，体形肥大，弯曲呈"C"字形，乳白色；头大而圆，黄褐色，肛门"一"字形横裂，臀板上生 2 列刚毛。蛹长 18～21 毫米，裸蛹，黄褐色。

(二) 发生规律

铜绿金龟子成虫取食叶片，幼虫（蛴螬）蛀食地下部分。一年发生一代，以 3 龄幼虫或成虫在土中作室越冬，幼虫活动多在 5～30 厘米范围内，最适宜的地温为 15～20℃。冬季入土深，夏季入土浅。翌年 5 月上中旬开始化蛹，蛹期 9～20 天。5 月底至 6 月初成虫出现，盛期在 6—7 月，秋末进入越冬期。老熟幼虫有假死性和趋光性，对未腐熟肥堆有强趋性。

成虫白天隐伏于灌木丛、草皮或表土内，黄昏时分出土活动，活动适宜气温为 25℃以上，相对湿度为 70%～80%。低温和降雨天气成虫很少活动，闷热无雨的夜晚活动最盛。食性杂，食量大，能将叶片吃光。交尾产卵在寄主根际周围 5～6 厘米的土层中。雌虫每头平均产卵量约 40 枚，卵期约 10 天。幼虫一般在清晨和黄昏由深处爬到表层，咬食魔芋近地面的茎、根部，取食的植物断面平整。1～2 龄幼虫食量较小，3 龄后食量猛增，如雨水充沛则盛发期提前。

(三) 防治方法

1. 物理防治

结合田间管理，利用成虫假死性人工捕杀，或设杀虫灯，于晚间 8～10 时开灯捕杀；或设含药糖醋液诱杀；喜食树木叶片，可将浸泡过杀虫剂的榆树或刺槐枝条插入土中诱杀。

2. 化学防治

播种前可选用高效氯氟氰菊酯和噻虫胺（比例 23∶2）浸种，卵期和初孵虫期可选用 3% 阿维·吡虫啉颗粒剂 1.5～2 千克/亩、2% 噻虫·氟氯氰颗粒剂 1 150 克/亩，或 10 亿孢子/克金龟子绿僵菌颗粒剂 3～4 千克/亩撒施防治。

六、南方根结线虫

(一) 形态特征

南方根结线虫，属于植物寄生线虫，有雌雄之分，幼虫呈细长蠕虫状，2 龄幼虫长 36.0～39.6 毫米，卵多埋藏于寄主组织内。主要危害植物根茎，病部产生畸形瘤状结，根结内有微小的乳白色线虫。一般在根结之上可生出细弱新根，并再度感染，形成根结状肿瘤。在发病初期，地上部分的症状并不明显，一段时间后，地上部分叶片黄化，生育不良，严重时植株矮小。感病植株在干旱或晴朗天气的中午萎蔫，并逐渐枯死。

(二) 发生规律

南方根结线虫适宜在地势高、土质疏松透气的沙质土中生存。大多分布在 30 厘米深的土层内，以 5～30 厘米耕作层土壤中数量最多。地温 25～30℃、土壤含水量 40% 左右适合南方根结线虫发育；10℃ 以下，幼虫停止活动。南方根结线虫常以 2 龄幼虫、卵块、雌成虫在病残体和土壤中越冬，在 3～10 厘米的土层中数量最多。南方根结线虫可在土壤和病残体中存活 1～3 年，翌年条件适宜，越冬虫卵孵化为幼虫，继续发育并侵入寄主，易与其他病原复合侵染。幼虫 4 龄交尾产卵，雄虫离开寄主进入土壤，不久即死亡。卵在根结内孵化发育，幼虫 2 龄后离开卵壳，进入土壤进行再侵染或越冬。

(三) 防治方法

1. 物理防治

收获后、播种前清理植株残体、土壤深翻，深度需到土层 24 厘米以下，减少虫源。

2. 化学防治

播种期前可用沟施法播撒 3% 阿维菌素·吡虫啉颗粒剂 4～5 千克/亩预防初孵幼虫危害。防治 2 龄后幼虫可选用 1% 阿维菌素颗粒剂、10 亿

IU/克淡紫拟青霉颗粒剂 1.5～2.5 千克/亩撒施，或 2.5 亿活孢子/克厚孢轮枝菌 1.5～2 千克/亩、30％噻唑膦微囊悬浮剂 590～660 毫升/亩穴施防治。

第三节 主要草害及防控技术

一、贵州魔芋基地主要杂草种类

（一）马唐

马唐为单子叶植物纲禾本科马唐属植物，是一年生本草植物，别称蹲倒驴、羊麻、马饭、抓根草、鸡爪草等，为全球公认的恶性杂草。幼苗为深绿色，密被柔毛；胚芽鞘阔披针形，半透明膜质，长 2.5～3 毫米；成株秆丛生，秆直立或倾斜，着生后节生根或具分枝，无毛或节生柔毛，高 10～80 厘米，直径 2～3 毫米；叶舌长 1～3 毫米，总状花序长 5～18 厘米，2～4 枚成指状生长于 1～2 厘米主轴上；花药长约 1 毫米。

苗期为每年 4—6 月，抽穗期 6—11 月，种子繁殖能力强，生长速度快，生育期长，喜湿、好肥、嗜光照，在弱碱、弱酸性的土壤上均能较好地生长，广泛旱地及水肥条件好的田边、沟边，由于生长能力强，甚至可以在狗牙根、结缕草等杂草群落中生存，在土壤疏松、降水丰富、土质肥沃的土地生长速度极快，是一种难以被清除的杂草。马唐广泛分布于世界热带、温带地区，是旱作物田的恶性杂草，对魔芋生长危害极大，必须在苗期进行除草，否则其根系生长速度快、范围广，拔除难度大，且容易在拔草过程中导致魔芋根系损伤。

（二）小飞蓬

小飞蓬为双子叶纲菊目菊科植物，一年或两年生草本植物，别名加拿大蓬、小白草，原产地为北美洲，是一种世界性杂草，全球大部分地区均有分布，主要在北温带。小飞蓬于 1860 年在山东烟台被发现，由于其可产生大量瘦果，借助冠毛随风扩散，蔓延极快，现已成为全国性的恶性杂草，贵州全省均有分布。

小飞蓬成株高 40～120 厘米，绿色，茎直立，有细条纹及脱落性疏长毛，上部多分枝。基部叶近匙形，上部叶线形或披针形，无明显的叶柄，叶全缘或有裂；头状花序直径 4～5 毫米，有短梗，再密集成圆锥状或伞房圆锥状花序；头状花序外围花雌性，细筒状，长约 3 毫米，先端有舌片，白色或紫色；管状花位于花序内，长约 2.5 毫米，檐部 4 齿裂，稀少为 3 齿裂；种子繁殖，瘦果长圆形，长 1.2～1.5 毫米，稍扁平，淡褐色，略有毛，冠毛污白色，刚毛状，长 2.5～3 毫米，种子成熟后随风飘散；子叶对生，阔椭圆形或卵圆形，长 3～4 毫米，宽 1.5～2 毫米，基部逐渐狭窄成叶柄；初生叶 1 片，椭圆形，长 5～7 毫米，宽 4～5 毫米，先端有小尖头，二面疏生伏毛，边缘有纤毛，基部有细柄；第二、三叶和初生叶相似，但毛更密，两侧边缘有单个小齿。

小飞蓬花果期为 5—10 月，一年有两次出苗的高峰期（4 月、10 月），易入侵河滩、渠旁、铁路、公路边、抛荒地、住宅四周等，以及荒废的农田、退化的森林等地，破坏入侵地的生物多样性，并通过分泌化感物质抑制邻近植物的生长，影响土壤结构、肥力及微生物生长，影响农田作物生长，产生严重危害，造成大量减产。其特殊的种子构造使其能够随风进行远距离传播，传播超过 500 千米，花粉可随风传播 20 千米，并且适应能力极强，在很多区域都能生存。小飞蓬还是棉铃虫、棉蚜、牧草盲蝽等多种农田害虫的中间寄主，它们可在小飞蓬上产卵，长大后以作物的花、果实甚至叶子为食物，有的还会向其他作物传播病菌。其茎秆粗壮，拔除非常耗费人工，用机器割还会堵塞收割机。

（三）香附子

香附子是单子叶纲莎草科莎草属植物，是多年生草本植物，别名莎草、香头草、香附、棱棱草、金门莎草等，广泛分布在我国南北各地，通常生长在山坡荒地草丛中、河滩沙地、水边潮湿处、田埂、田间荒地，是夏秋季农作物田间的主要杂草，以根状茎繁殖为主，适应范围广、繁殖能力强，是最难治的恶性杂草之一。

植株一般高 20～50 厘米，根状茎匍匐，具椭圆形块茎；秆锐三棱形，宽 2～5 毫米，光滑，下部叶较多。叶 3～6 片，条形，与秆等长或稍长；叶状苞片，常长于花序，或有时短于花序；叶鞘常紫红色，常裂成纤维状；叶状苞片 25 个，长于花序；花序为长侧枝聚伞形，有 3～10 个辐射枝，辐射枝可达 8 厘米；穗状花序轮廓为陀螺形，具 3～10 个小穗，花穗近圆锥形，长 1～3 厘米，宽约 1.5 毫米，6—9 月开花；小坚果长圆状倒卵形，有 3 棱，暗褐色，8—11 月结果。

（四）牛繁缕

牛繁缕是双子叶纲石竹科繁缕属植物，1～2 年生或多年生草本植物，1～2 年生者较为多见，别称大叶繁缕、鹅肠菜、鹅肠草、石灰菜、鹅儿肠等。上、下胚轴均发达，常带紫红色；叶片卵形或宽卵形，顶端急尖，基部稍心形，顶生二歧聚伞花序；叶基近圆形，叶柄疏生长柔毛；花瓣白色，裂片线形或披针状线形，子房长圆形，花柱短，线形；籽实蒴果呈卵形，五瓣裂，每瓣顶端再二齿裂；蒴果卵圆形，种子多数近肾圆形，稍扁，褐色，表面有疣状突起。

成株期植株形似繁缕而粗大，多分枝，根须状。茎圆柱状而带紫色，下部卧伏，上部斜立，有分枝，略有短柔毛，茎高 30～80 厘米。叶对生，膜质，卵形或广卵形，先端锐尖，全缘而稍呈波状，叶基部为心形，茎下部的叶有叶柄，长 5～10 毫米，上部的叶无柄或极短。聚伞花序顶生，花梗细长有毛；萼片 5 片，基部略合生，外面有短柔毛；花瓣 5 片，白色，顶端 2 深裂达基部；雄蕊 10 枚，短于花瓣；子房长圆形，花柱 5 个成丝状。

牛繁缕靠种子繁殖，幼苗或种子越冬。发芽温度为 5～25℃，最适温度为 15～20℃；发芽的土层深度为 0～3 厘米；最适的土壤含水量 20%～30%，但是含水量较高，甚至浸入水中也能发芽。在黄河流域以南地区多于冬前出苗，黄河以北地区多于春季出苗，花果期 5—6 月。在适宜的条件下，种子萌发两片子叶同时出土，但在稻田内种子在土壤表层才能出苗，否则不容易出土。牛繁缕种子多、繁殖快，作物生长前期与作物争水、争肥、争空间及阳光，在作物生长后期迅速蔓生，会阻碍作物的收割。

（五）鬼针草

鬼针草是双子叶纲菊科鬼针草属植物，一年生本草植物，别称婆婆针、鬼钗草、黏人草、鬼黄花、山东老鸦草、鬼骨针、鬼蒺藜、跟人走、黏花衣等，喜温暖湿润气候，在我国分布很广，在华东、华中、华南、西南、西北各省份都有，通常生长在荒地、村旁、路旁。

为一年生草本植物，茎直立、四棱，幼茎有短柔毛，植株高度一般在50～100 厘米；叶三裂或不分裂，多皱缩、易破碎、常脱落，茎上部叶片小，羽状分裂，三裂或不分裂，茎中部、下部叶对生；头状花序，筒状花，长约 5 毫米，黄色或白色；总苞基部被短柔毛，条状匙形，上部稍宽；瘦果黑色，条形略扁具棱，长 1～2 厘米，宽约 1 毫米，上部具稀疏瘤状突起及刚毛，顶端芒刺 3～4 枚，具倒刺毛；花期 8—9 月，果期 9—11 月。

（六）牛筋草

牛筋草为百合纲禾本科䅟属植物，一年生草本植物，别称蟋蟀草、油葫芦草、千人踏等，禾本科䅟属 1 年生杂草。牛筋草成株根深，须根细而稠密；秆丛生基部倾斜向四周展开，高 15～90 厘米，花序呈穗状 2～7 个，指状排列，着生于秆顶，长 3～10 厘米，宽 3～4 毫米，叶舌呈连续窄带状，一端平滑且完整，另一端均匀齿裂。牛筋草种子发芽时间为 4—9 月，气温低于 15℃时种子不萌发，当温度高于 25℃时，牛筋草种子萌发率超过 90%。种子成熟时间为 7—12 月，干旱、气温下降等自然因素可促进牛筋草种子提前成熟。牛筋草结籽量大，单株即可产 14 万粒种子，成熟后四散飘落，可借助风力、流水、动物皮毛、人的衣物表面吸附及动物取食排泄等完成散布传播。

牛筋草广泛分布于温带和热带等光照充足的地区，生命力极强，容易形成优势群落，多生于较湿润的农田、荒地、果园、草坪及路旁，可以危害薯类、豆类、蔬菜、果树等旱地植物，牛筋草能够通过化感作用影响其他作物及杂草的正常发育，实现对阳光、水分及土壤的养分的争夺。

（七）狗牙根

狗牙根为单子叶植物纲禾本科狗牙根属植物，是多年生本草植物，别称铁线草、绊根草、堑头草、马挽手、牛马根、马根子草、铺地草、铜丝金、铁丝草、鸡肠草等。幼苗：子叶留土；第 1 片真叶带状，先端急尖，缘具极细的刺状齿，叶片有 5 条直出平行脉；叶舌膜质环状，顶端细齿裂，鞘紫红色；第 2 片真叶线状披针形，有 9 条直出平行脉。成株有地下根。茎匍匐地面，上部及着花枝斜向上，花序轴直立。叶鞘有脊，鞘口有毛；叶舌短，有纤毛；叶片线形，互生，下部者因节间短缩似对生。花器：穗状花序，3～6 枚呈指状簇生于秆顶；小穗灰绿色或带紫色，有 1 小花；第 1 颖在中脉处形成背脊，有膜质边缘；外稃草质，具 5 脉，脊上有毛，内稃有 2 脊。果实颖果矩圆形，淡棕色或褐色，顶端具宿存花柱，无毛茸；脐圆形，紫黑色；胚矩圆形，凸起。多年生草本。

苗期 3—5 月，花果期 6—10 月；根茎、匍匐茎和种子繁殖；生于路边、宅旁；分布于黄河流域及以南各省份，危害果、桑、茶、橡胶园。

（八）酸模

酸模为双子叶植物纲蓼科酸模属植物，多年生草本植物，别称野菠菜、山大黄、当药、山羊蹄、牛耳大黄、黄根根、鸡爪黄连、水牛舌头、牛舌头棵等，广泛分布于东北、华北及陕西、甘肃、青海、福建、台湾、广西、贵州等地，喜生于山坡、林缘、沟边、路旁等。

植株高 30～60 厘米，可达 100 厘米，茎秆具浅沟槽，通常不分枝，叶互生；基生叶和茎下部叶箭形，顶端急尖或圆钝，基部裂片急尖，边缘有波状皱褶，两面无毛，长 10～30 厘米，宽 2～5 厘米，茎上部叶较小，具短叶柄或无柄；托叶鞘膜质，管状，易破裂；花序狭圆锥状，分枝稀疏，花单性，雌雄异株，5—7 月开花，6—8 月结果；瘦果椭圆形，黑褐色，有光泽；根为肉质须根，肥厚，黄色，有酸味根呈不规则圆锥状条形，长 10～20 厘米，粗达 2.5 厘米，单根或于中段有数个分枝。

（九）泥胡菜

泥胡菜为双子叶植物纲菊科泥胡菜属植物，一年生草本植物，别称石灰菜、苦马菜、糯米菜、猫骨头、苦蓝头菜、野苦麻、苦荬菜、绒球、猪兜菜等，中国除新疆、西藏外各地均有分布，喜生于山坡、山谷、平原、丘陵、林缘、林下、草地、荒地、田间、河边、路旁等地。

植株高 30～80 厘米，可达 100 厘米，茎直立，单生，有白色蛛丝状毛；基生叶莲座状，有柄，倒披针状椭圆形或倒披针形，羽状分裂，长

7～20 厘米；叶大头羽状深裂或几全裂，侧裂片倒卵形、长椭圆形、匙形、倒披针形或披针形，顶裂片大，长菱形、三角形或卵形；头状花序，多数有长梗，总苞多层，球形，外层较短，卵形，中层椭圆形，内层条状披针形；花冠裂片线形，冠毛白色，二裂，羽毛状；瘦果小，长约 2.5 毫米，椭圆形或楔形，深褐色，3—8 月开花结果；根圆锥形，肉质。

（十）灰绿藜

灰绿藜为双子叶植物纲藜科藜属植物，一年生草本植物，别称灰苋菜、灰灰菜、灰蓼头草、粉菜、灰藜、蔓华、鹤顶草、胭脂菜、飞扬草等，全国各地均有分布，喜欢生长在农田、菜园、村房、水边等偏碱性土壤。

植株茎平卧或斜升，一般在 10～35 厘米，自基部分枝，茎具条棱，绿色或紫红色条纹；叶互生，具短柄，叶片厚，叶片矩圆状卵形至披针形，先端急尖或钝，基部渐狭，叶缘具波状牙齿，上面深绿色，中脉明显，下面灰白色或淡紫色，密被粉粒；通常花聚成团伞花序，再于分枝上排列成有间断而通常短于叶的穗状或圆锥状花序，花两性或兼有雌性；花被片 3～4 枚，浅绿色，稍肥厚，通常无粉，花丝不伸出花被，花药球形；胞果皮薄，伸出花被片，黄白色；种子横生、斜生及直立，扁圆形，赤黑色或黑色，表面有浅沟纹，直径 0.5～0.7 毫米，有光，花期 8—9 月，果期 9—10 月；种子繁殖，喜轻盐碱地。

（十一）牛膝菊

牛膝菊为双子叶植物纲菊科牛膝菊属植物，一年生草本植物，别称辣子草、向阳花、珍珠草、铜锤草、土豆草、小花牛膝、快草等，原产地在南美洲，后经欧洲再传入中国，1915 年入侵我国云南西北部宁蒗，1958 年首次在贵州贵阳发现，随后在我国西南、东南地区呈现爆发式增长，并向北方迅速扩散，现已成为具有严重威胁性的外来入侵植物，主要分布在我国四川、云南、贵州、西藏等省份，喜欢生长在林下、河谷地、荒野、河边、田间或市郊路旁。

植株高 10～80 厘米，茎纤细，不分枝或自基部分枝，全部茎枝被疏散或上部稠密的贴伏短柔毛和少量腺毛，基部或中部花期脱毛或稀毛；叶对生，卵圆形或长椭圆状卵圆形，有叶柄，柄长1～2厘米，上部及花序下部的叶渐小，通常披针形；茎叶两面被白色稀疏贴伏的短柔毛，沿脉和叶柄上的毛较密，边缘浅或钝锯齿或波状浅锯齿，在花序下部的叶有时全缘或近全缘；头状花序，半球形，有花梗，舌状花4～5个，舌片白色，先端3齿裂，筒部细管状，花黄色，外被稠密白色短柔毛；总苞半球形或宽钟状，苞片1～2层，外层短，内层卵形或卵圆形，顶端圆钝，白色，膜质，托片倒披针形或长倒披针形，纸质，顶端3裂或不裂或侧裂；瘦果，果长1～1.5毫米，3棱或中央的瘦果4～5棱，黑色或黑褐色，扁形，被白色微毛，花果期7—10月。

（十二）苣荬菜

苣荬菜为双子叶植物纲菊科苦苣菜属，是多年生草本植物，别称野苦菜、取麻菜、苦苣菜、败酱草、曲曲菜、青青菜、奶浆菜、奶浆草等，主要分布在陕西、甘肃、宁夏、新疆、福建、湖北、湖南、广西、四川、云南、贵州等地，喜欢在山坡草地、林间草地、潮湿地或近水旁、村边或河边砾石滩生长。

植株一般在30～80厘米，可达150厘米；茎直立，有细条纹，上部或顶部被稠密的头状具柄的腺毛；叶互生，披针形或长圆状披针形，长8～20厘米，宽2～5厘米；基生叶具短柄，茎生叶无柄，基生叶与中下部茎叶长椭圆形，羽状深裂、半裂或浅裂，上部茎叶及接花序分枝下部的叶小，披针形，叶基部圆耳状扩大半抱茎，叶两面光滑无毛；头状花序顶生，单一或呈伞房状，直径2～4厘米，总苞钟状，总苞片3层，披针形，顶端渐尖，外面沿中脉有1行头状具柄的腺毛基部有茸毛；舌状小花，黄色，子房下位，花柱纤细，柱头2裂；瘦果长椭圆形，具纵肋，肋间有横皱纹，冠毛细软，长约1.5厘米；花果期1—9月；根垂直直伸，有根状茎，以芽根繁殖为主，在土层中分布深，再生能力强，适应性极强，耐旱、抗寒、耐盐碱、耐贫瘠。

（十三）藿香蓟

藿香蓟为双子叶植物纲菊科藿香蓟属植物，一年生草本植物，别称胜红蓟、重阳草、农泡草、绿升麻、蓝绒球、臭垆草等，主要分布于华东、华中、华南、西南和台湾等地，喜欢在山谷、山坡林下或林缘、河边或山坡草地、田边或荒地生长。

植株高40～60厘米，有时不足10厘米，高可达100厘米；茎直立，不分枝或自基部或自中部以上分枝，节间生根，茎枝淡红色，或上部绿色，被白色尘状短柔毛或上部被稠密开展的长茸毛，有香味；幼苗子叶椭圆形，第1～2真叶卵圆形，腹面被白色小柔毛；叶对生或顶端互生，叶片卵形或长圆形，具纤细长柄，顶端钝，基部楔形，边缘钝齿，两面被柔毛；头状花序小，钟状或缨状，通常4～18个在茎顶形成伞房状花序，总苞钟状或半球形，总苞片2～3层，长圆形或披针状长圆形急尖，具刺状尖头，边缘栉齿状或燧状；小花筒状，蓝色或淡紫色，花冠先端5裂；瘦果楔形，黑色，具5棱，顶端有5枚芒状的鳞片，瘦果长1.5～1.8毫米，易脱落，千粒重约0.15克；花果期全年。

（十四）酢浆草

酢浆草为双子叶植物纲酢浆草科酢浆草属植物，是多年生草本植物，别称酸浆草、酸酸草、斑鸠酸、三叶酸、酸咪咪、钩钩草等，主要分布于河北、陕西、华东、华中、华南、四川和云南等地，喜欢在向阳、温暖、湿润的环境生长。

植株高10～35厘米，全株被柔毛；茎细弱，多分枝，直立或匍匐，匍匐茎节上生根；托叶小，长圆形或卵形，边缘被密长柔毛；小叶3片，倒心形，长4～10毫米，先端凹，基部宽楔形，叶背疏生平伏毛，脉上毛较密，边缘具贴伏缘毛；花单生或数朵组成腋生伞形花序，总花梗淡红色，与叶近等长，花梗长4～15毫米；花瓣5片，黄色或白色，长圆状倒卵形，长约9毫米，萼片长卵状披针形，长约4毫米；蒴果长圆柱形，长1～2.5厘米，5棱形，有喙，熟时弹裂；种子长卵形，长1～1.5毫米，深褐色，有纵槽纹；花期5—8月，果期6—9月。

（十五）苍耳

苍耳为双子叶植物纲菊科苍耳属植物，是一年生草本植物，别称菜耳、苍子棵、地葵子、苓耳、白胡荽、爵耳、虱麻头、狗耳朵草、苍子棵、油巴子等，全国均有分布，喜欢在平原、丘陵、低山、荒野路边、田边生长。

植株高一般在 30～60 厘米，茎直立，分枝或不分枝，茎下部圆柱形，上部有纵沟，被灰白色糙伏毛，直径 4～10 毫米；叶互生，有长柄，叶三角状卵形或心形，或有 3～5 条不明显浅裂，顶端尖或钝，边缘有不规则的粗锯齿，被糙伏毛；雄性头状花序球形，直径 4～6 毫米，有或无花序梗，总苞片长圆状披针形，长 1～1.5 毫米，被短柔毛，花托柱状，托片倒披针形；雌性的头状花序椭圆形，外层总苞片小，披针形，长约 3 毫米，被短柔毛，内层总苞片结合成囊状，宽卵形或椭圆形，绿色，淡黄绿色或有时带红褐色；瘦果倒卵形，包藏在有刺的总苞内，无冠毛，成熟时变坚硬，连同喙部长 12～15 毫米，外有钩状疏刺，喙坚硬，锥形；花期 5—6 月，果期 6—8 月。

（十六）车前草

车前草为双子叶植物纲、车前科车前属植物，一年生或二年生草本植物，别称车轮草、牛遗、牛舌等，全国大部分省份均有，喜欢生长在草地、河滩、沟边、草甸、田间及路旁等地。

叶基生呈莲座状，平卧、斜展或直立叶片薄纸质或纸质，宽卵形至宽椭圆形，长 3～12 厘米，宽 1～3.5 厘米，边缘具浅波状钝齿、不规则锯齿或牙齿，基部宽楔形至狭楔形，叶脉 5～7 条，两面疏生白色短柔毛；叶柄长 2～6 厘米，基部扩大成鞘状；花序 3～10 余个，花序梗长 5～18 厘米，有纵条纹，疏生白色短柔毛；穗状花序细圆柱状，上部密集，基部常间断，苞片三角状卵形或三角状披针形，花具短梗；花萼长 2～3 毫米，萼片先端钝圆或钝尖，无毛，龙骨突宽厚，不延至顶端，前对萼片狭倒卵状椭圆形至宽椭圆形，后对萼片倒卵状椭圆形至宽椭圆形；花冠白色，无毛，冠筒等长或略长于萼片，裂片极小，椭圆形或卵形；雄蕊着生于冠筒内面近顶端，同花柱明显外伸，花药卵状椭圆形或宽椭圆形，新鲜时白色或绿白色，干后变淡褐色；蒴果纺锤状卵形、卵球形或圆锥状卵形，长 4～5 毫米，于基部上方周裂；种子卵状椭圆形或椭圆形，腹面平坦，长 1.2～1.8 毫米，黄褐色至黑色；花期 5—7 月，果期

7—9 月。

（十七）蒲公英

蒲公英为双子叶植物纲菊科蒲公英属植物，是多年生草本植物，别称黄花地丁、婆婆丁、华花郎、灯笼草、姑姑英、蒲公草、仆公英、尿床草等，全国均有分布，喜欢在中低海拔地区的山坡草地、路边、田野、河滩生长。

根圆锥状，弯曲，长 4～10 厘米，表面棕褐色，皱缩；叶倒卵状披针形、倒披针形或长圆状披针形，先端钝或急尖，边缘有时具波状齿或羽状深裂，基部渐狭成叶柄，叶柄及主脉常带红紫色，疏被蛛丝状白色柔毛或几无毛；头状花序，直径 30～40 毫米，总苞钟状，长 12～14 毫米，淡绿色，总苞片 2～3 层，舌状花，黄色，舌片长约 8 毫米，宽约 1.5 毫米，边缘花舌片背面具紫红色条纹，花药和柱头暗绿色；瘦果倒卵状披针形，暗褐色，长 4～5 毫米，宽 1～1.5 毫米，上部具小刺，顶端逐渐收缩为长约 1 毫米的圆锥至圆柱形喙基，喙长 6～10 毫米，种子上有白色冠毛结成的绒球，成熟后裂开随风传种；花果期 4—10 月。

（十八）蛇莓

蛇莓为双子叶植物纲蔷薇科蛇莓属植物，是多年生草本植物，别称野草莓、地莓、蛇泡草、龙吐珠、蛇果、鸡冠果、蚕莓、老蛇泡、蛇八瓣、龙衔珠、小草莓、地杨梅、龙球草、蛇葡萄、红顶果等，全国均有分布，喜欢在山坡、草地上、路旁、沟边或田埂等地生长。

植株高度一般不超过 30 厘米，长匍匐茎，被柔毛；羽状复叶，倒卵形至菱状长圆形，小叶片长 2～3.5 厘米，宽 1～3 厘米，边缘有钝锯齿，两面皆有柔毛，或上面无毛，具小叶柄，甚短，托叶卵圆状披针形，具柔毛；花单生于叶腋，直径 1.5～2.5 厘米，花梗长 3～6 厘米，有柔毛，萼片卵形，外面有散生柔毛，副萼片倒卵形，比萼片长，边缘有 3 浅裂，花瓣黄色，花托膨大成球形或长椭圆形，海绵质，鲜红色，柔软，上着生瘦果；瘦果，长圆状卵形，暗红色，长约 1.5 毫米，光滑或具不明显突起，鲜时有光泽；花期 4—7 月，果期 5—10 月。

二、草害防控措施

(一) 物理控草

1. 人工除草

杂草是魔芋种植中仅次于魔芋软腐病的重大危害，田间杂草会跟魔芋竞争阳光、水分、养分，严重影响魔芋的生长及产量，如果不及时除草，杂草不仅与魔芋争夺养分，还会降低肥料利用效率，甚至影响通风透光，诱发魔芋病害。人工除草是最为传统的一种除草方式，主要通过手动拔除、锄头薅草等方式进行，虽然效率较低，但是对生态环境较为友好。

贵州降水丰富，多数魔芋种植区年降水量为 1 100～1 200 毫米，雨热同期的气候条件下杂草疯长，整个生育期要除 3～4 次草，而且魔芋是浅根系作物，拔草容易造成魔芋伤根发病、死亡。人工除草主要是用手拔或者锄头薅，人工除草要趁早和及时，我国的民间谚语就存在"宁除草芽，勿除草爷"的说法，要在杂草还没长高，株高 10 厘米以内时进行。此时杂草根系还不发达，容易拔除，一旦杂草长高后，其根系范围太大，拔除费时费力，还有可能在拔除过程中损伤魔芋根系。在魔芋出土之前，如果草比较多，可以人工浅锄，此时为开春后刚出的杂草，根系较浅也好清除，用锄头薅草时，动作要小，注意不要碰伤魔芋植株，不然容易造成植株损伤发病。

2. 秸秆覆盖

在魔芋生产中，用松针、玉米秆、稻草、枯枝落叶等覆盖控草，是一种较好的控草方式，这样既能实现对杂草的防控，又能起到保水保墒的作用，有利于增加地温，促使魔芋提早出苗，延长生长期，对魔芋有增产作用。秸秆覆盖一般需要覆盖 5～8 厘米厚才能起到盖草作用，按照贵州2021 年价格水平计算，每亩投入 800～1 200 元，玉米秸秆可以用整株进行覆盖，这样的好处在于不易被风吹跑，弊端在于缝隙过大，对杂草的防控效果稍差。因此，生产中提倡将玉米秸秆进行粉碎后覆盖。松针覆盖后其透气性和保水性都不错，不过松针收集是一个问题，如果种植基地附近没有松林的话，这样的生产成本会很高，而且松针覆盖对于地处风口的基地来说，在魔芋还未出苗前，容易被风刮走。稻草、枯枝落叶等也存在容易霉烂，引起病害、虫害等问题。

3. 地膜覆盖

用薄膜覆盖来进行控草是一种较为经济、高效的方法。2013—2014年间，贵州省农业科学院生物技术研究所、威宁哈喇河鼎诚魔芋合作社共同研制形成了"高海拔区域魔芋保墒增温避雨控草技术"能够实现魔芋自动破膜出苗，实现提早出苗，并有效控制草害发生，2015年获得贵州省科技厅创新券支持进行推广应用。"魔芋保墒增温避雨控草技术"实现了对土壤墒情的保护作用，有利于提高土温，缩短魔芋出苗时间，延长生长时间；在6—8月的雨水季节，由于垄面覆盖了地膜，会使雨水快速流出地块，减少雨水进入土壤中，从而降低病害发生；地膜覆盖后，控制了大部分杂草生长，有少部分破膜而出的杂草，往往在破膜过程中会受到损伤，长势较弱，也容易拔除。

"魔芋保墒增温避雨控草技术"在2016—2019年主要在威宁、纳雍、赫章等1 800米海拔以上的区域进行推广，2020年对技术进行改进后，实现了在1 200米左右海拔区域也能进行应用。地膜覆盖的要点如下：①薄膜要选用薄的，在符合国家相关标准的前提下尽量选用厚度较薄的地膜，魔芋出苗时呈锥状，能够顶穿薄膜出苗。②覆盖地膜时，要等下透雨后再覆盖，确保土壤中有充足的水分能够支持魔芋出苗及根系生长，否则土壤干燥时盖膜，一是土壤水分不足，会影响魔芋出苗时间，导致晚出苗；二是土壤水分缺乏会造成魔芋苗势较弱，后期生长缓慢。③覆膜后要用土壤将地膜覆盖严实，避免地膜与土壤间有较大间隙，这样魔芋出芽后可以凭借自身力量出苗，不需要人工破膜，一旦有较大间隙存在，当太阳出来时会出现烧苗现象。

（二）化学防控

化学除草是目前被广泛应用的一种除草方式，主要通过化学除草剂除草。化学除草剂成本低，使用时较为方便，除草效率高、效果好，一般能除掉80％～90％的杂草。根据化学结构的不同，除草剂分为无机除草剂和有机除草剂两种类型。无机除草剂，主要指灭生性除草剂，具有较高的化学稳定性，并且不容易被分解，见水可溶，属于水溶液状态。但无机除草剂的毒性较大，如果运用不当，会对农作物产生较大的危害。

除草剂还可以分为选择性除草剂和灭生性除草剂。选择性除草剂对田间农作物并不会造成较大的危害，仅作用于杂草，具有较强的选择性。灭生性除草剂，能够杀灭接触到的植物，在选择使用这种除草剂时，必须要向杂草喷雾，避免对农作物造成不必要的损害。化学除草的优势在于能够减少人工，降低除草成本，缺点是会导致农作物受到损害，还会污染周围环境。在运用化学除草技术时，需要注重除草剂品种的选择，根据当地杂草品种科学选择除草剂，把握好用药时期，精确药剂的使用量。

在魔芋生产中，魔芋出苗前半个月以上时间用乙草胺、草铵膦等进行喷施，在出苗后用精喹禾灵进行喷施。随着国家对除草剂的管控加强，贵州省提出了"宁要草，不要草甘膦"的口号，2019年（截至6月底）全省立案草甘膦等除草剂案件132件，没收除草剂20余吨，罚款27.87万元。贵州省农业科学院生物技术研究所、毕节市中药研究所科研人员经过对喷施除草剂的魔芋地进行跟踪研究，发现除草剂喷施后，会导致魔芋生长停滞，产量降低10%～15%，病害发生率增加2.6%～5.3%，并且会影响下一代种芋的生长发育。因此，应在全省倡导不要施用除草剂。除草剂选择不当会造成魔芋死亡，2016年在云南曲靖就有农户购买除草剂喷施后，出现魔芋叶片发暗、枯死症状，造成种植户损失139.89万元。魔芋作为一个有保健功能的产品，施用除草剂后会对品质产生影响，为了贵州魔芋产业的持续健康发展，建议在生产中不要使用除草剂。

（三）魔芋生态控草技术的贵州实践

1. 魔芋生态控草技术的提出

在魔芋生长中，杂草危害仅次于软腐病危害，是种植企业、农户亟须解决的重要技术问题。杂草生命力强，生长旺盛，根系发达，不仅会抢夺魔芋地里的土壤养分，导致魔芋植株瘦弱，而且会影响魔芋的光合作用，严重影响产量，且魔芋叶片、茎秆、根系脆嫩，在人工除草过程中容易碰伤，魔芋一旦受伤就容易遭软腐病侵染，导致病害暴发，造成重大损失。

2019年，在西双版纳召开的全国魔芋产业发展研讨会上，贵州省生物技术研究所魔芋研究室主任丁海兵提出了"以草（牧草）控草""以药（中药材）控草""以菜控草""以粮控草"的研究思想，通过生态位竞争，实现生态控草。2021年"魔芋草害生态化绿色防控技术研究与示范"项目获贵州省科技厅立项，通过设置大量试验，形成的"荞麦三次高密度播种生态控草技术"是一种能够有效控草且能够在全国进行推广应用的技术；筛选出了小叶雪里蕻、四季小白菜、宽叶青菜、鸡毛菜、青梗菜等8个蔬菜品种可以在土壤水分条件较好的地方应用"以菜控草"技术；筛选出鱼腥草进行"以药（中药材）控草"，并在威宁县安排了示范。

2022年，贵州省生物技术研究所魔芋科研团队将生态控草的范围进行延伸，增加了以花生、大豆等油料作物为代表的"以油控草"技术研究；以箭筈豌豆、光叶紫花苕为绿肥代表的"以肥控草"技术研究；开始探索以兔、鸭、鹅等为试验对象，开展以动物进行生态控草的试验，拓宽生态控草理论范畴，通过多年多点试验，不断为生态控草理论筑牢基础。

2. 生态控草的贵州实践

（1）魔芋生态控草防病降本增效绿色发展技术。通过在贵州进行魔芋生态控草试验示范，贵州省生物技术研究所科研人员将"荞麦三次高密度播种生态控草技术""药（中药材）菜（蔬菜）保水促根快长生态控草技术""绿肥抑根控旺生态控草技术""油料作物矮化控草技术"等进行集成，形成魔芋生态控草防病降本增效绿色发展技术。通过技术应用，降低了大田除草剂施用量，助推了农业产业绿色发展，避免了因除草剂使用造成作物及生态危害；增加了魔芋种植基地农田生态系统生物多样性，降低了病害发生率；增加了地表覆盖，有利于土壤保水保墒，特别是对于贵州西部高海拔春旱严重的区域，土壤水分的增加促进了魔芋生长；通过浅根系、匍匐型或矮株型植物的组合搭配，实现优势、速生植物抢占田生态位，抑制杂草生长，减少人工除草次数，既降低了人工成本，也避免了由于除草造成魔芋植株受损导致病害发生。技术要点如下：

①品种选择。在贵州高、中海拔区域及在春旱重度区，主推选用荞麦进行生态控草，还可选用鱼腥草、三叶草、紫花苕、雪里蕻、鸡毛菜等品种；在水源条件较好的地方，可以选用小叶雪里蕻、四季小白菜、宽叶青菜、鸡毛菜、青梗菜等蔬菜品种，在实现控草作用的前提下，还可获得多

重收益。

②种子处理。贵州很多区域春旱较为严重，为提高种子出苗率，要精选种子，选择品种性状典型，籽粒饱满，色泽正常的种子。蔬菜、中药材、牧草等品种，在播种前要用温水浸泡 4～12 小时（根据品种、生态区进行调整），让种子充分吸收水分，以提高发芽率和出苗率，浸泡过程中要清除飘浮在水面上的秕种。

③播种。生态控草技术目的是以浅根系、矮株型植物的生长，占有田间生态位，从而实现对杂草的控制，在整个生长期要不断根据生长情况进行动态间苗。因此，选择用于生态控草的品种，要实现高密度播种，按照常规种植 3 倍左右的用量进行播种。播种时间选择在杂草出苗前 7～15 天播种，不同海拔区域略有不同，要因地制宜地进行调整。为做好病害预防工作，播种前选用广谱性杀菌剂粉剂，用过筛的细土，按照 1∶（10～20）的比例混合，然后跟种子混合均匀后播种。在春旱严重区域，还要加入适量保水剂进行混合后播种，以提高出苗率。

④栽培技术。"荞麦三次高密度播种生态控草技术"主要是应用在春旱严重区域的商品芋种植基地，荞麦不选地、不挑海拔，生长速度非常快，能够实现有效控草。

应用中药材、蔬菜进行生态控草的基地，播种量按照常规种植 3 倍进行播种，根据魔芋长势进行"动态间苗"，确保在实现控草的主要目的基础上，确保中药材、蔬菜也能获得较好的生长条件，实现多种经济效益。应用三叶草、紫花苕等牧草进行生态控草，进行刈割处理，刈割植株覆盖在厢面进行控草。在热量条件好、海拔较低的区域，采用"两年制栽培"方式的种植基地，可以在冬季播撒麦子在厢面上，翌年 5 月底在魔芋出苗前割麦子，也是一种较好的方法。

⑤水肥管理。生态控草技术是应用其他植物生长控制杂草生长，且一般都是按照常规种植 3 倍左右用种量进行密植控草，这样会有大量的生物量形成，造成对养分的吸收。因此，为确保魔芋获得足够的养分实现高产，肥料的施用量除了考虑魔芋的吸收量，还要考虑其他控草植物的营养补充，一般施肥量在魔芋种植施肥量的基础上加 15%～35%。应用中药材、蔬菜进行生态控草的基地，在有灌溉条件的地方，要在中药材、蔬菜

苗期时进行适时补水。

⑥病虫害防治。魔芋主要虫害有甘薯天蛾、豆天蛾、蛴螬等，可用辛硫磷等杀虫剂与农家肥混合作底肥施用防治，在生长期出现的虫害，根据具体品种选用氟虫脲、甲维盐等进行防治。魔芋生长中主要是对软腐病、白绢病进行防控，除了做好选种、选地等工作外，在发病前或发病初期，选用针对性化学药剂喷洒叶柄周围地面或灌根进行防控，如噻菌铜、碱式硫酸铜、硫酸铜钙、甲基硫菌灵等，对全田进行喷雾防控。

（2）绿肥生态控草技术。在农业生产中，一般会种植部分可为农作物提供肥源、提高土壤肥力的作物，如种植苕子、紫云英、豌豆、豇豆、黄花苜蓿、草木樨、肥田萝卜、蚕豆、绿豆、大豆等植物，在经过一定时间生长后，切断茎叶直接翻入土中或者收割后堆肥，作为改良土壤、提高土壤肥力的生物肥源。

绿肥可活化、吸收钾素，提高钾素利用效率，豆科绿肥还将空气中的氮素吸收转化储存在生物体内，在我国还没有化肥工业以前，绿肥和农家肥是传统农业重要的肥料来源。绿肥能为耕地土壤提供有机质，改善土壤微生物的性状，提高土壤质量；种植绿肥是轮作倒茬的重要方式，可以减少病害、虫害的发生，改善土地连作障碍问题；绿肥一般是在空闲季节利用空闲土地种植，可以有效减少裸露土地面积，减少种植区的水土流失，改善生态环境。

魔芋春种冬收，绿肥一般是秋种春收，这两种作物在茬口上正好衔接，采用魔芋与绿肥套种，充分利用土地空间，在冬季绿肥对地表有覆盖作用，能够防止冷空气随着魔芋倒苗后形成的孔进入土壤，对魔芋造成冻害；绿肥覆盖后在霜冻、雪凝天气，具有保护土壤中魔芋球茎的作用，减少冻伤损失，降低翌年魔芋苗期软腐病害；绿肥的生长，占据了田间生态位，实现了对其他杂草的抑制作用，减少了杂草种子的数量，对草害有抑制作用，翌年春季，将绿肥刈割覆盖在魔芋厢面，能够实现对杂草的有效控制，同时，有利于保持田间水分、温度，促进魔芋生长。

在8月下旬到9月底，魔芋正处于球茎快速膨大期，这时降雨充沛，杂草生长旺盛，结合最后一次除草，将绿肥种子跟细土混匀后（根据绿肥品种确定亩用种量），在厢面上均匀播撒。在这阶段，气温土温较高，绿肥能够迅速出苗，当魔芋倒苗后绿肥一般能够在田间形成较薄的一层生物覆盖层。到翌年4月左右，绿肥处于旺长期，生物量最大的时候，此时魔芋尚未出苗，对绿肥进行刈割处理，割后均匀铺放于厢面，可作为生态控草的覆盖物。

（3）荞麦三次高密度播种生态控草技术

①不同生育期实现目的。第1次播种主要目的是控制田间杂草生长和保持田间水分和土壤湿度，降低贵州春旱对魔芋生长的影响，并通过荞麦高密度播种，让荞麦苗尽快抢占田间生态位，实现对杂草的有效抑制；第2次播种主要是为控草和提供菜饲原料，一是利用荞麦苗控制杂草，二是可以将鲜嫩的荞麦尖割来作为蔬菜进行煮、炒及烫火锅等，也可将荞麦植株收割后添加牧草、饲料等，用于猪、牛、羊、鸡等动物饲喂；第3次播种主要以采收荞麦为主，这样既能够增加土地的粮食产出，还可为翌年种植基地生态控草留种，一般1亩地的荞麦大概可供翌年2亩种植基地使用。

②种子选择。第1、第2次播种选用黔苦7号、黔苦2号、黔苦3号、川荞一号、云乔1号、云荞3号、西荞1号、西荞2号、晋荞1号等适应性强的品种，第3次播种选用黔苦7号、川荞1号、云荞1号等早熟荞麦品种。选用品种性状典型、籽粒饱满、色泽正常的种子，用风选法剔除瘪种子，色泽正常是指每个品种颜色会有差异，该种子符合品种自身颜色即可；品种性状典型是指种子要具有本品种的特性，早熟指生育期60~70天的品种。

③播种方法。

第1次播种：播种前，荞麦晒种2~3天，待魔芋播种完毕，立即在厢面播撒荞麦种子，然后用钉耙轻轻在厢面上来回拖动，将荞麦种子和土壤混合均匀，防止天气干旱种子被晒死和被鸟吃。为让荞麦尽快抢占田间生态位，实现对杂草生长的抑制，荞麦用种量是常规播种量3倍左右，一般在10~12千克/亩。

第2次播种：待第1次播种荞麦苗长至25~30厘米，魔芋出苗还未散叶时，进行第2次播种。播种前将荞麦种晒种2~3天，然后用35~40℃温水浸泡30分钟左右，除去漂浮的秕籽，然后将荞麦种和细土按照

1：10混合均匀，再撒施到厢面，厢面中间少施、两侧多施。第2次荞麦种撒施完毕后，将第1次播种长成的荞麦苗拔了覆盖到厢面，利用拔荞麦过程中的物理扰动，实现第2次播种的荞麦种子与厢面土壤进行较好结合，提高出苗率。经过第1次荞麦控草后，田间杂草大幅减少，第2次荞麦播种量相应减少，荞麦用种量是常规种植播种量2倍左右，一般为6～8千克/亩，当第2次播种的荞麦苗长起来时，可将荞麦苗割来做菜或用于养饲。

第3次播种：在8月底至9月中旬，播种前将荞麦种晒种2～3天，然后用35～40℃温水浸泡30分钟左右，除去漂浮的秕籽，然后按照荞麦种和土壤1：10比例混合均匀，用喷雾器将混合后的土壤喷清水，使得土壤呈现手握不紧、松手散开状态，然后装入封闭的容器或小拱棚中进行催芽24～36个小时，再将催芽后的种子和土壤的混合物播撒到厢面上，以厢面两侧为主，厢面中间及管理走道为辅。第3次播种的荞麦用种量跟常规播种量相同，一般在3～4千克/亩。

第3次播种要进行催芽处理，是为了让荞麦提早出苗。贵州属于西南高原春秋荞麦主产区之一，进入秋季后温度逐渐降低，光照强度和时数逐渐减弱，催芽能够让荞麦提早出苗，从而实现高产稳产。魔芋一般在10月开始倒苗，第3次播种的荞麦生长起来恰好能够跟魔芋实现茬口衔接，多数地区当荞麦进入旺长期时，魔芋已经倒苗，不影响荞麦生长。第3次播种目的是采收荞麦作为粮食，并为翌年种植基地留种，这样1亩地的荞麦产量大概可以为翌年的2亩种植基地留种。"魔芋—荞麦"种植模式，能够有效防控杂草，有利于增加田间生态多样性，降低病害发生，且增加了地表覆盖，有利于就地越冬的魔芋增强防冻能力。

④水肥管理。荞麦三次播种生态控草技术是应用荞麦生长速度快、有竞争优势，实现对杂草的控制。第1次采取高密度播种，种子用量会超常规种植，这样会有大量的生物量形成，从而实现对杂草的抑制；第2次播种生长起来的荞麦可以用作蔬菜食用，用于养殖饲料，同时实现控草目的；第3次播种的目的是获得荞麦产量。荞麦的生长会对土壤养分进行吸收。因此，为确保魔芋获得足够的养分实现高产，肥料的施用量除了考虑魔芋的吸收量，还要考虑荞麦控草植物的营养补充，一般施肥量在魔芋种

植施肥量的基础上加 15％～20％，增施高钾复合肥 10～15 千克/亩。第 3 次播种的荞麦以获得收成为目的，一般荞麦亩产量可以达到 80 千克左右，1 亩地秋荞可以为翌年 2 亩地魔芋种植基地提供种子，实现荞麦的自留种。当荞麦全株有 70％的籽粒呈黑褐色或银灰色时，应抓紧时间于早、晚收获，并扎捆或扎把，竖放在室内，让荞麦后熟。

第八章 魔芋采收及储运管理

第一节 采 收

一、采收时间

魔芋在整个生育期中不断地进行养分累积，即使在地上部分枯萎倒苗后，地下球茎仍能继续膨大。采收时间不宜过早或过迟，过早球茎小且含水量多，品质较差，易腐烂，不耐储藏；过迟则易造成冻害，或导致部分有伤口的魔芋腐烂，影响收入。魔芋收获的适宜时间是霜降至立冬，这个时段魔芋叶柄已基本倒伏枯死，地下球茎已停止生长，商品芋如不及时收获容易在土壤中腐烂。收获时应选在晴天土壤较干燥时进行，采取挖大留小，商品芋应尽量一次性全部收获，一代或小二代种芋仍可留在原地用土盖好，待翌年继续生长。若当年不采收，对倒苗后叶柄留下的孔洞，用锄头薅一道厢面，用土封闭洞孔，防止冷空气随洞孔进入土壤，从而冻坏球茎。或在白露前后按 3 千克/亩播种苕子，冬季绿肥对地下魔芋可起到很好的保温、保湿作用，也可以抑制杂草生长，翌年开春 4—5 月，将绿肥刈割覆盖在地面，可起到抑制杂草、增加肥力的作用。贵州主产区毕节栽培的魔芋一般在 10 月叶片开始枯萎，逐渐倒苗、死亡，但地下块茎仍继续膨大，一般在 11 月下旬和 12 月上旬收获产量较高。

二、采收工具及方法

人工采挖选择齿状工具，从垄边顺着魔芋从底往上掏，降低魔芋损坏率。机械采挖种芋基地最好不要选择振动式采收机，细挖轻放，边挖边晒，尽量不损伤球茎和根状茎。因魔芋球茎皮薄肉脆，极易受伤，有时内部已受伤，而外部短时间内尚不易察觉，会导致球茎发病而腐烂。若作商品芋加工，影响产品品质；若作种芋储藏，将在储藏期腐烂，并传染给好种芋。采挖后商品芋需及时送往加工厂进行加工，种芋需装筐运至晒场处理。

第二节　采后处理

一、采后生理

采后生理指的是果实和蔬菜产品器官采收后所经历的生理生化过程。主要包括呼吸生理、完熟和衰老、水分蒸散、休眠和生长等。果实和蔬菜等产品器官脱离植物体后仍是活有机体，继续进行物质和能量代谢，既有原有物质的分解，也有新物质的合成，主要以分解代谢为主。

休眠是指物体或其他器官在发育的某个时期生长的代谢暂时停顿的现象。常见的休眠有强迫休眠和生理休眠两种类型。魔芋每年冬季都会进入生理性休眠，一般11月魔芋倒苗之后开始到翌年3—4月结束，约5个月才能解除休眠，其休眠深度和时长是少见。魔芋休眠可分为4个阶段，包括休眠前期、休眠中期、休眠后期及芽伸长期。

1. 休眠前期

指从叶片枯黄到植株倒苗的阶段，一般从10月初到12月中旬，主要发生在储藏初期，此时魔芋球茎含水量高，呼吸作用强，代谢旺盛，淀粉酶、过氧化氢酶等相关酶的活性较高，表皮的木栓化程度也低，顶芽生长点在此时活动很弱，也称为魔芋球茎的后熟阶段。

2. 休眠中期

指从12月中下旬到翌年2月底，也称为魔芋的深休眠期。这一阶段球茎的呼吸作用、蒸腾作用及代谢很弱，淀粉酶和过氧化氢酶活性较低，表皮木栓化程度加深，但该阶段的球茎适应性强，对外界温度、湿度都不敏感，顶芽不会萌动。

3. 休眠后期

指从3月初到4月初，这一阶段魔芋呼吸作用及球茎内部代谢会随外界温度升高而加强，多酚氧化酶活性也逐渐升高，淀粉酶活性无明显变化。若外界条件适宜，顶芽就会萌动，芽点发亮但不会伸长，处于相对静止的状态，处于魔芋解除休眠的过程，进程十分缓慢。

4. 芽伸长期

这一阶段魔芋球茎已完全解除休眠，外界气温回暖，酶活性也增强，顶芽外部形态发生变化，只要外部温度稳定达到15℃，球茎就可以生根出苗形成植株。该过程伴随着一个漫长的过渡时期，芽萌动伸长速度从慢到快，球茎内部发生剧烈的生理生化变化。

二、储藏前处理

随着贵州魔芋种植规模的不断扩大，大规模的种芋调运将是常态化，要做好种芋的远距离运输，进行种芋及储藏处理非常重要。

1. 适时挖收

选择在晴天、土壤干爽时采收。魔芋一般生长至10月下旬后，地上部倒苗，但由于土壤深处的温度比大气温度高，根系吸收营养的功能仍继续进行，同时倒伏地上部分营养仍可继续汇入地下球茎使球茎继续膨大。因此，商品魔芋的最佳收挖期是植株倒苗后1个月左右。种芋储藏时间较长，应适当推迟采挖时间，使球茎充分成熟，以增强耐储性，但应在气温5℃以上时采挖。若挖收过早，植株养分还未充分被球茎吸收，会影响产量，同时种芋还未完全成熟，种皮较嫩薄，易在储运过程中被碰伤或破皮，易被病菌侵染；若挖收过迟，气温过低，球茎可能会被冻伤。

2. 精选种芋

采收后的魔芋，剔除病、烂、破、杂薯，晾干表皮后进行晒种处理，待晒种脱水20%以上时，将一代种、二代种按大小分级分类，进行装筐储藏。一般种芋重量控制在300克以内，选择表皮光滑、芽窝浅、色泽鲜艳、无皱缩、无伤痕、无病疤、顶芽粗短的球茎留种。种芋尽量不要碰伤，保护顶芽避免机械损伤，确保种芋质量。

3. 晒种与愈伤处理

为便于种芋储藏及降低储藏期病害发生率，种芋晒种4～5天，使表皮木栓化，球茎脱水20%以上，待轻微破皮种芋伤口愈合后入库储藏，防止烂种及病菌在储藏期间传播。

4. 药剂处理

种芋经晒种处理后，可用50%甲基硫菌灵可湿性粉剂或者75%百菌清可湿性粉剂等广谱性杀菌剂，用滑石粉与其混合均匀后，用于种芋包衣处理，或者直接购买魔芋多元消毒粉进行包衣，使种芋表面形成药剂粉衣，对种芋进行消毒杀菌，可以大幅减少储藏期烂种现象，并能降低翌年生产基地病害发生率。

第三节　储藏管理

一、储藏期间生理变化

（一）储藏期生理过程

1. 后熟期

这一阶段发生在储藏早期，是魔芋球茎休眠的初期，球茎的顶芽生长点活动很弱。魔芋球茎含水量高，呼吸作用强，代谢旺盛，淀粉酶、过氧化氢酶等活性较高，表皮的木栓化程度低，球茎水分迅速蒸发、重量显著降低，此时外界气温较高，球茎呼吸作用排出的水汽容易积聚造成球茎腐烂。这一阶段从叶片枯黄到植株倒苗，一般从 10 月初至 12 月中旬左右。经过 1～2 个月后熟作用，魔芋球茎表皮充分木栓化，代谢强度、呼吸作用逐渐减弱从而转入深度休眠状态。

2. 深度休眠期

一般从 12 月中下旬到翌年 2 月底，这阶段球茎呼吸作用及代谢很弱，淀粉酶和过氧化氢酶活性较低，表皮木栓化程度加深，球茎适应性强，对外界温度、湿度都不敏感，顶芽不萌动。

3. 休眠解除期

一般从 2 月底到 3 月，海拔高、气温较低的地方会持续到 4 月的中下旬。这一阶段球茎内部的代谢随着外界温度的升高而加强，多酚氧化酶的活性逐渐升高，淀粉酶活性无明显变化。若外界条件适宜，顶芽就会萌动，芽点发亮，但是不会伸长，处于相对静止的解除休眠的过程，进程缓慢。

4. 芽伸长期

这一阶段魔芋球茎已完全解除休眠，外界气温回暖，酶活性增强，球茎内部发生剧烈的生理生化变化，顶芽外部形态开始变化，只要外部温度稳定达到 15℃，球茎就可以生根出苗形成植株。

（二）魔芋休眠机理

1. 种芋休眠原因

魔芋种芋休眠的原因主要有两个：一方面是由于种子所处的外界条件不适宜而被迫休眠，另一方面是由于种子本身的结构、生理生化特性造成的。

孙远明等认为魔芋萌发是由于顶芽生长锥叶原基中细胞的扩增、分化形成的。魔芋中存在抑制发芽的休眠物质，对休眠球茎中各类成分进行提取分离，发现脱落酸和阿魏酸是抑制发芽的物质，以脱落酸为主。储藏期间种芋受内源激素的影响，使叶原基中的细胞分裂受到抑制，在种芋收获后的一段时间内，脱落酸含量很高，休眠程度亦深，其后随着向解除休眠方向发展，脱落酸含量逐渐下降。如气温在 20℃左右（相当解除休眠的措施），球茎于 2 月下旬结束休眠，此时脱落酸含量下降到 120 纳克/克以下；如气温在 12℃左右，球茎于 4 月初休眠才结束，顶芽脱落酸含量到 3 月下旬才下降到 120 纳克/克。

魔芋球茎休眠结束后，顶芽中内源激素的赤霉素含量达 40 纳克/克左右，而休眠期中的源赤霉素的含量仅 6.9 纳克/克；外源细胞分裂素类激动素（KT）和 6-苄基腺嘌呤（6-BA）促进顶端萌发和诱导不定芽产生，说明细胞分裂素可能在魔芋球茎从休眠向萌发转变过程中起着重要作用。魔芋休眠和萌发的调节，跟脱落酸、赤霉素、细胞分裂素等激素密切相关，脱落酸具有维持休眠、抑制顶芽萌发与生长的作用，赤霉素的作用则相反，具有促进顶芽萌发与生长的作用，细胞分裂素可能是球茎萌发的启动因子。

2. 影响休眠期因素

（1）种的差异。魔芋栽培种不同，其顶芽休眠期长短相差较大。花魔芋花芽球茎在 4 月就会萌芽开花，而白魔芋的花芽球茎约比花魔芋滞后 2 个月，即在 6 月才能萌芽开花，白魔芋不论花芽球茎或叶芽球茎的休眠期均长于花魔芋，其原因是花魔芋、白魔芋顶芽分化时期不同。

（2）芽的差异。魔芋顶芽有花芽和叶芽之分，同一种魔芋的花芽和叶芽有着不同的休眠期。孙远航等的研究表明，在自然条件下，花魔芋花芽球茎的休眠期要短于叶芽球茎的休眠期，花魔芋在进入休眠期时花芽就已分化完成，翌春 4 月，顶芽萌发出土即可开花，而叶芽球茎的顶芽要待翌春继续分化，继而萌芽出土。在 20℃左右条件下，花魔芋 1 年、2 年、3 年生叶芽球茎的休眠期分别为（107±4）天、（105±6）天、（99±6）天，花魔芋 4 年生花芽球茎的休眠期为（44±8）天，而白魔芋花芽球茎与叶芽球茎的休眠期差异不显著。

（3）储藏温度差异。在 5～20℃范围内，魔芋的休眠期随着温度的升高而缩短，低温则会延长休眠期。在 20℃适宜萌发的温度下，花魔芋叶芽球茎休眠期约为 105 天，花芽球茎为 45 天左右，在贵州高海拔植区自然温度下，花魔芋休眠期长达 5 个月左右，即从 12 月到翌年的 4 月。

（三）影响魔芋储藏的外部因素

1. 温度和相对湿度

大量研究表明，魔芋休眠初期，球茎呼吸代谢作用强、水分蒸发量大，易造成高温、高湿环境，引起霉菌滋生导致球茎腐烂。这一时期应加强通风换气，散热排湿，使储藏温度稳定在 8～10℃。

储藏期间温度过低易使种芋机能衰退、萌芽推迟，易出现冷害，严重时造成组织变软或坏死；温度过高，魔芋呼吸作用加强，加大水分散失，高温高湿易导致软腐病的滋生及蔓延，导致魔芋种植过程中软腐病的大面积发生。相对湿度以 60%～70%为宜，湿度过大种芋易腐烂，过小则影响发芽。

休眠解除期若温度低，易遭受冷害，保持温度 10～13℃、湿度 65%为宜。此期只要温度达 12℃、湿度达 80%，即可打破休眠，芽点发亮，但不伸长。芽伸长期应针对外界会出现的低温天气注意保暖，只要温度达到 15℃以上，就可伸长出苗，形成植株；温度超过 20℃，则伸长速度快，易形成老化苗。孙远明等研究表明，球茎休眠期长短与积温有一定的关系，温度在 5～20℃时，温度愈高，休眠期愈短，低温可延长休眠期，温度愈低，效应愈显著。

魔芋储藏期间，温度和湿度过高或过低均不利于魔芋的储藏，针对不同时期的魔芋生理特性，调节温度和湿度是保持魔芋生长活力的重要方法。

2. 通气状况

在魔芋储藏过程中，如果通气状况不佳，可能会造成魔芋不能进行正常的有氧呼吸，空气不流通，也会使空气中的细菌、真菌等繁殖速率加快，不利于魔芋的保存。周扬家的研究证明，新鲜种芋储藏期间，球茎不断进行呼吸作用，如果储藏环境通风不良，氧含量不足，会使种芋无氧呼吸加强，易造成烂种。因此，储藏期间应注意通风换气，确保空气正常流通。

3. 部分化学物质

在魔芋的储藏过程中，部分化学物质可以对魔芋的休眠生理产生影响。孙远明等研究证明：用氯乙醇和硫脲处理球茎有利于顶芽萌发。其中，硫脲处理的芽长为对照的 5.8 倍；高锰酸钾和氯乙醇 0.1 毫克/升、1 毫克/升乙烯利对顶芽萌发影响不大；硫氰酸钾和 10 毫克/升乙烯利对顶芽萌发有抑制作用。各试剂对顶芽直径的影响与芽长相似，但是对球茎生根的效应有所不同：处理后的一个月内，硫脲、高锰酸钾、氯乙醇均能促进生根，其中高锰酸钾不能促进芽生长；处理后的 2 个月内，促进生根作用基本消失，硫氰酸钾和乙烯利对根的萌发有抑制效应。另外，在深休眠期，硫脲处理也有破除休眠、促进萌发生根的作用，可比对照提早萌发 2 个月；硫脲的使用浓度以 0.5%～1.5% 为适。硫酸、过氧化氢及流水冲洗对破除休眠、促进萌发有一定的作用，但效果不及硫脲，并易出现球茎腐烂现象。谢春梅、彭凤梅等的实验证明：PEG6 000、$FeSO_4 \cdot 7H_2O$、KNO_3、硫脲、α-萘乙酸等药剂对白魔芋实生种子萌发均有一定的促进作用，其中以硫脲在 25℃催芽的效果最好，1% $FeSO_4 \cdot 7H_2O$ 在 100 毫克/升浓度溶液、25℃催芽效果较佳。

（四）影响魔芋储藏的内部因素

1. 酶类

在植物体内，多酚氧化酶（PPO）和过氧化氢酶（CAT）均为保护酶，能有效清除植物因抵抗逆境产生活性氧和超氧阴离子自由基，使生物体内自由基维持在较低水平，防止其对细胞的伤害。在魔芋休眠过程中，多酚氧化酶（PPO）和过氧化氢酶（CAT）的变化呈现一定的阶段性，同时魔芋的呼吸作用也呈现一定的阶段性。由此推测，多酚氧化酶（PPO）和过氧化氢酶（CAT）可能与魔芋休眠的解除过程有关。

另外，魔芋球茎休眠的破除过程历时 $2\sim3$ 个月，凡能促进烟酰胺腺嘌呤二核苷酸（NADPH）再氧化的因子，均可能促进魔芋休眠的解除，例如，呼吸末端氧化酶抑制剂、过氧化氢酶抑制剂及能直接供给氧的制剂，皆可缩短魔芋休眠的过程，促进发芽。

2. 激素类物质

（1）细胞分裂素（CK）。指一类在植物根部产生的促进胞质分裂的物质，能够调节植物细胞的生长和发育，促进多种组织的分化和生长，与植物生长素有协同作用。天然的细胞分裂素可以分为两大类：游离态细胞分裂素和结合态细胞分裂素。6-苄基腺嘌呤（6-BA）和激动素（KT）是常见的人工合成的细胞分裂素。

孙远明等的研究表明，细胞分裂素（CK）的增加与魔芋休眠的解除具有一致性，细胞分裂素（CK）可能在魔芋球茎从休眠向萌发的转变过程中起着重要作用，而外源 CK 类 BA 和 KT 处理休眠球茎均可获得促进顶芽萌发和诱导不定芽产生的效果。其中，KT 可能是球茎萌发的启动因子，但对芽的伸长生长无促进作用。10 毫克/升、50 毫克/升的 6-BA 或 KT 不但对休眠球茎顶芽的萌发有促进作用，同时能诱导球基不定芽的形成，其中，以 50 毫克/升效果最明显。KT＋赤霉素（GA₃）处理与 KT 处理（均为 50 毫克/升）相比，萌发后的顶芽伸长生长明显加快，但不定芽旳数量没有增加；KT＋赤霉素（GA₃）处理与用 GA₃ 处理（均为 50 毫克/升）相比，顶芽膜质鳞片早 3 天左右开裂，顶芽的伸长生长略快。

（2）赤霉素（GA₃）和脱落酸（ABA）。GA₃ 和 ABA 是调节植物生长发育的重要激素。其中，GA₃ 是一种促进生长的植物激素，可促进种子萌发、基秆伸长、叶片生长、花粉管生长、花和种子发育等；ABA 是一种抑制生长的植物激素，主要是引起芽休眠、叶片脱落和抑制生长等，在种子休眠、萌发、气孔关闭、干旱、低温等非生物胁迫应答中起重要调控作用。

宋志红研究表明，赤霉素具有促进魔芋球茎萌发的作用，随着魔芋球茎内赤霉素含量的上升，球茎向休眠期结束的方向发展，当赤霉素浓度达到 100 毫克/升时，试管微球茎的发芽率最高，为 73.5%。孙远明等的研究表明，魔芋的休眠主要受控于主芽组织中所含的 ABA 和 GA_3 的比例。在球茎刚收获开始休眠时，ABA 含量与 GA_3 含量之比为 4，在深休眠期（12 月至翌年 1 月）二者之比高达 50，到 2 月下旬休眠解除时，二者之比降到 3 左右，说明内源 ABA 可维持休眠、抑制顶芽萌发，而 GA_3 作用则相反。另外，用 ABA 或 GA_3 作外源激素处理也可影响其休眠，用 5 毫克/升以上浓度 ABA 处理已解除休眠的球茎，对其顶芽萌发及生长均有明显的抑制作用，用 0.2 毫克/升以上浓度 GA_3 处理休眠球茎，对顶芽萌发生长有不同程度的促进作用。据孙远明等的研究表明，0.1 毫克/升 GA_3 处理的顶芽生长最快，而 GA_3 虽能促进芽生长，却不能促进生根。

二、魔芋主要储藏方式与管理

（一）主要储藏方式

1. 就地储藏

就地储藏是最简单的一种储藏方式，即当年不收挖球茎而留在地里越冬。该方法简单安全、投入人力物力少。若选用就地储藏，当年播种时，应合理规划种芋田和商品芋田，将较小的球茎和芋鞭与大的商品芋区分开种植，用作翌年的种芋，种芋倒苗后不用挖收，只需做好芋田中杂草、枯叶等的清洁工作，就地越冬。霜降过后，天气转冷，此时可根据不同的海拔高度选择不同的管理方式。

在海拔较低的地区，可以采用简单的培土法来进行保温保湿。清除土表的杂草，将垄沟里的土覆盖在种植魔芋的厢面上，一般培土厚度为 5 厘米以上，要求土细且疏松。通过培土后增加土壤厚度来减轻冻害对种芋的影响，利于种芋安全越冬。在海拔较高的地区，一般在倒苗清除完地表杂草及植株残体后，将土表轻轻锄松后，用其他材料进行厢面覆盖以防寒保暖，常见的有玉米秆、稻草、麦草等农作物的秸秆或干燥的树叶、松针等，覆盖厚度一般为5～8厘米。

也可以在种芋田上套种其他的冬季作物，可以起到保温增湿、调节土壤水分和防冻的作用，可以使种芋在土壤中安全越冬。可套种麦类作物、油菜、豌豆等，既充分利用土地提高了经济效益，又利于种芋安全越冬等。翌年播种时，一边挖，一边选，一边种。

翌年播种前将种芋小心挖出，晾干水汽，挑选完整无损伤、无病虫的种芋放在太阳下暴晒2～3天，以达到用紫外线杀菌消毒、促进魔芋主芽萌动、提早出苗的目的。种芋经曝晒处理后再选用药剂消毒处理，可以采用喷雾、拌种等方式，待种芋晾干后即可播种。

2. 地窖储藏

地窖应建在地势高且地下水位低、排水良好、管理方便、土质结实的地方。地窖四周要开排水沟以防水流入窖中，地窖在使用前应先用药剂或硫黄熏蒸消毒，然后封窖闷2～3天，待窖内的气味完全散尽后就可以将种芋入窖储藏。若使用旧窖进行储藏，则需先将窖壁铲去一层，熏蒸消毒后再使用。地窖的储藏量以其容积的一半为宜。

将魔芋种芋初步处理后，可以将魔芋种芋放入储藏窖中储藏。魔芋初入窖时温度高，应打开窖门通风透气，可以有效地降温排湿。随着气温的下降，应逐步关闭窖门以防止魔芋冻伤，但仍需留有通风口有利于气体交换，翌年气温回升后再逐渐打开窖门通风透气。储藏期应每隔10天检查一次窖内的温度、湿度，且及时剔除发病的种芋，并在周围撒石灰粉以防病菌扩散。

3. 室内储藏

（1）架藏储藏。储藏架用木料做成储藏框架，由下至上分若干层，每层间距为30～50厘米，最下面的一层距离地面约20厘米。储藏种芋的架床需用木条或藤条编成能够透气的网格状，且架床要能够承受较大的重量。储藏室摆放架床的数量按照其大小来进行具体的规划，每2个储藏架之间留0.5米以上的过道，方便后期的管理操作。将种芋上架储藏的过程中，一定要轻拿轻放，避免碰伤和跌落等人为损伤，在放置过程中，应从上而下进行铺放，大的种芋成排放，对于较小种芋及根状茎，可适当增加堆放厚度。魔芋种芋越冬储藏不论是窖藏还是室内储藏，都应保持通风透气，最低温度控制在 5℃以上，相对湿度 70％左右。储藏期间应慎防老鼠危害。发现病虫芋及时捡出，防止相互感染

（2）沙埋储藏。在室内干燥地板上，铺一层干净的河沙，再放一层处理过的魔芋种，层层堆放储藏。但种芋不能堆放过高，以 3～4 层为宜。储藏堆上面及四周采用稻草覆盖保温。

（3）谷壳储藏。在保温良好的室内竹楼楼板上铺一层 15～20 厘米厚谷壳，再放一层处理过的种芋，种芋堆放 3～4 层为宜，再在上面四周盖上稻草。

（4）箩筐储藏。此方法最好用于保存根状芋茎。先在箩筐内铺一层 15～20 厘米厚谷壳，再装处理过的芋种，接着一层谷壳一层芋种，直至筐满，最上层再盖一层谷壳，然后将箩筐挂在房梁或竹楼上储藏。

（5）木板楼堆藏。先在板上铺一层干稻草或其他较软的秸秆，再堆放 3～5 层种芋，其上再盖 1 层秸秆保温。该方法操作简单，有条件的农户可在种芋层间放置玉米芯，既可以增强种芋间透气性，又可以降低湿度，不利于病菌繁殖，从而提高种芋的抗病性和耐储藏性，有效地防止软腐病的发生。种芋储藏期长达 4～5 个月，在储藏期间应进行检查，发现烂芋要及时清理，一般每个月至少检查 1 次。

（6）竹笆楼堆放烟熏储藏。将处理后的种芋分层排放在农户灶房的竹笆楼上，一般不超过 5 层，利用做饭烧柴禾增加室内温度，减少湿度，且烟熏对种芋有一定的杀菌作用。长期如此，使种芋表面失水变硬，不利于病菌侵染。采用此法储藏种芋较地面堆放软腐病发病率可降低 90％左右。

4. 拱棚储藏

建棚地应选在背风向阳且管理方便的田块，若要建宽 2 米宽的拱棚，则可在四周筑宽、高 10～15 厘米的土埂，宽 1 米的厢面，拱棚的第一、二层膜的竹架长各为 180 厘米和 200 厘米，拱架平立且两层膜间的距离在 10 厘米左右为最佳，起初只需盖一层膜，随着温度的降低，逐步封闭棚膜，且覆盖第二层农膜以保温。拱棚内苗床的宽窄应以方便覆盖和后期管理作业为宜。

将挑选好的魔芋进行大小分类后进行摆放，均匀地摆放在建好的苗床

上，大种芋只摆放一层，小种芋可以摆放两层。靠近土埂的地方温度过低，不宜摆放魔芋，以免冻伤。种芋之间留有一定的间隙，用干土将缝隙填满，种芋上面再盖 8～10 厘米的干燥细土，然后插上竹架，覆盖农膜。盖膜后如果温度偏高，则应先敞开两端透气降温；如若湿度过高，应在晴天进行通风除湿。

5. 室外储藏

（1）土坑储藏法。选择避风向阳、土壤干燥的地方挖坑，一般坑深100～150 厘米，长、宽依储种量而定，先在坑底及四周坑壁处铺放 10～15 厘米厚的干稻草，避免种芋与窖底或窖壁接触，然后放入种芋，按一层种芋一层草摆放，厚度 6～8 层，之后在种芋上覆盖一层稻草，再在稻草上覆盖 15～25 厘米厚的土。最后在坑四周开挖围沟，以防雨水流进坑中。

（2）室外堆藏。在冬季无冻害的地方，选地势干燥、土壤疏松、排水流畅、背风向阳的地方，先在地面垫玉米或高粱秆，摆放种芋一层，撒上疏松干燥泥土掩盖，再放一层种芋，如此重复堆放几层，最后撒上疏松干土后，用薄膜封严保温，周围挖排水沟使降水畅流，晴天敞开薄膜通气，雨天盖严薄膜防进水。春暖后，加强通风换气。

（二）储藏管理

种芋的储藏管理也是至关重要的，储藏好坏会直接影响到翌年的生产规模和经济效益，影响魔芋安全储藏的因素有很多，魔芋的储藏期为 4～5 个月，在此期间，应对储藏环境的温度、湿度、通风状况等重要的影响因素进行定期的检查，以防止烂种、病害的发生。

1. 储藏前期

在此阶段，种芋的呼吸作用非常旺盛，球茎会释放大量的热，水分蒸发量也很大，所以易形成高温高湿的环境，会导致软腐病的发生。应加强通风换气，散热排湿，温度稳定在 7～12℃，湿度控制在 75% 左右，随时检查并及时剔除腐烂的球茎，并用氯溴异氰尿酸喷雾防止蔓延。

2. 储藏中期

种芋处于深度休眠状态，球茎的呼吸蒸腾作用弱，此时对环境十分敏感，容易发生冻害，应及时采取保温措施，保持温度不低于 5℃，湿度控制在 65% 左右为宜。

3. 储藏后期

气温逐渐回升，但冷暖多变，球茎的休眠已开始解除，在此阶段温度宜控制在 10℃ 左右、相对湿度在 80% 左右，这种环境既可以起到一定的催芽效果，又可以防止"老化芽"的形成。同时应继续加强检查，剔除腐烂变质的球茎，周围撒石灰。储藏期要根据环境需求进行通风透气，种芋怕湿怕闷，应注意每天适当开窗通风透气；若外界气温低时，应在晴天气温相对高时进行通风透气，每周进行 1～2 次；若遇极寒的天气，则通风透气的时间应相应缩短，通风后迅速在室内生火保暖。

第四节 包装运输

一、包装运输材料选择

在生产中，很多人忽略了包装运输材料的选择，往往也会导致种植失败。贵州近十余年来很多地方发展魔芋产业失败，除没有选好种芋以外的一个重要的原因就是包装运输材料选择不当。为降低生产风险，从 2016 年开始，贵州省生物技术研究所丁海兵就提出"凡是网袋装运的魔芋都不是种芋"的"一刀切标准"，在 2018 年提出了"种芋全程筐装运输"的要求，极大地推动了贵州魔芋产业的发展。

长期以来，贵州基本上都是从云南引种种植，绝大部分是用网袋包装进行运输，在长距离装运过程中，对种芋造成极大损伤，导致种植成功率极低。因此，贵州省生物技术研究所科研人员对"种芋全程筐装运输"进行深入研究，又提出"300 千米以上运输距离用全新筐装运，100～300 千米运输距离用 8 成新筐装运，100 千米以内运输距离只要途中筐子不坏即可"的细化指标，这个技术指标的提出对生产上有重大影响。10 年前，贵州魔芋外地引种种植成功率在 20%～30%，到 2022 年贵州省魔芋引种种植成功率大概在 50%～60%，严格按照上述技术方案进行落实的经营主体，种植成功率可达 80% 以上，这与选用的包装材质密切相关。

二、运输注意事项

魔芋表皮极薄，一旦种芋表皮破损或种芋受到物理损伤，就容易受到病菌侵染，其球茎本身就是一个"培养基"，一旦病菌侵入就容易造成病害爆发。运输过程是极易导致种芋损伤的重要环节，运输过程中应根据魔芋的生物学特性，尽量满足其在运输过程中所需要的条件以减少损失。

魔芋球茎含水量高，属于鲜嫩易腐产品，如果装卸粗放，产品极易受伤，导致腐烂，这是目前运输中存在的普遍问题，也是引起魔芋挖采后损失的一个主要原因。运输过程要轻搬细运，防止魔芋损伤，有条件的应实现装卸工作自动化，既可减小劳动强度，又可保证质量以及缩短装卸时间。

在运输前，要做好准备，让种植基地先做好土地耕整工作，起运前查看天气预报，避免凝冻霜冻天气运输，运输车辆要有篷布或者集装箱等能够避雨避寒装备，种芋运到后立即进行种植，尽量在 5 天以内将种芋种完。如由于劳动力不足，不能在短期播种完，种芋运到后要找空旷、干爽的仓库进行储存，将种芋入库存放，堆放高度不要超过 5 个筐子高，以利通风透气和进行管理。

第九章　贵州魔芋加工及综合利用

第一节　贵州魔芋加工产业发展现状

中国是最早将魔芋用于食品和医药的国家。中国魔芋传统做法是制作成魔芋豆腐食用，制作方式比较传统粗放。长期以来，由于魔芋储藏技术未能得到突破以及加工技术研究不深入，魔芋来源以野生采集为主，直到18世纪中叶至19世纪中叶，日本Mito氏发明了分离魔芋精粉的方法，才促进了魔芋加工业的快速发展。

在全球范围内，日本对魔芋的研发与应用处于领先地位。20世纪30年代，日本开始对魔芋进行研究，并设立专门的研究机构，到20世纪60年代，日本就允许魔芋用作食品添加剂。日本长期研究的结果表明：魔芋可以防治肠癌、食管癌、肺癌、脑瘤等疾病，是一种理想的减肥保健食品和抗癌食品。魔芋精粉被称为"东方魔粉"，广泛用于医药、化工、食品等多个行业。目前，日本是全球魔芋消费第一大国，人均魔芋产品年消费金额换算为人民币达70元，而中国人均魔芋产品年消费金额仅为7.6元，还有巨大的潜力可挖掘。

中国在魔芋研究方面起步较晚，20世纪80年代自主研发的第一台魔芋精粉机（MJJO-I型）投产，开启了魔芋加工序幕。最初，国内生产的魔芋精粉主要外销日本，20世纪90年代日本魔芋种植规模逐渐扩大，加之国内市场价格增加和亚洲金融危机的影响，外销受阻。21世纪初，中国魔芋产业从挫折中吸取教训，从单一的外销模式逐渐转换为内外消费兼顾，开发了一批符合中国人口味的休闲食品、素食产品，近几年，魔芋逐步转为以国内消费为主，外销为辅的产业格局。

目前，我国有魔芋精粉加工企业数百家，主要分布在西南地区，有魔芋制品加工企业上千家，分布全国各地。魔芋产业的发展跟产品研发息息相关，魔芋豆腐是最传统的魔芋食品，随着人们生活水平的提高及产品研发力量的增强，市场上出现了品种繁多的魔芋制品，如魔芋丝结、魔芋糕、魔芋饮料、魔芋果冻、魔芋丸子、魔芋代餐粉、魔芋仿生食品、雪魔芋、魔芋减肥颗粒等，特别是以"魔芋爽"为代表的休闲食品，凭借良好的口感成为后起之秀，拉动了国内魔芋精粉的销量。魔芋产品除了在国内销售，也出口到日本、美国、澳大利亚、韩国、欧盟、加拿大等地，其中日本需求量最多。2022 年，中国年产魔芋精粉 2 万吨左右，约占全球的 60%，是魔芋精粉第一大生产国，每年出口魔芋凝胶食品约 5 万吨，占全球魔芋食品的绝大份额。

　　贵州是全国魔芋种植主产区之一，毕节-六盘水-兴义一带是贵州魔芋种植的核心区，2022 年全省魔芋种植面积 30.20 万亩，其中，毕节市、威宁县分别为 15.36 万亩、8.95 万亩，分别占全省种植面积的 50.86%、29.64%，是带动全省产业发展的发动机。目前，贵州魔芋加工业以产地初加工为主，主要从事魔芋干片、精粉加工及深加工企业不多，普遍存在科技研发力度不够、企业产能较小、工艺水平和自动化程度低、设备陈旧、市场竞争力不足，未形成强劲影响力和品牌效应等问题。

　　贵州魔芋初加工产品主要为魔芋片，传统芋片或芋角的干制主要通过自然晒干或烤烟房、自用房烤干，这些干制方法普遍存在效率低、产品色泽差、质量不稳定、硫含量超标等问题，一般用于自制魔芋豆腐零售。如今，魔芋的烘干技术已经较为稳定，在提高生产效率的同时，还可以保证生产出的魔芋精粉产品色泽好、质量稳定、品质优。

　　魔芋精粉加工主要包括干法加工和湿法加工两个大类：①干法加工是以干魔芋片为原料，通过粉碎、研磨、分筛等工序加工精粉的方法，质量好坏取决于魔芋干片质量优劣，目前，全国主要应用的技术就是干法加工，生产的精粉主要应用在食品加工领域；②湿法加工是以鲜魔芋球茎为原料，通过粉碎、研磨、分离、脱水、干燥、干研磨、分筛等工序加工精粉，湿法加工比干法加工技术先进，但成本高于干法加工。目前，贵州纳雍黔芦笙食品有限责任公司研制出了湿法加工的工艺，并在纳雍县新房乡建设了加工厂 1 个，3 条生产线可日加工鲜魔芋 150 吨，技术工艺全国领先。近年来，在科研机构和加工设备企业的共同努力下，研制出将魔芋精粉进一步粉碎成粒度≤125 微米的魔芋微粉加工设备，生产的魔芋微粉具有溶胀速度快、透明度高、黏度高等特点，是魔芋精粉应用到日化、环保、印染、医药等领域的重要产品。

目前，贵州魔芋食品以小作坊或小微企业加工的魔芋豆腐、魔芋粉丝、魔芋面条、魔芋素毛肚、雪魔芋等预制品为主；魔芋辣条、魔芋饮料、魔芋果冻、魔芋软糖、魔芋酸奶等即食休闲产品，魔芋代餐粉、魔芋减肥产品、魔芋降血糖降血脂等保健品生产企业少；魔芋面膜、面霜、洗发水、护发素、消毒纸巾、包埋材料、保鲜剂、粘胶剂、防尘剂等日用、化工产品更是鲜有生产，深加工规模化企业不多。

贵州魔芋种植面积排全国第四，产量居全国前列，但深加工产品及其制品的加工力度远远不够，还有很大的提升空间，自动化、多元化、精细化、高附加值化将是贵州魔芋产业发展的方向。应加大科研投入和政策支持，加强宣传，让更多人认识到魔芋膳食纤维的益处，改变传统魔芋产品的消费习惯，拓展国内市场，推动产业的可持续发展。

第二节　魔芋烘干

新鲜魔芋球茎含水量一般在 80％左右，由于品种、产地、采收季节等不同，其含水量有一定差异，包括后期的收购、运输等过程中因摩擦、碰撞、转运等遭受损伤都会影响出粉率。魔芋受损后极易引起病菌侵入造成腐烂变质，不利于储藏、加工及运输，在尽可能保证魔芋块茎品质的同时通过干燥去除物料中的自由水，使其含水率降至 12％以下，有利于长期储藏并降低运输成本，延长产品加工时间和产业链，可以满足不同时间产品的供应需求，减少对魔芋生产周期的依赖。魔芋粗加工产品质量的优劣将影响到下游产品质量，因此，对魔芋的烘干方式加以选择，控制好魔芋干的加工品质，是提高魔芋资源利用率，生产优质产品的基础。

一、魔芋干燥的原理与条件

鲜魔芋中富含葡甘聚糖，一种高分子量的非离子型多糖，亲水性极强，使得球茎中的水分很难在短时间内排出，导致脱水困难、耗能多。因此，在干燥脱水过程中如果升温过快或者温度过高，都容易导致芋角、芋片出现干燥不均衡的情况，出现外干内湿状态，进而变质为黑心块。

魔芋球茎中含有大量的多酚类物质以及多酚氧化酶，切块后干燥过程中极易因接触空气以及在多酚氧化酶作用下发生不可逆酶促褐变现象，同时，球茎中还含有游离氨基酸、还原糖、蛋白质等，使魔芋发生非酶促褐变现象，在干燥过程中两种褐变都会产生，褐变速度快且不可逆，使芋角、芋片等变为褐色、深褐色或黑色。

干燥目的是脱出水分，鲜魔芋中所含水分根据水与非水物质之间相互作用（分子间作用力）强度的大小可分为自由水和结合水。

自由水又称游离水或机械结合水，是指与非水物质作用强度很低，没有被非水物质束缚的水。这种水的性质与纯水的性质类似，它的蒸气压与纯水接近、分子运动自由且平均运动动能与纯水中的水分子相当，主要包括毛细管中的水分和附着在魔芋表面的水分，流动性大，在干燥过程中这类水先于结合水被除去，而在复水过程中被最后吸入。

结合水又称为束缚水或固定水，是指与非水物质发生强作用而被非水物质牢固束缚的水。这种水的性质与纯水的性质相去甚远，它的蒸气压远低于纯水，并可进一步分为吸附结合水、结构结合水和化学结合水。

吸附结合水是指吸附在物料胶体微粒内外表面力场范围的水分。其中，与胶体微粒结合的第一层水分子吸附得最牢固，随着水分子层数的增加，其吸附力将会逐渐减弱。在干燥过程中，要消耗大量热量才有可能将它们除掉。

结构结合水是指胶体溶液凝结成胶体微粒时，以胶体微粒为骨干形成体内保留的水分，称为胶体结合水。另外，在多孔物质体内溶液的浓度较它表面外围高时，在渗透作用下保持的水分，称为渗透结合水，这两种结合水都称为结构结合水。

化学结合水是指按定量比牢固地与物质结合的水分。由于化学结合水是最稳定的结合水，只有通过化学方法才能除掉，因而在一般的干燥过程中并不能将其除掉。

在魔芋干燥过程中主要是除去自由水和部分结合水，干燥过程主要分为两个阶段：①等速干燥阶段。干燥前期物料表面首先吸热，物料温度上升，干燥曲线几乎呈直线，此时主要是表面水分子得以蒸发，即外扩散作用，但物料水分变化很少且过程短，物料短暂升温后保持温度不变，由于物料表面水分迅速蒸发，导致物料内外部水分含量形成梯度差，内部水分含量高于外部，内部水分不断向外表迁移从表面蒸发，即内扩散作用，此阶段干燥速率为定值。②降速干燥阶段。在此阶段，物料内部深处的水分迁移速率比表面水分蒸发慢，导致干燥进入降速阶段，直至物料达到平衡水分，物料温度等于环境温度为止。干燥过程中的影响因素主要有干燥介质的温度与湿度、空气流速与方向、切片厚度等。

二、魔芋干加工工艺与操作要点

（一）魔芋干加工工艺流程

鲜魔芋球茎清洗→除去芽眼、根→去皮、切片（切块、切条）→护色→干燥→检验→包装→成品。

（二）操作要点

1. 清洗去皮

有人工去皮、机械去皮和化学去皮3种方法，传统的方法主要是手工刮削、人工清洗，除杂干净但耗损率高、效率低、劳动强度大，鲜芋表皮含有的生物碱，对皮肤有刺激作用，尽量减少直接接触。目前生产中主要采用机械清洗去皮，但由于鲜芋形状不规则，反复滚动淋洗会导致部分葡甘聚糖溶出，损失率高，有时可达15％以上。化学去皮是将鲜魔芋球茎放入一定浓度的氢氧化钠溶液中浸泡一段时间后取出，用水冲洗即可除去外皮。

2. 去除芽眼、顶芽

芽眼清理、顶芽去除还需人工操作，否则容易造成产品中出现黑点，影响品质。

3. 切片

为便于干燥，一般切成5～10毫米厚的片状。常见切片机主要有离心式切片机、往复式切片机。

4. 护色

魔芋块茎中含有多酚类物质、多酚氧化酶、游离氨基酸、还原糖等，在切块后与氧气接触，容易发生色泽变化，切片后需立刻进行护色处理。生产中常在热风干燥时加二氧化硫熏白（熏硫）来护色，但存在含硫量超标的安全隐患，需要控制二氧化硫用量。

5. 干燥

分为自然干燥和机械干燥。自然干燥是利用太阳热能和风进行干燥，不需特殊设备，生产成本低，但受天气条件影响大，干燥过程缓慢，品质难把控。机械干燥可不受天气条件限制，能大大缩短干燥时间，实际生产中干燥设备大致可以分为以下几类：①按操作压力分，有常压式和减压式干燥设备两类。②按操作方式分，有连续式和间歇式干燥设备两类。③按干燥介质分，有以空气、过热蒸汽、惰性气体为干燥介质的干燥设备。④按传热方式分，有对流传热、传导传热、辐射传热、多种组合方式传热干燥设备。

三、主要干燥方式及设备

（一）传统干燥

1. 自然干燥

自然干燥是指在自然环境下利用太阳能、风能等自然条件对魔芋进行脱水干燥，通常分为晒干和阴干两种方式。传统的魔芋干燥方式多采用自然晒干法，容易受天气制约，魔芋脱水速度慢，干燥时间长，微生物易繁殖，对魔芋干片的质量影响非常大，干制后的芋片、芋角易返潮变质甚至霉烂腐败。

2. 传统土法烘烤

（1）炉灶烘烤法。在农村大多利用现成炉灶来烘烤芋片。在灶台上架上铁架或用砖砌架，在铁架或砖上放置竹篾垫或者木条框若干层。灶内烧木炭、无烟煤或焦煤，要求火力均匀，使灶内四周温度一致。将切好的芋片均匀排放在竹篾垫上，切勿堆叠粘连，以免影响受热均匀度。烘烤时，先升温至80℃左右，持续30～50分钟，待烘烤至芋片表面开始收缩时（不黏手为宜），轻轻地翻面；当两面都开始收缩时，将烘烤温度降至 50～60℃，烘至七成干，然后将温度降至 30～40℃，用微火烘至芋片含水量降到 12% 以下。烘干过程中为提高芋片质量，要严格控制温度的变化，即以高温-中温-低温为控温梯度，此烘干方式干燥时间长、劳动强度大，易出现干燥不均匀、色泽差、褐变多、含硫超标等问题。

（2）烤房烘烤法。烤房作为常用的烘干设施，形式多样、结构多变，可用于多种农产品的干制，与炉灶烘烤法相比可避免柴、煤等燃烧物的灰烬粉尘影响芋片、芋角的质量。烤房的基本结构主要由烤房主体、通风设备、物料装载设备、加温设备等几个关键部分组成。

过去将烤烟房略加改进后烘烤魔芋干片，使烤烟房得以一房两用，提高了资源利用率。烘烤时，首先将烤房温度升至 80℃ 左右，维持温度 20～25 分钟后，并通风排湿；当温度下降至 60℃ 左右时，持温 10 小时左右，前 5 小时将门窗外缝封严关闭，后 5 小时逐渐通风排湿，查看下层芋片是否失水、不黏手；若已失水、不黏手，温度可降至 50℃，持续 12～15 小时，前 6 小时继续排湿，后 5～6 小时逐步烘干。当下层芋片有七成干时，将上层与下层互换位置。当上下干湿度基本一致时，温度可降至 30℃ 左右，持温 8 小时左右，直至全干。当干芋片含水量降至 12% 以下时，将门窗完全打开，放置 1 天后收集芋片分级包装。

目前，西北农业大学食品科学系研制了两种烘房且在生产中得到推广应用，介绍如下。

一是一炉一囱回火升温式烘房。由泥土、砖石、杂木料等建成，适宜农户使用。有两种形式：一种是在烘房一边设一个炉膛，烟火沿火道绕烘房一周，再回至设置炉膛的另一边，由烟囱排出；另一种是将炉膛设在烘房中间，烟火沿主火道进入另一边后，再从两侧的边墙回至设炉膛，由烟囱排出。

二是两炉一囱回火升温式烘房。土木结构，呈长方形箱式形状。烘房的前、后墙用砖砌成，两边侧墙用土坯砌成，房顶为"人"字形屋脊或平顶。加温结构包括烧火坑、火门、灰门、炉膛、主火道烟囱等 6 个部分。烧火坑位于地面以下，灰门下宽上窄、长度随炉膛而定。炉膛 2 个，分设于烘房墙两侧，皆设烟囱。主火道位于烘房内近地面的两侧，由炉膛开始延伸至烘房另一端与墙火道连接。主火道内用土坯相互交错砌成雁翅形。主火道内的分火口处，用土坯斜立成"Λ"形，使炉内烟火进入主火道后分道绕行。主火道内土坯排好后，从距炉膛约 3 米处起直到前端山墙处，用细干土垫成缓坡，以利于烟火顺利地从主火道中进入墙火道，由后山墙中间的总烟囱中排出。

在烘房内东、西两边的侧墙上，距主火道高 10 米处，每边各设 5 个进气窗。烘房顶部中线处，安置 2～3 个排气筒。排气筒底部设开关闸板，上设遮雨帽。主火道上设烤架 8 层，烤架和烤盘可用木制或竹制，烤盘底部要有方格条状空隙，便于透过热空气。

（二）机械化干燥

随着魔芋种植面积的不断扩大，我国魔芋加工业也在不断发展，干燥技术也从最初的土法烘烤发展到以机械烘干为主。目前，魔芋行业主要采用的干燥设备分有隧道式干燥、网带式干燥、振动流化床、快速干燥这四大类。根据能源又可分为传统能源干燥与新能源干燥，空气能干燥作为新能源干燥的一种，能有效提升烘干效率，因而逐渐被应用起来。

1. 隧道式干燥设备

这种设备有较长的通道，被干燥物料在干燥室中沿通道前行，并且只经过通道一次；被干燥物料加、卸料在通道两端，通道长度取决于物料干燥所需的时间、干燥介质流速等。一般长 20～50 米，通道常用砖或带有绝热层的金属材料构成，并采用保温绝热措施。干燥过程中干燥介质（多指空气）经气道送入，再由位于干燥底部或顶部的气道抽出，干燥有自然循环、一次或多次循环以及中间加热和多段再循环等操作方法。通道宽度主要取决于洞顶所容许的跨度，通常宽不超过 3.5 米。工作时将鲜芋片均匀铺在传送带、架子等上面或自由地堆列在运输设备上，由机械驱动进入，也可于通道内铺设铁轨，用小车装载物料后在铁轨上由入口端缓慢移动至出口端，即可完成干燥过程。

根据芋片和热空气运行方向，可将这种干燥设备分为以下 3 种形式：

（1）并流式干燥。鲜芋片运行的方向与热空气方向一致，从同一端进入隧道，而后从另一端出隧道。芋片初入隧道时，在高温、低湿的热空气作用下，水分蒸发很快，热空气温度迅速下降而湿度增加，致使在隧道后段的干燥效率明显下降，干燥时间延长。

（2）逆流式干燥。鲜芋片运行的方向与热空气流动方向相反，鲜芋片从热空气出口端进入隧道，先接触低温高湿的热空气，而在出口端遇到高温低湿的热空气。这种方式如果操作不当，可能会使芋片温度过高而影响品质。

（3）混流干燥（又称混合式干燥）。混流干燥综合了并、逆流的优点，在干燥过程中可以灵活地控制干燥条件。通常将隧道分成两段，第一段为并流式，干燥速率大，对应物料的恒速干燥阶段；第二阶段为逆流式，可满足物料的最终干燥要求，对应物料降速干燥阶段。热空气分别从两端进入隧道吹向中间，热风除了沿纵向流动外，也有横向水平流过物料表面的，通过芋片后湿热空气从中部集中排出。芋片从并流段隧道进入，高温、低湿的热空气使鲜芋片水分蒸发较快，待水分大部蒸发后，就进入逆流段隧道，高温低湿的热空气能保持较高的干燥速率，易达到要求含水量，保证产品品质。

干燥过程中隧道式干燥设备的门必须严密，门可根据洞口的大小设计成双扉式、旁推式或升降式。进料和卸料方式为半连续式，即当一车湿料从洞道的一端进入时，需要从另一端卸出一车干料。

隧道式干燥机结构多样，设备制造比较容易，操作简便，适用范围广，适用于连续长时间干燥物料，干燥产品质量好，多用于大批量的干燥中，但装卸物料主要由人工操作，进、出料时隧道门开闭次数较多，影响生产效率。

2. 振动流化干燥

在这种干燥设备中，依靠机体两侧的振动电机产生向上、向前的激振力，使由给料设备送入料斗的物料沿水平料床跳跃前进，热空气由下部通入料床层孔板上的若干孔眼穿过物料层，在热气流和电机振动力的双重作用下，物料呈现漂浮状态，与热空气得到均匀接触，通过调整振动参数可以改变物料在机内的停留时间，在干燥的同时达到钝化护色目的，干燥过程可持续进行。

振动流化干燥过程中，物料悬浮于热空气中，与热空气接触面积大、干燥速率快、热效率高，干燥均匀、时间短，能很好地减少干燥过程中葡甘聚糖的损失，提高精粉黏度。可利用振动流化干燥机中的分风隔板将温区分割成几段，在前段温区中通入含有二氧化硫气体的热风，对鲜芋片进行褐变钝化处理，达到钝化护色目的。而后进入后段温区干燥，大量水分都在此阶段被迅速蒸发排走。最后进入调速网带机进行后续 $60 \sim 90℃$ 大风量连续干燥，该技术生产的产品质量稳定、品质均一。

在实际的芋片干燥过程中，振动流化干燥机既可单机与单机串联或并联单独进行干燥作业，也常与其他干燥设备配合使用，如网带干燥设备，进行连续干燥作业。

3. 网带式干燥

网带式干燥设备是带式干燥机的一种，是大批量连续式干燥设备，网带式干燥机按带的层数分，有单层式、多层式和复合式；按干燥阶段分，有单段式和多段式。热空气通入机内，上下穿过芋片层进行干燥，称为穿流式干燥。热空气在芋片层上方水平流动进行干燥，称为水平气流式干燥。网带可让气流以穿流的方式干燥，热空气由下而上（或由上而下）穿过网带和芋片，与芋片充分接触，因而热效率高。

这种干燥设备由一长方形箱体，多用金属构件组成，外部设有保温层。箱体大小会直接影响生产率，箱体内装有 $3 \sim 7$ 层金属网带，金属网带一般用直径 1 毫米的不锈钢丝或镀锌钢丝编织而成，各层网带分别跨绕于两个滚筒上，在驱动滚筒的带动下沿水平方向运行，相邻层网带的运行方向相反，两端错开。经往复式切片机切下的芋片首先投入顶层网带入口端，均匀铺在网上，并随着网缓慢移动，当运行到网带的末端后，均匀撒落在第二层上。与此类似，第二层网带上的芋片又撒落到第三层网带上，逐层往下撒落，经最下层网带到箱体物料出口排出已完成干燥的芋片，干燥过程中每块芋片都经过干燥空间的不同部位，干燥时间基本相同，芋片均一性高。

网带式干燥机可以实现连续生产，自动化程度较高，操作灵活，有较广的工艺适应性，是芋片干燥的好机型，主要的网带式干燥机有：

（1）MGF8 型魔芋干片加工设备。该设备是四川省农业机械研究设计院在消化吸收日本魔芋干片加工成套设备的基础上研制而成，由清洗去皮机、提升机、往复式切片机、不锈钢网带干燥机、出片机、热风炉、SO_2发生炉、除尘器、风机、风管及电控柜等组成。该设备中碎渣率低，往复式切片机安装于干燥机的顶部，切出的魔芋片迅速掉入干燥机内进行干燥，热风风温能实现自动恒温控制。该设备可根据不同物料的工艺要求组合设定其参数，24小时可处理8～10吨鲜魔芋。

（2）YN-MY系列魔芋片网带式干燥机。YN-MY10（20、30、35、50、60）系列魔芋片网带式干燥机由四川耀农机电科技有限公司消化吸收日本同类技术及设备后研发与推广应用，受到了用户的普遍认可，并出口泰国、缅甸、老挝等东南亚国家（表9-1）。

表9-1　YN-MY系列魔芋片网带式干燥机参数表

型号	YN-MY10	YN-MY20	YN-MY30	YN-MY35	YN-MY50	YN-MY60
日加工鲜芋，干片（吨）	≥10，1.4	≥20，2.1	≥30，3.1	≥35，4.9	≥5，7.0	≥6，8.4
网带净干燥面积（层数；立方米）	3；56	5；123	5；56	7；279	7；305	7；355
装机容量（千瓦）	≤60	≤85	≤110	≤160	≤185	≤200
煤耗*（吨/吨干片）		≤1.2			≤1.0	
配套热风炉	手烧燃煤间接换热、机烧燃煤间接换热、生物质颗粒燃料间接换热、天然气直火、木炭直火、甲醇直火、空气源热泵、电热等					
配套单机	浸泡机、清洗去皮机、提升输送机、切片机、干燥机、热风炉、SO_2发生器、电控柜、烟气除尘器及烟气脱硫设备等					

注：*为煤热值≥6 000千焦/千克。

该系列魔芋片网带式干燥机根据魔芋片干燥时易卷曲变形的特点，干燥机由上到下逐层网速变慢，芋片在低温区逐层堆厚的铺放形式，采用大量热风循环利用，增加干燥机内的风速风量及干燥强度，提高了干燥机的热利用率，低温大风量干燥确保了芋片品质。

4. 闪蒸干燥设备

快速干燥中主要是利用闪蒸干燥设备将鲜芋片在被粉碎的同时进行干

燥直接成粉，闪蒸干燥设备是一种具有旋转粉碎传动装置的竖式流化床干燥设备，主要由控制系统、进排风系统、加料系统、加热系统、干燥主机、收料除尘系统等组合而成，利用前部的粉碎硫化段、中部干燥段和后部的等级分类段实现从鲜芋片到干粉的加工过程。

闪蒸干燥设备中，热气由入口管从干燥设备底端进到搅拌粉碎干燥室，鲜魔芋经切片处理后，由螺旋进料机送入粉碎干燥室，与热气充分混合后沿干燥器轴螺旋形上升，在轴向热风与切向旋转热风的共同作用下对鲜芋片产生明显的剪切、吹浮、旋转作用，完成鲜魔芋初始干燥，干燥合格的物料被气流从干燥机上部出口带出，经收集后得到初始干燥的魔芋粉；颗粒较大或湿度较高的芋片回落到干燥室下部，继续进一步干燥，直至被气流带出。完成初始干燥的魔芋粉再进入多级干燥、分离、冷却，输送至分离设备来进行气固两相流分离出来，最终干燥为魔芋全粉。闪蒸干燥设备集粉碎、干燥、等级分类于一体，干燥时间短、鲜芋处理量大，操作简单，但存在魔芋粉色泽较差、均一性弱等缺点。

5. 空气能干燥设备

能耗是魔芋烘干设备的重要指标，由于鲜魔芋含水量高，切片后暴露空气中极易氧化褐变，传统烘干机械不具备除湿功能，一般 6～6.5 千克鲜芋才能加工出 1 千克干片，导致能耗成本居高不下，同时，传统烘干机械因结构设计缺陷，在烘干过程中干燥和定色不均，普遍需加硫辅助，不利于魔芋产业发展。

2021 年，全国第一台空气能加工生产线在贵州研制成功，并进行了安装。3 月开始，佛山市雄贵冷热节能设备有限公司、东莞市诺科环保科技有限公司就组织技术骨干到兴义、威宁等魔芋种植产区进行调研，了解魔芋烘干加工工艺及生产中存在的技术难题，并联合省农科院生物技术（食品加工）研究所进行研制，按照贵州魔芋专家丁海兵的思路，进行分段设计分区烘干，大幅降低了生产设备成本，有效提升了烘干效率。经大量设计、论证、修改、试制，于 2022 年 1 月在黔西南州兴义市安装了一条日加工 15 吨鲜魔芋的空气能烘干生产线，通过生产测试和对比，大家一致认为该空气能烘干生产线达到了设计目标（表 9‑2）。

表 9-2　空气能烘干与传统能源烘干数据对比

热源类型	能耗用量（每吨干片）	热介质单价	能耗成本（每吨干片）	产线人工（每班次）	污染排放类型	安全性能
生物颗粒	1.6 吨	1 000～1 200 元	1 600～1 720 元	5 人	碳排放，其他氧化物排放，燃料废渣	较低
天然气	650 立方米	4～5 元	2 600～3 250 元	5 人	碳排放	较低
空气能热泵	2 900 千瓦时	0.5 元	1 450 元	3 人	无排放	高

说明：1. 物料含水量大，能耗相对就多，含水量小，能耗相对就少；2. 气温越高，能耗相对少，气温低，能耗相对多；3. 热介质燃料成本随市场变化，该能耗成本为 2022 年 1 月当地数据。

四、魔芋机械化干燥的前景

随着魔芋产业的不断发展壮大，魔芋精深加工产品不断研发，魔芋加工前景广阔，但就目前从魔芋加工的广度和深度来看，中国魔芋产量与广阔的国内国际市场相比还存在着较大的差距，以原料出口或粗加工魔芋产品为主，精深、高端加工产品仍留有大片空白区域，因此对加工机械也提出了更高要求。未来的机械化加工中，首先要确保机械设备所加工的产品更加安全与优质。其次节能化、成套化是发展方向。再次信息化、智能化的加工机械设备也是今后加工机械发展的方向。机器替人、机器换人才能更好地实现解放劳动生产力，未来食品机械行业将会更加注重智能化、自动化的提升，并朝着更高端的信息一体化方向发展。

第三节　魔芋精粉加工

一、加工原理与工艺

鲜魔芋含水量在 80% 以上，皮薄肉脆，极易腐烂，不适宜长期储藏和运输，且鲜魔芋中含生物碱、三甲胺等物质，有腥臭气味，所以必须先将魔芋加工成魔芋精粉，才便于进一步加工、包装、运输和销售。

（一）加工原理

魔芋球茎是魔芋精粉的加工原料，但与绝大多数薯芋类植物不同，一般薯芋类植物主要利用的是储藏淀粉的普通细胞，魔芋主要利用的是一种异细胞，其主要成分是葡甘聚糖。魔芋异细胞与普通细胞在形态和结构上差异较大：普通淀粉细胞小（直径约 0.004 毫米）而脆，易破碎，不溶于冷水，细胞遇碘显蓝色；魔芋异细胞体积大，一般直径在 0.15～0.45 毫米，内含一个完整的葡甘聚糖颗粒，细胞的韧性强、硬度大，不易破碎，极易溶于水，粒度、密度和沉降速度均较淀粉细胞大，异细胞周围被普通淀粉细胞及其纤维素等紧密包裹，很难将它们分离。魔芋精粉加工的目的是将葡甘聚糖与淀粉、纤维素等物质分离，分离得越彻底精粉纯度就越高，质量就越好。

（二）加工工艺

魔芋精粉的加工主要有干法和湿法两类，其加工工艺如下：

1. 干法加工工艺

干法加工技术是最早的魔芋精粉加工技术，也是国内外普遍使用的技术，该技术能够较好地保持异细胞的完整性和精粉黏度的稳定性，是国内外精粉生产企业的主要技术。其主要工艺环节和相关原理如下：

（1）魔芋干片（角）加工技术。工艺流程：选料→清洗→表面干燥→去皮、清理芽眼→切片（角）→护色→烘干→检验→包装→储藏。操作要点：将鲜魔芋球茎清洗后去皮、切分，然后烘干成魔芋片、角、条，外观呈白色或者乳白色，允许少量黄边黑心。

（2）魔芋精粉加工技术。工艺流程：分选→粉碎研磨→分离→筛分→检验→成品包装→储藏。操作要点：

干片（角）分选。干魔芋片（角）进机前要按严格的标准开包分选，分好等级，杜绝其他异物进机器，未干、变质的芋片（角）不能进机加工。

粉碎研磨。为保证精粉纯度，每次进机魔芋干片（角）重量一致，而且同级、同批、同档次原料粉碎研磨时间要相等。

分离。引风前要调整风门开口度大小适宜，引风箱自身风压、风量是一定的，风门开口调小，风压增大，重量较小的精粉容易被高速引风吸走，风门开口调大，风压就小，精粉中的灰粉等杂物不容易分离完全。

筛分。为了使精粉在筛分网振动过程中进行充分筛分，应掌握好往复式筛分机倾角或三维圆筛机两偏心锤间夹角，调整至能够获得高品质精粉的最佳状态。

检验。对不同批次、不同等级的精粉按相关标准进行色泽、含水量、黏度等的检测。

成品包装。一般要求两层以上包装。内层用厚塑料袋（无毒型），外层用编织袋或小麻袋。每袋重量按用户要求进行定量包装，封口时贴上标签。包装好的产品分级堆放储藏，要求库房干燥、通风。

微细精粉加工工艺流程：魔芋精粉→研磨（细化）→筛分→包装。

操作要点：微细精粉（＞180目）用途较广，其特点是膨化时间更短，遇水即溶，是生产速溶饮料的原料及食品添加剂。魔芋精粉是坚硬带韧性的卵形晶体，在研磨过程中要控制升温，不能超过微粉自身糊（熟）化温度，以保证质量，使其不变性、变劣。

2. 湿法加工工艺

湿法加工工艺是根据异细胞与普通细胞的韧性、硬度、颗粒大小等物理特性差异，通过粉碎、研磨、风选等工艺，实现魔芋精粉与其他杂质分离的加工工艺。湿法加工魔芋用液体介质进行处理。一般来说，水是最廉价的液体加工介质，但因 KGM 遇水极易溶胀，所以需要既能抑制 KGM 溶胀，又不改变 KGM 性质的液体介质，即阻溶剂。在阻溶剂存在时，葡甘聚糖异细胞受到机械设备剪切、冲击、挤压等作用时，不易破碎；而普通细胞很快被粉碎为众多的细小颗粒。随着机械处理时间的延长和次数的增加，葡甘聚糖异细胞与普通细胞脱离程度增高。

魔芋异细胞中存在少量可溶性糖、粗蛋白、纤维素、矿物质元素等转移至液体介质中，并借助固体颗粒在流体中的悬浮速度差异通过静置或离心完成精粉颗粒与其他物质的分离，然后对分离出的湿精粉颗粒进行干燥即得湿法魔芋精粉。魔芋精粉湿法加工中所用阻溶剂分有机溶剂和盐类试剂两类，有机溶剂中乙醇、异丙醇适作精粉加工，乙醇在 20℃ 下 30％ 的浓度就可起到阻溶作用，且价格低廉，较常用；盐类试剂中有四硼酸钠（硼砂）适合魔芋精粉湿法加工，但因其有毒，只能将其用于加工非食品用的魔芋精粉。

有机溶剂（乙醇）保护加工精粉技术。工艺流程：选料→去根芽皮→清洗→粉碎（同时加入乙醇、护色剂）→研磨→过滤分离→洗涤→脱水→干燥→回收乙醇→筛分→检验→包装→储藏。

操作要点：

选料。应尽量选择个大、体重的魔芋球茎，一般球茎重量小于 200 克的魔芋葡甘聚糖含量较低，不宜加工，应留做种芋。

去根芽皮。将魔芋球茎去掉外层表皮，特别对虫眼、腐烂变质处要刮干净，以免影响产品色泽。去皮方法有人工、机械、化学等方法。

清洗。目前采用人工、机械两种方式，目的是将球茎表面的泥沙等杂质洗净，提高魔芋产品的纯度。

粉碎。采用有机溶剂（乙醇）作为脱水性保护溶剂加工，乙醇的浓度非常关键，用量与鲜芋重量之比为 1∶1 时，则乙醇浓度为 65％以上。在加工精粉过程中，将亚硫酸钠溶化，按一定比例倒入 65％以上浓度的乙醇配液缸（池）中，粉碎时按比例使用，以保证精粉产品洁白、杂质少，起到漂白、脱水、防氧化褐变作用。

研磨。采用可调间隙的研磨机，间隙过大起不到研磨去灰粉的作用；间隙过小又影响研磨效率并会造成精粉浪费。

过滤分离。采用连续式、断续式离心机均可分离。为将精粉、灰粉、杂物、水等顺利分离，配装的滤网以 100 目为宜。

洗涤。目的是进一步将精粉表面的非葡甘聚糖物质洗干净，提高纯度。为节约酒精耗量，采用 30％左右浓度进行搅拌洗涤，搅拌转速 60～80 转/分为宜。

脱水。采用离心分离机将洗涤好的精粉进行脱水处理，滤网仍用 100 目，脱水后含水量约 40％～50％，此松散的湿状颗粒晶体即精粉。

干燥。将湿法加工的精粉在短时间内用设备烘干至 12％以下含水率，可获得优质的魔芋精粉。

二、魔芋精粉主要应用及储藏性状变化

（一）在食品方面的应用

魔芋精粉由于独特的理化特性，近年来在食品领域中应用日益广泛，

主要应用在以下三个方向：

1. 制作魔芋凝胶食品

魔芋凝胶食品有两类，一类是热不可逆凝胶类，如魔芋豆腐（糕、丝）、雪魔芋、魔芋粉丝及仿生食品，这类不可逆凝胶食品是在高温（100℃）、强碱（pH 12）条件下使葡甘聚糖支链上的乙酰基脱离，分子间便联结成立体网状结构，网眼间保持着不能自由流动的水分，形成具有弹性的半固体状，充分体现了葡甘聚糖的赋形及持水保水特性，这种凝胶不能再恢复到流体状态。另一类是热可逆性凝胶食品，如果冻、果酱、无脂肪软糖等，在魔芋胶或魔芋复配胶达一定浓度后在常温下成胶冻状，若加温可恢复流体状态。

魔芋凝胶食品是可以赋形赋味的，可以做成任何形状和口味，能够做出一些创新产品出来。2022年，贵州开放大学杨光义、柳姚芳老师带领学生参加创新创业大赛，把魔芋作为参赛选题，联络到魔芋专家丁海兵老师并率队到贵州省农科院进行当面交流，在专家的启发下，参赛团队经过大量试验，终于做成"魔芋锦鲤"，4月20日经贵州天眼新闻、人民资讯等媒体报道后，阅读量达到100多万次。贵州魔芋凝胶食品生产也应根据当地特色，结合本土文化进行融合创新，开发具有特色和市场竞争力的产品，推动产业发展。

2. 用作食品添加剂

1998年2月16日，原卫生部卫监发〔1998〕第9号文件将魔芋列入作为普通食品管理的食品新资源名单，1997年美国食品与药品管理局（FDA）将KGM批准作为食品添加剂，欧盟在1998年11月4日官方正式公报，批准/注册其用于食品中。

研究表明，魔芋精粉与黄原胶、瓜尔胶、刺槐豆胶等离子型增稠剂不同，在食品体系中受盐影响很小，应用于果汁、蔬菜汁、茶饮料等制品中，不仅使饮料悬浮性好，而且可以提高饮料保健功能，且用量仅为卡拉胶、黄原胶的一半；由于魔芋膨胀系数大、透明度高，将魔芋精粉或微粉用于果冻加工，可起到增稠、胶凝、提高果冻透明度的效果；用于冰激凌加工可以改善冰激凌组织结构，减小冰晶尺寸，提高出品率；用于面食产品，魔芋精粉能与面粉中的淀粉和蛋白质相互作用，强化面筋网络，增加面条的强度和韧性，降低面食干物质损失率，提高面汤透明度；将魔芋精粉与黄原胶复配后加入 pH 3～5 的天然果馅中，可避免天然果馅在－18℃以下环境中储藏时发生结冰、变硬现象。

魔芋精粉在食品方面的用途广泛，可以应用到如下品类：①在肉制品如火腿肠、午餐肉、鸡丸、鱼丸中添加，起到黏结、提升口感和增加体积的作用；②在乳制品如果奶、酸奶、炼乳等产品中起到稳定剂作用；③在豆制品如特种豆腐、豆花、豆奶等中起到稳定剂的作用并可延长保质期；④在饮料如杏仁奶、椰奶、花生奶、核桃奶、果汁、果茶、各种固体饮料及八宝粥等中起到增稠持水和稳定剂作用，延长保质期；⑤在冷食如冰激凌等中起到优良稳定剂作用，防止产生冰晶；⑥在糖果如各种软糖、水晶糖等中起到凝胶和增进口感的作用；⑦在面条、粉条、米粉、面食糕点中起到黏结、保水、增加筋力、保持品质的优良作用。

3. 用作食物保鲜剂

魔芋精粉水溶液呈溶胶状态，具有黏度大、性质稳定、抗菌性能强、结膜细致光滑等特点，可在食品表面形成一层无色透明的薄膜，有效抑制食物内部的水分挥发和氧气进入果实内部，降低果蔬呼吸作用，避免产生的二氧化碳外逸，从而降低营养物质消耗。同时，该薄膜还能有效地隔离外界病菌、霉菌以及其他污染物侵入，起到防腐保鲜、延长保质期的作用。

（二）魔芋精粉储藏性状变化

1. 黏度的降低

将鲜魔芋加工成魔芋精粉便于运输、储藏和应用，但是魔芋精粉在储藏过程中品质会变劣，尤其黏度会受到影响，从而影响产品质量。优质魔芋精粉黏度高的可以达到 30 000 毫帕·秒以上，但在储藏过程中，其黏度会降低，色泽变黄。室温贮存 3 个月，黏度下降 50％左右；储藏半年以上，产品质量严重下降，因此，魔芋精深加工企业需要保证有稳定的工业原料来源，就需要配套相应的冷藏设施和装备。

魔芋精粉品质劣变是由于其分子结构发生了变化，根据魔芋精粉黏度与 KGM 分子量之间呈正相关关系，对魔芋精粉储藏过程中黏度变化的研究结果表明：魔芋精粉在储藏过程中，由于 KGM 分子发生降解导致分子量下降，KGM 的分子量、分子平均旋转半径以及 KGM 在水中的膨胀系数与储藏时间呈显著负相关。目前国内外对魔芋精粉黏度下降的原因仅作了初步研究，而对 KGM 降解的影响因素以及作用机理的研究多从魔芋低聚糖制备的角度进行。

KGM 在超微粉碎过程中出现机械力的化学降解效应，表现为溶胶黏度、分子量和 KGM 含量随魔芋精粉粒度细化呈显著下降趋势。利用 γ-射线对 KGM 进行了辐照降解研究，发现辐照可导致 KGM 分子上的糖苷键断裂，吸水溶胀能力降低，溶胶稳定性变差。研究发现超声波对 KGM 具有显著降解作用，能使 KGM 的旋光度变小。过氧化氢、臭氧等试剂中的氧自由基具有极高的化学反应活性，能有效断裂多糖分子链，造成多糖降解，黏度降低。利用过氧化氢对魔芋精粉进行氧化-酸解处理，制得魔芋葡甘低聚糖（LMW-KGM）。氢离子能引起多糖中糖苷键断裂，使多糖降解为低分子片段。利用 β-甘露聚糖酶对 KGM 溶胶进行水解后，获得最小黏度为 31.9 毫帕·秒、聚合度为 5.2 的魔芋低聚糖产物。魔芋精粉黏度变化更多是受到产品加工工艺、处理方式以及储藏环境条件（如光线、氧气、温度等）的影响，目前对这些影响因素的机理机制还缺乏系统研究。

2. 魔芋精粉色度变化

（1）酶促褐变。目前，学界对魔芋加工过程中颜色变化的研究较多。对鲜魔芋来说，其球茎组织内含有大量的多酚氧化酶（PPO）和多酚类物质。当魔芋球茎保持完整时，酚类物质与氧气隔离，不易被氧化，在加工过程中，魔芋组织经切分后暴露在空气中，其中酚类物质在多酚氧化酶的催化下被氧化成醌，进而形成褐色素或黑色素，使魔芋球茎组织或葡甘聚糖颗粒颜色变深，称之为酶促褐变。酶促褐变反应会影响魔芋精粉颜色和品质，PPO 属氧化酶类，最适 pH 为 7.0，能耐受 100℃ 以下高温。所以魔芋精粉加工时通常采用熏硫（干法加工）或抗坏血酸、柠檬酸、L-半胱氨酸、异抗坏血酸钠、亚硫酸氢钠、硫代硫酸钠等酸性溶液（湿法加工）对魔芋进行护色处理，以抑制或钝化 PPO 的活力。

（2）非酶促褐变。除了 PPO 引起的酶促褐变反应以外，魔芋精粉色泽还与非酶褐变有关，主要包括美拉德反应、焦糖化反应和抗坏血酸反应三种类型。

①美拉德反应。美拉德反应是一种广泛存在于食品加工和储藏中的化学反应，又称羰氨反应。反应过程中含氨基类物质（如蛋白质、胺、肽、氨基酸等）和含羰基类物质（还原糖、酮、醛等）经缩合、聚合等一系列复杂反应而生成棕色产物。影响美拉德反应发生的因素有如下几点：

a. 温度。美拉德反应发生所需温度较低，$20\sim30℃$即可。温度对美拉德反应影响很大，温度越高，美拉德反应引起褐变速度就越快，一般来说温度每升高 $10℃$，褐变反应速度约增加 $3\sim5$ 倍。

b. pH。羰氨反应中缩合物在酸性条件下易于水解，故羰氨反应在酸性介质中受抑制，在碱性介质中则容易进行，降低 pH 可以抑制美拉德反应。

c. 水分含量。在一定范围内，食物水分含量越高，氨基化合物分子和羰基化合物分子越容易运动，美拉德反应速度越快。当食物含水量在 $10\%\sim15\%$ 范围内时，美拉德反应容易发生，即物质容易褐变。在完全无水的情况下，几乎不发生褐变反应，而当水分含量特别高时，反应底物浓度相对很低，美拉德反应也难以发生。

d. 氧气。一般情况下，氧气会提高非酶褐变反应速度。$20\sim25℃$氧化即可发生美拉德反应，但当温度高于 $80℃$时，美拉德反应速度反而受温度和氧气影响变小。

e. 辐照。辐照也可以引起美拉德反应的进行。非还原双糖、蔗糖在加热的条件下不产生褐色素，但由于辐照能够释放能量，引起蔗糖分子中的糖苷键断裂，释放出羰基，使蔗糖也出现了还原性，可以进一步与氨基化合物发生美拉德反应，所以辐照也能够促进美拉德反应引起褐色物质形成。

f. 反应底物种类。美拉德反应速度与羰基化合物和氨基化合物结构、种类有密切关系，底物结构和种类不同导致美拉德反应速度也截然不同。一般而言，羰基化合物为：醛＞酮、五碳糖＞六碳糖、单糖＞双糖；氨基化合物为：氨基酸＞蛋白质、碱性氨基酸＞酸性氨基酸。

②焦糖化反应。焦糖化反应是糖类被加热到 $150\sim200℃$ 以上发生的变色反应，此反应不需要氨基化合物的参与。魔芋精粉在正常加工和储藏过程中几乎不会遇到如此高温的情况，所以基本不存在由焦糖化反应引起魔芋精粉褐变的情况。

③抗坏血酸反应。抗坏血酸氧化也会引起食品褐变。不过鲜魔芋维生素含量低，经过多个环节（尤其是干燥过程）加工成魔芋精粉后，几乎不含抗坏血酸，所以抗坏血酸反应引起的魔芋精粉褐变也不必考虑。

三、魔芋精粉加工设备

魔芋精粉加工设备主要分为粉碎和研磨类型，前者以颗粒粉碎为主，后者以提高纯度为主。干法设备多为通用型设备，技术成熟、性能稳定，可实现多类型物料粉碎，是主要的加工设备，但设备对精粉质量影响很大。湿法加工设备技术复杂，辅助设备多，但精粉质量好（表9-3）。

表9-3　粉碎、研磨设备性能比较

	精粉质量		设备性能	
	粒度范围（微米）	KGM含量（%）	生产效率	生产成本
粉碎设备	$170\sim420$	$40\sim70$	高	低
研磨设备	$70\sim170$	$60\sim95$	一般	高

（一）粉碎设备

目前粉碎设备主要为转子粉碎机，其中干法为锤片式粉碎机，湿法为齿爪式粉碎机。干法粉碎机的锤片高速撞击魔芋干块，使其破碎成颗粒，同时也使 KGM 晶体内能增加，易导致 KGM 糖化问题，常采用液氮冷却低温深冷技术，吸收粉碎过程产生的热量，还可使异细胞表面脆化提高粉碎率。转子粉碎机的粉碎性能沿锤片方向逐渐递增，说明锤片和轴端粉碎壁位置的紊流作用提高了粉碎效果。研究表明，将单转子改造成双转子形式可增加紊流效果，提高生产效率。轴向串联的双转子粉碎机可实现紊流和分级功能，平行并列的双转子粉碎机紊流效果更佳，但没有分级功能。

湿法粉碎机粉碎腔内装有保护溶液，不仅可冲刷粉碎回路，避免浆渣黏壁堵道，还可以降低 KGM 的糖化现象。齿爪式粉碎机的转盘和定盘旋转方向相反，齿爪对魔芋组织主要做剪切粉碎，可以通过对齿爪机结构进行优化改进，达到提高粉碎性能的目的。

（二）研磨设备

研磨设备是对精粉颗粒表面的淀粉、纤维素等附着物进行磨削去杂，使颗粒粒径变小，分布范围集中，达到均质目的，因此也称为纯化设备或均质设备。干法研磨设备主要为涡轮式高压气流研磨机，此类设备利用高速气流推动粉碎颗粒相互碰撞和摩擦，当外界能量超过内部需要能量时，晶体产生新的裂缝而达到超微粉碎目的。高速气流在喷嘴处存在焦耳-汤姆孙绝热膨胀效应，保持了常温粉碎的优势，因此该技术被行业广泛应用。颗粒流经过拉瓦尔喷嘴前后的速度、压力、浓度等工艺参数决定了颗粒粉碎率、粒径、能耗的技术特征。研究表明：粉碎后物料粒度分布与不同气体动力特性无关，而与气体分子量有关，气体分子量越小，粉碎颗粒粒径越小，研磨产量越高。清华大学将高压预处理技术利用在涡轮式研磨机，实现了常温粉碎，但粉碎后颗粒粒径范围波动大，技术有待提升。

湿法研磨主流设备为胶体磨。胶体磨内腔为不锈钢材质，耐腐蚀，干净卫生、清洗方便，胶体磨的磨头是技术核心，单机多头、转速可调等技术的应用大幅提高了设备性能。有将动、静磨头设计为内啮合的锥盘式的胶体磨，通过调节两者之间的间隙大小达到控制研磨粒度的要求，提高了设备生产效率。通过增加控制物料流速的调节盘，可以依靠磨头转速自动控制进料量，能够提高物料粉碎破壁率。

随着我国魔芋加工产业稳步发展、设备技术不断成熟，精粉质量整体得到提升。我国魔芋精粉加工有长足进步，但由于技术研发基础滞后、设计制造人才缺乏，在魔芋精粉高端加工设备领域仍与日本存在较大差距。在今后的研发过程中结合我国魔芋种植产业特点，要继续研制可靠的通用型设备、高效的专用型设备，实现加工变量参数自动化控制和过程质量智能监控，更加灵活地满足精粉生产企业的需求。

（三）魔芋微粉与纯化粉加工

1. 微粉加工

（1）原理。普通魔芋微粉加工主要是指以普通魔芋精粉为原料，经过干法加工成小于 0.125 毫米粒度占比达 90％以上的魔芋精粉。魔芋超细粉碎生产工艺和系统设备，是利用静态力量对魔芋精粉颗粒进行高压预处理，使精粉粒子内应力超过魔芋粉粒子韧性极限，粒子产生裂纹再经多次粉碎实现进一步破碎。最后选用分选机对微粉进行分选，未达到粒径要求的颗粒再次返回粉碎区继续粉碎。物料采用闭路风力负压输送系统，能自动将葡甘聚糖和淀粉等杂质分离。该法生产的微粉粒度为 120～250 目（0.125～0.061 毫米），形态差异较大。该技术工艺简单，操作方便，能连续生产，产品粒度可根据用户要求在很宽范围内进行调整，加工成本较低。产品中的葡甘聚糖含量略有提高，黏度、凝胶性等优良性能得到保持，色度和溶胶透明度有所提高，溶解速度比普通魔芋精粉提高 5 倍以上。

2004 年，四川省广汉市魔芋研究所发明了 GMNWJ－400 型和 CMW－500 型干法魔芋微粉加工机，该系列加工机是辊磨机的改进型，辅助部分由旋风除尘器、三元振动筛、布袋除尘器等组成，有投资少、效果好的特点。

（2）操作步骤

原料准备：芋角质量优劣直接影响精粉质量，应选择含硫量低、含水率低的原料，烤焦芋片（角）会影响精粉色泽和质量，每次按精粉机说明所规定的量加入。

启动精粉机：合上配电盘闸刀，控制柜通电，再按精粉机说明书顺序启动机器各部分，在确认运转正常后，在控制柜上设置加工时间周期。

投料：机器加料指示灯亮时，把装好的芋片（角）均匀投入料斗，投料时间约 20 秒。

粉碎研磨与出料：投料后，粉碎、研磨和分离达到预定时间时，自动卸出精粉。

研磨机研磨：将精粉投放到研磨机中进一步研磨，通过抽风吸走飞粉杂质。加工一般质量的精粉，可省去研磨机研磨步骤，但加工高质量的精粉，则不可省。

筛分检验均质和包装：将精粉倒入筛分器内进行筛分。一般有 40 目、60 目、80 目、100 目、120 目、140 目等几种孔径筛网，根据生产要求和客户要求选择筛网，筛分后进行出厂质量检测，包括水分、黏度、葡甘聚糖含量等项目，然后再根据等级进行分袋装运。

2. 纯化粉加工

（1）原理。纯化粉生产的原理是依据普通魔芋精粉中气味、杂质的化学本质和物理特性来实现对魔芋粉的进一步纯化。魔芋精粉的气味是由三甲胺、樟脑等 20 多种特性不同的物质所构成，三甲胺及盐易溶于水，樟脑等为脂溶性物质，溶于乙醇等有机溶剂；可溶性糖、无机盐类及部分含氮化合物溶于水及有机溶液；在干法加工中，精粉粒子表面有未除净的纤维素、淀粉等杂质，在水或低浓度的有机溶剂中，被膨胀的精粉粒子所撑裂，易与精粉粒子分离。

在目前技术条件下，完全用水作为魔芋精粉加工介质还未实现。因此，需要使用既能抑制葡甘聚糖降解，又不改变葡甘聚糖性质的液体介质，即"阻溶剂"。在阻溶剂存在下或接触水时间很短时，葡甘聚糖异细胞具有较高硬度和较强韧性，当受到剪切、冲击、挤压等各种机械力作用时，不易破碎，能保持完整；而普通细胞由于硬度低、脆性强，很快被破碎为颗粒微小的粒子，随着加工时间的延长和加工次数增加，葡甘聚糖异细胞表面杂质及普通细胞残余物（淀粉、纤维素等）被研磨脱落，成为微小颗粒悬浮于液体介质中，在固液分离时，通过一定孔径的滤网去除。同时，在魔芋与液体介质接触的过程中，葡甘聚糖异细胞内部可溶性杂质也逐渐溶解出来，再通过固液分离而去除，保留了葡甘聚糖粒子，经干燥得纯化魔芋精粉，调整砂轮磨间距，可生产出更细的纯化魔芋微粉。根据不同质量要求，可重复多次，随着洗涤次数增多，三甲胺含量越来越低，腥臭味越来越淡，甚至感觉不出，精粉中的杂质不断溶出和减少，葡甘聚糖含量明显提高，黏度提高近 50%。

（2）加工工艺

①魔芋精粉→膨润→浸提→湿研磨脱水→干燥→干研磨→分筛→均质

分级→包装→冷藏。

②逆流洗涤法：精粉物料通过螺旋推进器前进，洗涤溶剂逆向流动，乙醇或异丙醇溶液效果好，成本低。洗后的物料转入 200～300 目滤袋离心机内离心分离，最后进行真空干燥或气流干燥。

③搅拌洗涤法：将魔芋粉放入搅拌罐内，加入物料重量 2～4 倍的 30％或浓度更高的乙醇或异丙醇，搅拌洗涤 5～15 分钟，转入有 200～300 目滤袋离心机内，脱去溶剂，再用 1～2 倍乙醇或异丙醇冲洗一次，离心脱去溶剂，再用 1～3 倍的浓度为 30％以上的乙醇或异丙醇溶剂冲洗一次，离心脱去溶剂，最后干燥。

④研磨洗涤法：加入魔芋精粉，将 30％以上浓度的乙醇悬浮液导入磨浆机或其他研磨设备中进行研磨洗涤；调节磨盘间距，达到既可生产纯化魔芋微粉，又可使精粉抛光目的。

3. 操作步骤

（1）要求。魔芋精粉必须符合国家相关标准要求，灰分含量小于 4.5％，水分含量小于 12％，二氧化硫小于 1.8 克/千克，不含其他杂物，无霉变现象。

（2）膨润。将食用乙醇与纯净水混合，兑成 20％～30％浓度的乙醇溶液，搅拌均匀后，按精粉与溶液 1∶1.3 的比例倒入膨润罐。启动膨润罐搅动器，迅速倒入精粉，快速搅拌 2 分钟，使精粉与溶液充分均匀混合。当混合浆状粉的体积膨胀到 1 倍时，加入浸渍溶液进行处理，静置浸渍液 4 小时左右，使精粉中可溶于乙醇的物质被浸渍液溶解。

（3）湿磨研：湿研磨、分离、脱水过程中要求做到以下几点：

①要注意调节从膨润罐进入研磨机的进料量，做到进料连续、适量，但不涌流、不断流。具体方法是：启动膨润罐搅拌器，将罐内物料搅拌混合均匀，成为滚动浆状物，通过调整出料阀来控制出料量；研磨机间隙大小决定精粉细度，在研磨中要注意调整，以保证经过研磨后的精粉粒度达到期望粒度标准。纯化魔芋精粉加工时研磨机磨片间隙可适当调大；纯化魔芋微粉加工时研磨机磨片间隙可适当调小。

②分离时，物料浓度要求基本一致，以保证流动畅通，防止管道堵塞，才能保证分离、脱水的效果。

③分离、脱水后的湿粉含水量应控制在 50％左右，最高不超过 60％，以便进行烘干。

④分离、脱水排出的乙醇废液，要进行蒸馏回收再利用，蒸馏回收方法与湿法加工精粉一致。

（4）烘干。经过分离、脱水后的湿粉要迅速进入烘干设备进行烘干，待烘湿粉停留时间不能超过 10 分钟，以避免与空气接触时间过长而发生褐变，影响精粉色泽，在烘干过程中，要严格掌握温度，物料温度不得超过 60℃。经过烘干的精粉，其含水量应小于 12％。烘干后的精粉，要立即摊晾、降温，绝对不允许在热气未散失前进行厚层堆放，会引起精粉的色泽变黄。

（5）干研磨。烘干后的精粉要通过专门的研磨、分离设备进行干研磨和旋风分离，将黏附在精粉粒子上的淀粉除去，以提高精粉的光洁度。

（6）分筛。筛网可按生产厂家对精粉的不同粒度要求选择并分层安装，即 40 目、160 目、80 目、100 目，或 60 目、80 目、100 目、120 目均可。

（7）验质、分级。经过纯化后的精粉要立即对水分、黏度、二氧化硫、色泽等主要指标进行检测，按检测结果分级。

（8）包装。包装前，要对同一等级的精粉进行均质处理，使同批产品质量基本一致。包装时，要严格计量，不得缺斤短两。封袋时，要求缝合严实，不出现漏粉现象。

当下，普通魔芋精粉已难以满足制作现代食品添加剂、医药、精细化工等产品的质量要求。需要有纯度高、速溶性强、透明度好的超细魔芋精粉（魔芋微粉、魔芋胶）作原料，因此，对生产设备、加工工艺提出了更高的要求，还需要进行大量的研发以推动产业发展。

第四节　魔芋主要制品加工技术

一、魔芋米

魔芋米是一种用以魔芋精粉、碎米粉为原料，经塑型加工成米状的产品。制作过程中不使用化学添加剂，原辅料黏合后表面光滑、不悬浮、不断裂，故膨胀率大，蒸煮方法与普通大米相似，有普通大米和人造米所不具备的多种保健功效，符合当代减肥及追求健康人群的要求。1994 年 1 月 13 日，董忠蓉、裴建华通过贵州省专利服务中心申请了魔芋米的生产专利，是目前查询到我国最早的魔芋米生产专利。

（一）原材料

魔芋精粉、米糠粉、碎米粉、马铃薯粉等。

（二）生产设备

糊化机、搅拌机、熟化机、制粒机、干燥机、杀菌机和包装机等。

（三）工艺流程

糊化→搅拌→熟化→挤压成条→制粒→干燥→杀菌→包装→成品。

二、魔芋豆腐

（一）鲜芋制作魔芋豆腐

鲜魔芋清洗、去皮→磨浆→加水搅拌加热→煮沸→加入碱水→冷却→加水煮沸除碱→魔芋豆腐成品。

鲜魔芋加工魔芋豆腐主要有三种方法：

1. 摔浆魔芋豆腐

又叫擦浆、擦芋、打浆豆腐，是最为传统的制作方法，将魔芋洗净去皮，再摩擦成浆，制成芋糊，然后加工魔芋豆腐。成功的关键是制作芋糊，要掌握好两点：一是磨得越细越好，不能有粗粒和芋块，现在用打浆机、破壁机基本解决了这个问题；二是加水要适量，水要分次慢慢添加，水量太多会难以凝固成形，水量太少则出豆腐率低，影响经济效益。

制作芋糊的方法有人工摩擦法和机械磨制等方式。①人工摩擦法是用生魔芋块茎直接擦磨成浆，有的地方则是先将魔芋球茎切成块状或刨成薯丝状，置蒸笼里蒸煮至熟透，用手捏丝或块，能稀烂、无块状物时，趁热拿到磨浆机加工成芋糊，再向芋糊中加水、碱，反复搅匀，加热后成形。②机械磨制法是将魔芋球茎切块、丝后倒进磨浆机中，直接磨成芋糊。一般要磨 2 次，边磨边加水，加水量约为块茎的 2 倍，第二次磨时加入比鲜芋重 1 倍左右的碱水。

魔芋豆腐凝固成形有 3 种方法：①热水漂煮凝固法。将魔芋浆液自然静置数十分钟，然后分割成块状。漂煮时，先将锅中水烧至 90℃ 左右，按每 10 千克水加碱 20 克，然后将成形的豆腐放入热碱水中，保持水温 80～90℃，焖煮 1 小时左右，使其凝固成切开中心凝固不粘刀的块状即可。②直接加热凝固法。将磨好的浆液倒入大锅，加热直接煮熟凝固。边煮边搅，待浆液加热至 90℃ 时，用文火煮 30 分钟，熄火冷却至筷子插入立得稳时，用刀将其切块，再加入清水煮透，最后取出，放入清水中贮存。③蒸汽加热凝固法。魔芋浆液不静置成型，直接摊入蒸床中，抹平厚 3～5 厘米，在蒸床中静置数分钟，然后置于蒸锅直接加热成型。待完全凝固，拿出冷却，置于清水中漂洗即可。

鲜魔芋制作豆腐，在制作时掺入些米粉、萝卜、芋粉或其他调味品或营养物质，如在加工过程中添加适量海藻粉、米粉、豆粉、乳品等，可制成颜色、口感、风味不同的魔芋豆腐。

2. 温浆魔芋豆腐

将鲜魔芋磨成浆液，掺入 5% 生石灰水后小火煮，使锅内温度保持 35℃，经 8 小时当其凝固并变成灰白色时切块，再加清水用大火煮熟。

3. 冻浆魔芋豆腐

将加碱后的魔芋浆液倒入锅中，在冬季夜晚置于室外，使浆液霜冻后凝结成块，再加清水，用大火漂煮，去涩后可食用。

（二）魔芋片（角）制作魔芋豆腐

将芋片（角）粉碎，去除部分灰分的余下部分，按重量加入 45 倍的水，搅拌后加入碱水加热，煮制成魔芋豆腐。

（三）魔芋精粉制作豆腐

将精粉投入重其 90 倍水中，不断搅动，旺火烧沸。控制火力，维持沸腾状态，当变成液态溶胶时，加入 4%～10% 碳酸氢钠等碱性物质，继续烧煮。当溶胶凝固时关火。待凝胶不粘手时，用刀划成块，加入冷水翻动，大火煮沸，至凝胶有弹性时关火，从锅中取出即可。食用时，切分后放入沸水锅内煮一下，除去余碱，再进一步烹饪。

（四）魔芋冻豆腐制作

魔芋冻豆腐有两种做法，一种是用魔芋豆腐切块、片、条后，放置于 0℃ 以下温度空间，待完全冷冻呈蜂窝状后取出，可用于火锅或烧烤。

另一种是用魔芋豆腐和大豆蛋白制作的复合体，一般的加工方法为：取 7.5 克魔芋精粉，加入 0.4 克淀粉乙醇酸钠、2 克胶原、0.1 克纤维素乙醇酸钠、0.05 克葡萄糖酸内酯、0.05 克聚磷酸钠，不断搅拌混合后，加入 100 毫升水中，加热至 40℃ 左右，将 50 毫升豆浆倒入该溶液中，混合后加入由 0.1 克硫酸钙、0.1 克葡萄糖酸内酯、8％ 碳酸钠溶液和 69％ 碳酸钾溶液配制而成的混合液，不断搅拌，在 75～95℃ 热水中加热约 30 分钟，成形后切断冻结，并陈化 20 天，浇水解冻后脱水，在 60℃ 条件下干燥便制成以魔芋和大豆蛋白为原料的冻豆腐。

（五）大豆魔芋豆腐加工

大豆魔芋豆腐是在大豆中添加魔芋精粉制成，大豆与精粉之比为 100：17。方法为：用磨浆机或石磨将大豆打（磨）成浆，加入魔芋精粉，不停搅动，使之充分均匀混合并凝固。在锅里加水煮，直至煮沸，用石膏或酸水点豆腐，凝结成块后用瓢舀到框架上沥水即成。它比传统豆腐韧性强，保水、保鲜性好，外观白嫩细滑，口感韧绵爽脆，烹调时吸味性强。

三、魔芋粉丝（丝结）

魔芋粉丝（丝结）是以魔芋精粉为原料加工出来的粉丝制品，成品以打结后的丝结占绝大多数，魔芋粉丝的直径大小按模具孔的尺寸来定，市场上以粉丝直径为 1.2 毫米和 1.5 毫米的居多。魔芋粉丝（丝结）的烹饪方式多样，可以煮、炒、凉拌等，特别是烫食火锅，风味、口感别具一格，颇受消费者的青睐。

（一）手工制作

取魔芋精粉 1 千克，加食用碱 25 克、凉水 24.5 升，搅拌成稀糊，加热熬成稠糊，再放入粉瓢中。粉瓢孔距 1 厘米，孔呈菱形，将粉瓢置于锅上方，水中加 1％ 食用碱，将魔芋浆通过粉瓢漏入沸水锅中，待粉丝煮熟后捞出，放入冷水中冷却即成。

(二) 机器制作

1. 加工方式

一种是以挤压产生摩擦热后使其熟化制成粉丝。方法为：将淀粉加入3%～5%的魔芋精粉，混合均匀，加入0.05%～0.1%的食用碱，再加入淀粉重量10倍左右的开水，搅拌成糊状，熟化10分钟后，投入粉丝机大孔径中反复挤压，待淀粉团熟透时，移入成形孔，粉丝挤压出来后迅速冷却。按一定长度挂竿，经48小时后进行晾晒、捆扎、包装；另一种方法是用加热自熟式粉丝机制作，方法为：明矾用水化开，将魔芋精粉加水膨化形成胶状体，淀粉加其重量60%～80%的水揉和均匀，然后将3者充分混合成糊浆。将糊浆投入进料口中，机器水温为100℃，将淀粉糊熟化后经高压喷头挤压出粉丝。

2. 包装

魔芋粉丝的包装有湿包装和干包装两种。湿包装时，将湿粉丝装入有保鲜溶液的袋（盒）中封口，然后放入高温130℃的灭菌器中蒸煮2小时，取出即成。干包装时，将湿粉丝捞出挂在粉棍上，均匀摆开晾干或烘干，干燥后封装成盒。

3. 加工工艺

优质精粉→搅拌膨化→静置膨化→精炼→凝胶化处理→挤压喷丝→加热定形→碱水浸漂→打结成团→定量装袋（盒）→加保鲜液→热合封口→消毒杀菌→二次热合封口→检验→装箱→打包→成品。

4. 主要设备

魔芋粉丝的加工设备主要有膨化搅拌机、碱液机、热水箱、蛇形槽、杀菌机、精炼机、包装机及一些推车、周转容器等辅助机具。

5. 操作要点

（1）魔芋精粉。按国家行业标准采用优质魔芋粉，黏度≥18 000毫帕·秒。

（2）膨化用水。水温20℃左右，加水量的比例为精粉质量的34倍（按黏度质量高低定比例）。

（3）凝固剂。采用食品级别产品，其粒度为300目筛下物。

（4）精粉搅拌膨化。用搅拌机和输送泵边输送边搅拌10分钟，使精粉吸水均匀，成无明显颗粒混合均匀的胶体溶液。

（5）静置膨化。根据气温高低来定，静置膨化时间一般为180分钟左右，膨化好后胶体溶液应是半透明糊状物。

（6）凝固剂配制。配比为石灰粉：水＝2：100。

（7）凝固剂用量。配比为石灰粉：精粉＝5：100。

（8）精炼搅拌。静置膨化好的糊状胶体送至精炼机充分搅拌混合均匀。

（9）凝胶化处理。将搅拌混合好的糊状胶体连续不断地与配制好的凝固剂按比例同步添加。

（10）挤压喷丝。拌和均匀的糊状胶体应及时通过粉丝模具挤压喷出粉丝。

（11）温度。水温保持在85℃，挤压喷出的粉丝在槽内循环流动的热碱水中熟化。

（12）碱水浸漂。碱水配比按0.05％配制，浸漂时间约24小时。

（13）打结成团。按照客户要求进行人工打结，外形好看，大小、重量一致。

（14）定量包装。按客户要求包装，一般有200克、250克、300克、500克的规格。

（15）加保鲜液。使用0.1％浓度的保鲜液，粉丝与保鲜液的重量比为1：0.4。

（16）热合封口。将定量装好的粉丝和保鲜液的食品袋（盒）进行热合封口，要求食品袋（盒）封口平整美观、不漏气（液）。

（17）消毒杀菌。将热合封口后的包装袋（盒）放入杀菌箱中蒸煮，水温为90℃，时间为40～60分钟，杀菌处理完毕将包装袋（盒）从热水里捞出放入冷水中冷却或自然冷却，待晾干后送入下道工序。

（18）二次热合封口。杀菌后的食品盒经检验合格后，放入印有商标的外包装袋中进行热合封口，要求封口平整美观、不漏气（液）。

（19）检验装箱。食品袋（盒）进行定量装箱，装箱要求排列整齐一致。

（20）打包储藏。将装箱打包运输，要求打包松紧一致，并按生产时间、批次顺序依次堆放成品库中，不得超高堆放。成品库要干燥、阴凉、通风，气温保持在20℃，不受阳光直射。

6. 检验要求

（1）外观形状。色泽正常、粗细一致，呈透明无夹杂物、无气泡的丝状胶体，手感细腻，具有一定的拉力，形态完整。

（2）口感。适口性强，口感细滑，有嚼劲，无异味，无变质现象。

（3）重量指标。固形物重量误差在10%以内。

（4）理化指标。按食品卫生要求检测，pH在10～12。

（5）细菌指标。按食品卫生要求，检测细菌总数不允许超标。

四、魔芋面条

魔芋面条是一种用魔芋精粉和面粉制作的面食产品。魔芋精粉可以提高口感、增加爽滑性，魔芋面条在市场上逐渐为消费者接受，具有一定竞争力。

（一）原材料

魔芋精粉、面粉、食盐和水。

（二）生产设备

搅拌机、轧面机等。

（三）工艺流程

搅拌机中将原材料充分混合→揉制面团→静置熟化→切面机中制成片坯→反复压制成形→切条器切成条→晾干→切短→称量→包装入库。

五、魔芋仿生食品

魔芋仿生食品是用魔芋精粉制作，采用各种仿生模具，加入调味料、色素等，使用机械设备加工出的各种仿生形态的食品，如仿生鸡肉、仿生银耳、素虾仁、素肉干、素海蜇、素鸭肠、素肚片等产品。

（一）原材料

鲜魔芋或魔芋精粉、水、碱等。

（二）生产设备

膨化搅拌机、精炼机、碱液装置、热成型机、杀菌机及各种仿生模具、周转容器、包装机等。

（三）工艺流程

魔芋精粉→加碱液→膨化搅拌→静置→精炼→成型箱→加热凝固（自然凝固）→仿生模具→改形和变形→称重→包装→杀菌→入库。

（四）主要产品

1. 仿生鸡肉

仿生鸡肉有很多种做法，通用的做法为：鸡蛋清 1.5 千克，氢氧化钠 1.5 克，碳酸钙 6 克，混匀溶解后加魔芋精粉 36 克、盐 22 克、干酪素钠盐 16 克、谷氨酸钠 8 克、淀粉 22 克、砂糖 12 克，再次混合均匀。然后加入味精、鸡汁等调味品和熟菜油，混匀调成 pH 为 12 的浆糊，再用可食用碳酸氢钠将 pH 调为 11.2，再用机器把浆料放入 92℃的可食用碱性溶液中，制造出的产品再放入 16％乳酸液体中，最后经过纯水冲泡即可。

2. 仿生银耳

制造方法：魔芋精粉 1.2 份，加入水 78 份，搅拌膨化后放进锅中进行熬煮，然后放入 3 份蔗糖、0.02 份碳酸钠、0.02 柠檬酸，不停搅拌至黏稠，水分充分蒸发，最后分离出胶状物质，即成仿生银耳。

六、雪魔芋

雪魔芋质地如海绵，质量较轻，便于运输，能长期保存，可搭配各种肉类烹饪，鲜美入味、口感绵软、汤汁浓香。国内生产雪魔芋的公司较多，如湖北一致魔芋生物科技股份有限公司、安康富硒魔芋食品有限公司、淮北辣魔王食品股份有限公司等，还有烛山品牌、魔仙子品牌、悠源食品品牌等的产品。

雪魔芋制作工艺流程如下：

原料筛选→制粉→制坯→冷冻→解冻脱模→脱水整形→干燥→包装。

（一）原材料

魔芋精粉、大米等。

（二）制粉

按照雪魔芋制作的配方，将魔芋精粉与大米粉按比例混合。

（三）制坯

1. 熬煮

一般使用蒸汽锅进行加热。制造时，将水温升至 50～70℃后再将配方料倒入锅中，搅动，逐步熟化后形成浆液，充分溶胀后加入食用碱，促使锅内物料熟化溶胀、化清、凝结。

2. 老化

将魔芋切成标准形态，输送到老化锅内，用 80℃以上的温度加热 10～12 分钟，增强产品韧性和强度。

3. 固形

将老化后的制品放入固定盛器内，加热干燥后变成固定形状。

（四）冷冻及脱模

将魔芋制品放在 0℃以下环境，待完全冻住后，在 23℃以下温度解冻脱模。

（五）脱水

用离心机来进行脱水，使产品含水量低于 28%，脱水后产品外观可能会发生变化，如果发生则需修复整形后再进行干燥处理。

（六）干燥

干燥方式有多种，可用烘干炉、红外线、机械加热等，使脱水后的产品含水量降低至 15%以下。干燥后的制品要求外形大体平整，大小、重量以及孔隙大小都要均匀。雪魔芋的品质评估包含感观（如外形、颜色、外表特征、孔隙大小和均匀度等）、口感（如松软性、化渣性、脆性、韧性等）、理化指标（如淀粉、脂肪、蛋白质、葡萄糖、碱及水分等）及卫生指标（如铜、铅等的含量）等项。

七、魔芋饮品

(一) 魔芋茶饮料

将魔芋精粉加适量水膨润，茶叶经过开水抽提、过滤、浓缩，然后混合均质，可做成低热量、风味独特、口感良好并具保健功效的魔芋花茶和魔芋红茶饮料。

1. 工艺流程

茶叶浸提、魔芋溶胶液制备、糖酸液制备→调配→均质→粗滤→膜过滤→灭菌→热灌装→倒瓶→冷却→成品。

2. 工艺要点

过滤和灭菌，去除少量水不溶物质且能够延长保质期。

(二) 魔芋酿酒

飞粉是魔芋精粉生产中形成的副产品。用魔芋飞粉为原料是制备特种酵母菌种，经过发酵、蒸馏脱醇制成魔芋酒，产品风味独特，清新纯正。

1. 制作工艺

魔芋飞粉→磨粉→水解→过滤→发酵→产生酒精→陈酿→催熟→过滤→调配→装罐→密封→成品。

2. 操作要点

（1）磨粉。将魔芋飞粉研磨成细粉状备用。

（2）水解。用 α-淀粉酶将飞粉中的葡甘聚糖水解成为甘露糖与葡萄糖，有利于发酵。

（3）粗滤。去除不溶物。

（4）发酵。将含量为 8%～10% 的新鲜酵母液倒入发酵缸中均匀搅拌，然后在 30～33℃ 下进行发酵。为提高发酵液中酒精量，放入适量砂糖，加糖量控制在 10%～12% 为最佳（砂糖需用发酵液溶解），使发酵后酒精度控制在 6%～7%，发酵时长为 4～6 天。

（5）陈酿。在封闭缸内陈酿，使酒体澄清，风味柔和。

（6）催熟。采用冷热相间方法处理，可加快新酒老熟，提高稳定性，改善酒的风味，还可使陈酿时间缩短至 10～15 天。

（7）过滤。此次过滤为清滤，是为了进一步澄清酒。采用硅藻土过滤，能够有效去除发酵后的混浊物质。

（8）调配、成品。经催熟处置后，按成品酒的品质要求对糖酸比加以协调，并根据酒龄进行调配，即为成品。

3. 成品标准

酒体明亮清澈，酒精度数低，酸甜爽口，具备魔芋的特殊香气。

八、魔芋筋

魔芋筋是贵州安顺的地方特产，魔芋筋颜色洁白，绵韧脆细，富有弹性，类似蜇皮，切丝可与鸡、猪、牛、羊肉丝配炒，亦可与青椒、番茄、葱白同炒。

（一）原材料

鲜魔芋、碱、水。

（二）工艺流程

鲜魔芋清洗去皮→研磨→加碱水→沉淀→凝聚成胶状→碾压→熬煮定形→成品。

（三）工艺要点

用食用碱制作碱水或用适量生石灰放入清水中发散，待石灰沉淀后取去掉杂物的澄清液（10 千克石灰可用水 500 升），鲜魔芋剥去外皮，清洗干净，在粗糙石板上磨成浆，将其溶于石灰水中。沉淀数小时后，魔芋浆凝聚成胶状时取出，用中心质地最紧实的部分碾压成约 30 厘米×30 厘米×0.5 厘米的薄片，熬煮定形即可制成魔芋筋。

九、魔芋冰激凌

（一）原材料

魔芋精粉 3 克、蛋清 100 克、牛奶 750 克、白糖 200 克、玉米粉 15 克、少许香精和食用色素等。

（二）生产设备

灭菌缸、搅拌器、均质机、超低温冰箱。

（三）工艺流程

混合料 1：将蛋和水混合，打匀成蛋液；混合料 2：白砂糖加水，加热溶解成糖液；混合料 3：魔芋精粉加入奶液，搅拌至凝胶状。将混合料 1、2、3 混合均匀→灭菌→搅拌→凝冻→浇注包装→冷冻硬化→成品。

（四）制作方法

将混合料 1、2、3 一同放入灭菌缸，用巴氏灭菌或紫外线灭菌。用均质机在高压下搅拌混合。搅拌混合好的原料，在－13～－5℃的低温下凝冻，而后浇注并包装，在－40～－25℃的低温下冷冻硬化成为成品，把冰激凌成品放在低于－18℃的低温库中储藏。

第五节　魔芋家常菜做法

（一）魔芋鸭

番茄切片，辣椒切段，蒜、姜拍碎，魔芋切片，水煮沸备用，马铃薯切片或条。用姜、葱、盐、生抽将鸭肉腌制半小时去腥；锅中倒油烧热，将青椒翻炒，捞起备用；锅中倒油烧热，把鸭肉翻炒至熟，捞起备用；再次倒油烧热，加入辣椒爆香，把鸭肉倒进去翻炒，再把马铃薯、魔芋片、番茄片、青椒加入一起翻炒，炒香后放入蒜、姜、盐、生抽烧制，放葱段于上，即可出锅。

（二）魔芋豆腐煎蛋

魔芋豆腐、生香菇、洋葱切片备用。热锅倒油，将魔芋豆腐、生香菇、洋葱倒入锅中油炸，将鸡蛋打散拌匀，倒入锅中，加少许盐、胡椒、人造奶，混炒。

（三）凉拌魔芋豆腐

将魔芋豆腐切成片或条，香菜洗净切成小段。黄瓜洗净切成丝与魔芋豆腐条一起放入盆中，加入盐、醋、白糖、酱油、香油、辣椒油、香菜，拌匀即可。

（四）烧烤魔芋

将魔芋切成厚度 2 厘米、宽度 5 厘米、长度不超过 10 厘米的块状，用竹签把切好的魔芋串起，刷油放炭火上翻烤，烤熟后撒上芝麻、香葱、辣椒粉等即可。

（五）爆炒魔芋

魔芋切成条、辣椒切条，姜、蒜拍碎备用。起锅烧油，油温 8 成热后加入姜、蒜、青椒，爆炒香味，加入魔芋和适当调味料，翻炒 3 分钟左右即可出锅。

（六）炖魔芋豆腐

烧水煮沸，魔芋豆腐切片或条放入沸水中煮几分钟，捞起沥干；白萝卜、胡萝卜或马铃薯切条、块，笋洗净纵切四块，香菇泡开洗净切片备用。油锅烧热，倒入魔芋豆腐、笋、香菇一起翻炒，然后加入海带墨鱼汤、酱油、料酒、萝卜等，炖熟即可。

（七）腊肉酸菜炒魔芋豆腐

魔芋豆腐切片或条备用，腊肉切片或条备用；将酸菜洗净拧干，切成适宜宽度的块（丝）备用；姜切丝、蒜切片、干辣椒切成圆筒，把蒜苗头拍一下然后切成 5 厘米左右长度备用。

水烧开后放入魔芋豆腐，加一些醋中和魔芋豆腐中的碱味，煮两三分钟后捞起。热锅倒油，倒入腊肉、魔芋豆腐，翻炒 2 分钟，把姜、蒜、干辣椒倒进油锅里翻炒，炒出香味后倒入切好的酸菜，加入盐、味精、白糖，翻炒均匀，加入蒜苗，最后加入生抽，翻炒均匀即可出锅。

（八）宫爆素腰花

干辣椒切成圆筒，姜切丝、蒜切成片、葱切段备用。倒油热锅，加入魔芋素腰花，过油后捞起备用。留少许油将干辣椒炒香，加入姜丝蒜片，炒出香味后加素腰花，然后放甜酱油、盐、味精、白糖，勾小芡，淋芝麻油，放入葱段，起锅装盘。

（九）玫瑰魔芋豆腐

取 250 克魔芋豆腐，切成约 5 厘米长、1 厘米宽的条，在花茶熬的沸水中氽两次，捞出沥干。把魔芋条沾匀干淀粉，再裹上鸡蛋液，将油倒入锅中烧至六七成热，然后将魔芋条放入锅中浸炸，至魔芋表面呈金黄色后捞出。锅内加入约 100 克清水，烧沸后加适量白糖，待糖汁起大泡，加入蜜玫瑰和炸好的魔芋条，待魔芋条全部粘裹上糖汁时，再撒入芝麻粉混匀，离火，冷却后起锅装盘。

（十）麻婆魔芋豆腐

魔芋豆腐切薄片，嫩豆腐切块，牛肉切成丝，大葱、红辣椒横切，姜和蒜切细备用。炒锅倒入猪油，待猪油热化之后加入牛肉丝、红辣椒、大葱、姜和蒜一起翻炒，待牛肉丝变颜色后，加入酱油、料酒、白糖和 200 毫升鸡汤一起煮沸，后加入魔芋豆腐、嫩豆腐共煮，最后加入 2 匙薯粉浆液，成糊状即可出锅。

（十一）魔芋鱼卷汤

魔芋豆腐丝倒入沸水中煮几分钟后捞起沥干，牛蒡斜切，倒入沸水煮几分钟后捞起沥干，海带洗净切块，香菇切丝，鱼肉卷斜切，大葱切细备用。倒油热锅，将牛蒡、魔芋豆腐丝、香菇丝和鱼肉卷一起倒入锅内翻炒几分钟，然后加入海带墨鱼汤、豆腐，煮熟后加葱花即可。

（十二）豆腐皮魔芋豆腐卷

海带切丝，葱切段备用。魔芋豆腐煮熟后切成细粒放盘中，加入熟大豆、葱、盐、料酒、酱油和海带墨鱼汤搅拌均匀作馅料。用豆腐皮将馅料包成卷，用海带丝捆紧放入油锅中炸几分钟，捞起放盘，配合醋、蒜泥、酱油、辣椒面混合的蘸料食用。

（十三）家常魔芋肉丁

将猪肉和魔芋豆腐切丁，大蒜切片，姜切成丝，葱切细备用。水烧开，魔芋倒入漂煮几分钟后捞起，加盐脱水。锅内倒油，油热后放入魔芋豆腐炸 1 分钟，然后起锅倒入盘中。肉丁和水淀粉一起拌匀勾芡，炒锅倒油，待油温较高时把肉丁和魔芋丁放入翻炒，再加入泡菜、泡辣椒、姜蒜片炒香，加酱油、醋、精盐、豆粉、鲜汤收汁，再撒上葱花起锅装盘。

（十四）鲜虾魔芋煲

魔芋豆腐切丝，葱切丝，洋葱切碎备用。将鲜虾挑出虾线后洗净，切下虾头放入砂锅，炒出虾油后加入蒜末葱末继续翻炒半分钟，然后加水煮沸，捞出虾头。砂锅里放一勺盐、一勺蚝油和半勺老抽，搅拌混匀，然后锅内放入魔芋丝、虾肉、蔬菜，盖上锅盖焖煮 10 分钟，最后加入葱和洋葱碎即可出锅。

第六节　魔芋葡甘聚糖加工

一、魔芋葡甘聚糖的提取

魔芋的主要利用成分是葡甘聚糖，其含量通常能达到 44%～64%，是由 D-葡萄糖和 D-甘露糖按 1∶2 比例，通过 β-1,4 糖苷键结合而成的复合天然高分子多糖，具有水溶性、持水性、成膜性、凝胶性、增稠性等理化特性，在食品、保健品、药品、化工、环保等领域有广泛前景。

魔芋葡甘聚糖的提取研究始于 20 世纪 20 年代，Goto（1922）最先发明实验室用乙醇沉淀法提取，Sagiyama 等（1972）研究出水提—离心—透析—冻干的纯化方法，英国 Woot 等（1993）研究出用淀粉酶除去精粉中淀粉的方法。采用酶法和糖化菌处理法从魔芋精粉中提取出 KGM，纯度高达 90%，且不含淀粉杂质，利用纤维素酶解法获得的 KGM 的水溶性好，但胶凝性差，提纯技术较复杂。实验研究表明，水浴水浸提取法提取时间较长，提取率较低，制约了 KGM 规模生产，生产中很少用这种方法。乙醇沉淀法主要是利用 KGM 能溶于水而不溶于甲醇、乙醇、丙酮、乙醚等有机溶剂的特性，生产成本低、易操作、可行性高，提取率能达到 90%以上，是目前实验室和工厂生产常用方法之一。

（一）湿法真空干燥提取工艺

操作要点：鲜魔芋切片后会氧化为肉红色，为防止其变色，需加入护色剂。加入护色剂后肉红色渐退，有无色胶状物质生成，这是魔芋葡甘聚糖结合水分子后变成胶状物质。护色剂选用亚硫酸钠。

称取一定量鲜魔芋切片，加入护色剂，放入组织搅碎匀浆机中粉碎，成胶状物质后，在40℃条件下以蒸馏水为提取溶媒，用超声波提取30分钟，经纱布过滤后，在不高于60℃条件下放入真空干燥箱中干燥，得到片状物质，用研钵研磨后得到较小的片状物质，用50％乙醇反复洗涤两次，风干、研磨、称重，制得成品（图9-1）。

鲜魔芋 → 切片 → 护色 → 粉碎 → 水提

研碎 ← 风干 ← 乙醇洗涤 ← 真空干燥 ← 分离

图9-1　湿法真空干燥提取工艺流程

（二）湿法乙醇沉淀法提取工艺

操作要点：定量称取鲜魔芋切片，加入护色剂后放入组织搅碎匀浆机中粉碎，成胶状物质后，在40℃条件下以蒸馏水为提取溶媒，使用超声波提取30分钟，用纱布过滤除去杂质后加入50％乙醇，有絮状物质生成，过滤、沉淀，放入80％乙醇中再洗涤一次，所得沉淀物自然风干后研磨成粉末，即制得样品（图9-2）。

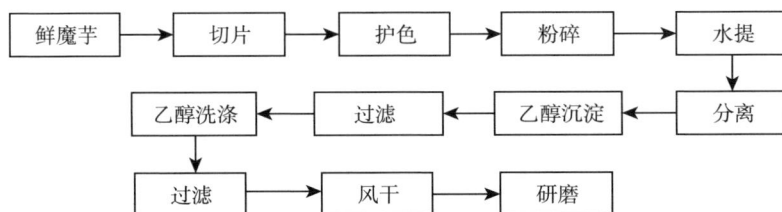

鲜魔芋 → 切片 → 护色 → 粉碎 → 水提

乙醇洗涤 ← 过滤 ← 乙醇沉淀 ← 分离

过滤 → 风干 → 研磨

图9-2　湿法乙醇沉淀法提取工艺流程

（三）湿法冻干提取工艺

操作要点：定量称取鲜魔芋切片，加入护色剂，放入组织搅碎匀浆机中粉碎，成胶状物质后，在40℃条件下以蒸馏水为溶媒，放入超声波提取机中提取30分钟，用纱布过滤，滤液放置浅平容器，放入冷冻干燥机中冻干，将所得的白色棉絮状物质研碎，分别用50％和80％乙醇洗涤两次，所得沉淀物质自然风干后研磨成粉末，即制得样品（图9-3）。

鲜魔芋 → 切片 → 护色 → 粉碎 → 水提

风干 ← 乙醇洗涤 ← 研碎 ← 冻干 ← 分离

风干 → 研碎

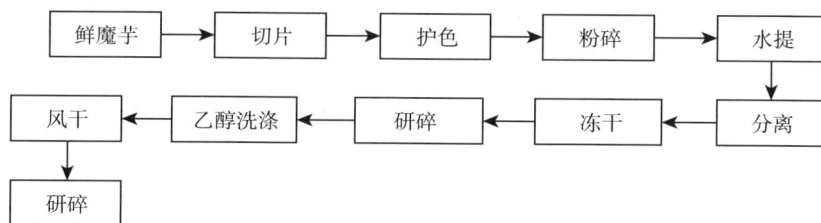

图 9-3　湿法冻干提取工艺流程

（四）湿法喷干提取工艺

操作要点：定量称取鲜魔芋切片，加入护色剂，放入组织搅碎匀浆机中粉碎，成胶状物质后，在 40℃条件下以蒸馏水为溶媒，放入超声波提取机中提取 30 分钟，用纱布过滤除杂，稀释后，放入喷雾干燥机干燥得白色粉末。用 50% 和 80% 乙醇洗涤两次，过滤，所得沉淀物质自然风干后研磨成粉，即制得样品（图 9-4）。

鲜魔芋 → 切片 → 护色 → 粉碎 → 水提

研碎 ← 风干 ← 乙醇洗涤 ← 喷干 ← 分离

图 9-4　湿法喷干提取工艺流程

二、魔芋葡甘聚糖的纯化

魔芋球茎经过漂洗、干燥和制粉等过程制得魔芋精粉，主要物质成分是 KGM，此外还含有淀粉、蛋白质、生物碱等杂质，会影响 KGM 的品质，导致 KGM 的功能难以完全发挥，需要进行纯化处理。

（一）生物酶纯化法

生物酶纯化法是针对魔芋中多种杂质，应用功能不同的生物酶进行除杂，从而得到高纯度的 KGM。主要操作如下：称取魔芋精粉加水调匀，在适当条件下加入少量淀粉酶，调节 pH，进行液化灭菌，再冷却并调节 pH，然后加入少量糖化酶继续振荡处理，高温灭菌后冷却，加水过滤得到液体，最后用沉淀法获得纯化的 KGM。此方法的缺点是难以实现对杂质的定向定量降解，操作步骤较为烦琐，获得产品纯度不足，黏度不高。

（二）磷酸纯化法

磷酸纯化法不管从产品的产出率、溶胶性能、操作难度等方面都优于传统提纯方法。该方法的优点是成品 KGM 的提取率高达 95％以上，无其他杂质引入，能节约成本。此方法简便易行，适于推广应用。缺点是磷酸降低了 KGM 的分子量、黏性、成膜性能等。

（三）Pb（Ac）$_2$ 法

利用 Pb（Ac）$_2$ 法能对蛋白质进行沉淀，可以除去 KGM 中的蛋白质。但在沉淀过程中引入有毒的 Pb^{2+} 对环境有污染，并不能在食品领域应用。水解过程中多次用到酸，会造成 KGM 部分水解，降低魔芋低聚糖含量，并有部分 KGM 降解为单糖，导致 KGM 提取率低。该工艺过程复杂，生产成本高，不易大规模应用。

（四）二甲基亚砜法

利用二甲基亚砜溶解淀粉不溶 KGM 的特性除去魔芋中的淀粉，不过会在纯化的操作过程中引进硫离子，对操作要求特别高，限制了该技术的应用。

三、魔芋葡甘聚糖的改性

KGM 由分子比 1∶（1.6～1.79）的葡萄糖和甘露糖残基通过 β-1,4 糖苷键与少量 β-1,3 糖苷键聚合而成，糖残基以 0.07 的乙酰化度进行交替结合，多糖分子质量的大小、基团取代度的高低都与其活性、溶解度、黏度等有密切关系。天然 KGM 有溶解度低、溶胶稳定性差、凝胶可塑性弱等缺陷，需要从分子结构入手对其进行改性从而拓宽应用领域。

（一）KGM 的共混改性

共混改性是拓展 KGM 复合材料的基础，属于物理学范畴，区别于相互作用的成键方式与反应类型。以 KGM 为基体，聚合物为改性剂进行均质，常与多糖高分子、蛋白质类等复配，共混改性效果的评价主要以物质间结合程度、成键方式、作用力大小来确定。聚合物接触亲水基团作用位点进行静电吸附并缠结，属于宏观物理共混；当液体黏度大，不宜结合成均相物时，共混分子受摩擦热和机械剪切力作用，降解的自由基发生局部化学交联或挤出反应，属于微观化学共混。KGM 共混改性体系的提出，有利于实现 KGM 多样化共混的横向对比，为共混材料的进一步物理改性与化学改性提供物质基础。

1. KGM 与多糖类共混

KGM 可与其他多糖形成复配增效体系，如纤维类中的乙基纤维素、羧甲基纤维素（CMC）、微晶纤维素，植物多糖类中的黄芪胶，海藻多糖类中的卡拉胶、琼脂胶，生物多糖类中的黄原胶等。KGM‑多糖共混改性体系中，KGM 含量的增加导致储能模量与损耗模量交叉点发生偏移，预示着分子间微观相斥并保留一定流动空间。碱性介质下，溶胀体系比为 3∶4 的 KGM-CMC 体系更容易保持胶束孔隙，并拥有三维吸水收缩空间，但薄膜断裂率峰值达 39.66%，仍存在应用缺陷。由于缺少对共混多糖体系的分类与归纳，无法从现有的基础研究中得出体系间的各项差异。

2. KGM 与蛋白质类共混

KGM 可与蛋白质形成热力学不相容复配增效体系，在形成多糖-蛋白质复合物的过程中，电荷流失速率与分相速率呈正相关关系，亚稳定状态下采用加入表面活性剂（保持电荷平衡）、交联剂（交联接枝共聚反应）等有助于改善 KGM 特性，KGM 单链填充保持了乳清蛋白（WP）与油脂分子之间的空隙，减少了两者在布朗运动诱导下的直接接触，抑制了其在蛋白等电点下的聚集。测定 KGM∶WP 在 3∶2 与 7∶3 时可达到溶胀平衡，WP 受到剪切力作用后更趋于稳定，将其复合膜用于蜜柚保鲜，储藏效果与聚乙烯（PE）膜包装相当。KGM 限制了 WP 折叠与聚集导致体系吸水，提高了偶极—偶极相互作用与旋转的运动效率，增加了水质子弛豫时间。

共混胶粒浓度比会影响 KGM-SPI（大豆分离蛋白）在等电点范围内

的溶解度，2％的 KGM 与 4％的 SPI 共混可抵抗高温加热下的分子振动，防止油脂聚集破坏乳化状态。热诱导中延伸的 KGM 链能更有效地限制 WGP（小麦面筋蛋白）分子变形并保护原始结构，但在面团混合过程中发现，在连续剪切应力作用下，KGM 会对谷蛋白巯基和二硫键交换产生负面影响，延缓游离硫醇积累，阻断疏水结合位点。KGM 分子质量显著影响 KGM-MP（肌原纤维蛋白）复合凝胶构象，并决定它们的物理行为，在 100 千戈瑞辐照计量下，KGM 有助于减弱 MP 层次堆积并提高产品亮度。有学者提出在多糖与蛋白质共混总浓度大于 0.012 克/毫升时，静电作用下黏度增幅明显。为优化 KGM 与蛋白质共混改性，需要从蛋白各级结构特性入手进行深入研究。

（二）KGM 的物理改性

物理改性是通过物理手段改变材料物质形态或性质的方法，主要用于纯化、成膜、凝胶等生产中。高效、便捷、环保是物理改性的基本特征，而产出率低、高成本等实质性问题却使物理改性一直饱受困扰。为了解决实际生产过程中遇到的由于 KGM 或与 KGM 共混为基础的物质在特定溶剂中存在溶胀速率慢、黏度大、稳定性差等问题，可利用物理学处理（如超声、辐照、粉碎降解、微波、静高压、脉冲电场、直流电场等方法）进行改性。KGM 物理改性的优缺点见表 9-4。

表 9-4　KGM 物理改性的优缺点

改性方案	方法与条件	优点	缺点	材料与用途
KGM-超声波（UW）	超声波功率 207.5 瓦；时间 20.8 分钟；乙醇浓度 80.8％；油料比为 19.6	聚集体粒径显著减小和流变性能加强	KGM 一级结构无明显破坏	抗氧化活性提高，避免特定抗生素受损
KGM-辐照（IR）	红外线辐照，辐照温度 49~73℃，辐照时间 24 小时，γ-射线辐照，电源为 ^{60}Co，源活动为 3.7×10^5 贝克勒尔，防护罩剂量梯度为 0~40 千戈瑞	与 H_2O_2 协同作用，促使 KGM 结晶度降低；吡喃环上的糖苷键发生断裂产生碳基	无定型结构未发生变化	提高 GSH-Px、CAT 酶活性；降低乳酸脱氢酶活性与细胞内 ROS、Ca^{2+} 的积累

（续）

改性方案	方法与条件	优点	缺点	材料与用途
KGM-粉碎降解（CD）	微粉碎机粉碎 60 分钟，振筛频率 1 400 次/分；震动球直径为 10 纳米，转速 380 转/分	表面粗糙度与溶解率成正比	持水性能下降；易碳化	胶囊
KGM-静高压（EHV）	聚乙烯包装 KGM 粉末或溶胶，排空空气，热封加压	促凝胶晶态形成；生成溶液后流变特性改变显著	氢键、糖苷键未完成而产生断裂	水溶性涂覆颜料；皮肤保湿化妆品；洗手液
KGM-脉冲电场（PEF）	脉冲电场处理，脉宽 20 微秒，频率 1 千赫，场强 33.3～66.7 千伏/厘米，流速 60 毫升/分	分子表面出现凹形微孔，可清除体系内 CO_2 气体	对 KGM 乙酰基脱落作用不显著	仿生食品原材料及保鲜膜
KGM-直流电场（DCEF）	钨酸钠 0.3%、KGM 0.5%、电压为 25 伏、电处理时间 12 分钟	材料均匀致密；10～40 伏下黏度大小与电压成正比	产物在强酸碱介质中稳定性较差；材料纸杯耗能高	负电药物载体；生物复合材料

超声（UW）作为一种绿色辅助提取技术，以高效、便捷著称，常为物理改性首选，研究表明：精确控制超声变量参数可预测果胶内高温高压点，微射流均质规律同样适用于 KGM 超声改性研究。观察对比微波与水浴加热后的 KGM，微波后的 KGM 结构集中、均匀平滑，而水浴后的 KGM 则出现致密层状。

H_2O_2 加入后，$^{60}Co\gamma$-辐照较红外剪切分子链断裂和羧基形成效果更加显著，但降解产物中仍存有 KGM 骨架。在 400MPa 高静压下处理 KGM-SPI 体系，黏度相比空白组提高了 145.3%，与单纯共混改性下的相比孔隙数量下降，间距直径减小，具有更强的抗氧化性。为解决传统 KGM 化学交联中交联剂分散不均导致的凝胶强度和韧性不足等问题，使用缓冲对介质可调节产物得出率的研究表明：在直流电场下制备 KGM-钨酸钠，成功解决用碱、硼砂等化学法制备的局限性，用于携带生物活性剂/负电荷药物装配，但模型较为单一，应用率较低。

（三）KGM 的化学改性

化学改性是通过化学反应，改变材料物质形态及性质的方法。通过对 KGM 或与 KGM 共混为基础的物质进行脱乙酰基、氧化、接枝、交联等处理，使其分子链脱去或引入部分基团，形成有序支链、平面网状以及三维体相，从而提高溶解度、溶胶黏度及稳定性，衍生出多种具有不同加工特性的 KGM。但该方法存在改性整体水平稳定性差、材质构化不均、化学污染等问题。

1. KGM 的脱乙酰改性

脱乙酰魔芋葡甘聚糖（Deacetylated Konjac Glucomannan，DKGM）是 KGM 化学改性中研究非常广泛的改性物质之一，乙酰基团的增减会影响 KGM 控水性的强弱，强碱能很好地抑制 KGM 分子膨胀，当没有空间移动时，链发生重叠并穿过相邻链实现缠结，DKGM 表观活化能达 15.59 千焦/分钟，在 $-4℃$ 时溶解度最大，但随着脱乙酰度升高呈指数下降趋势。

通过研究 Na_2CO_3 诱导机理，发现脱乙酰过程中分子从随机线圈转变为定向长丝网络，积聚与疏水作用更为密切。脱乙酰化可以对 KGM 晶体进行改性，同时也为 KGM 共混水平提供了深化可能。通过红外光谱观察 DKGM/XG 共混体系，脱乙酰度为 52.34% 时透明度降至 60.00%。对比荧光光谱探究 DKGM 溶胶—凝胶关系，加热前、加热后脱乙酰度为 32.58% 的 DKGM 临界缔合浓度分别为 0.58g/L 和 0.45g/L，当 Na_2SO_4 和 NaSCN 引入时分子叠层效应更显著。随着脱乙酰度增加，DKGM/KC 黏度降低，在提高凝胶硬度和弹性的同时保持着稳定的脱水率上限。研究 DKGM/蛋白反应机理，脱乙酰化后的 KGM 从半柔性支链分子转化成为弹性微球状，增加了构型非对称性。120℃下拉曼光谱显示，DKGM 可减缓蛋白质的二级结构降解，生物大分子之间存在静电引力与氢键疏水基团相互作用，可帮助蛋白质实现在 KGM 网面的均匀分布。减少 KGM 侧链亲水基团数是去乙酰化实现脱水凝结的目的，而电离水解强弱是导致 KGM 形成凝胶机制差异化的关键。实验结果表明：KOH 处理后的 DKGM 膜比 $CaOH_2$ 处理后表现出更强劲的拉伸强度，相同浓度

下 Na_2CO_3 诱导形成的单位面积孔隙比 K_2CO_3 的多，而且重吸收性能更佳。

2. KGM 的氧化改性

氧化是实现 KGM 共价交联的基础。解聚氧化后的 KGM，伴随着羰基或游离基生成碳氧双键易发生亲核加成，带有负电的氧可触发诱导效应，并且可以引入自由基实现外部基团的嫁接。自由基的引入通常可以采用物理间接引发和化学直接引发两种途径。物理间接引发是通过外力做功传递活化能，产生激发态氧或辅助氧化剂释放单线态氧。化学直接引发是利用氧化剂或引发剂引发氧化还原反应，由于各化学剂功能不一，氧化位点与方式也截然不同。KGM 通常使用 H_2O_2、$NaIO_4$、NaClO/四甲基哌啶氧化物、铈盐或过硫酸盐引发体系进行氧化。KGM 氧化为多元化接枝与交联提供可能，促生氧化魔芋葡甘聚糖（OKGM）主链结构重塑，并为层次化接枝与交联提供了改性方向选择。

3. KGM 的接枝改性

KGM 接枝是指在主链上结合支链或功能性侧基的改性反应，提高分子机械生物稳定性和线性展开能力的方法。改性性能取决于主链和支链的组成、结构、长度及支链数，长链接枝类似共混物，短链接枝类似无规共聚物。利用不同的催化剂或引发剂为接枝共聚提供差异化的活性位点与自由基，可采取醚化与酯化改性，或使用铈铵盐、过硫酸钾引发剂类进行接枝改性等。

第七节　魔芋副产品综合利用

魔芋精粉中关于葡甘聚糖的分子结构、流变性能和化学改性等方面的研究和利用较多，但关于魔芋加工副产物的研究却比较滞后，近二十年才有对魔芋加工副产物中含有的蛋白质、氨基酸、糖类、生物碱、脂类等物质进行利用开发，且由于魔芋加工副产物含有刺鼻的辛辣味，限制了它的应用，导致其大量被浪费。魔芋副产品种中含有生物碱和神经酰胺物质，还没进行很好的开发与利用，因此，加强魔芋加工副产品开发利用，不仅有潜力，而且对产业链条延伸有重要作用。

(一) 蛋白质、氨基酸

魔芋加工副产品含有丰富的乳蛋白，肠道微生态方面的研究表明：可以用乳酸菌、黑曲霉等多种益生菌的固相化发酵剂来发酵魔芋加工副产物，制备发酵乳。在酸性环境下，魔芋加工副产品中蛋白质被酸类物质、黑曲霉、乳酸菌等分泌的酸性蛋白酶水解，产生系列可溶性物质，对发酵乳中的生物活性物质进行分离纯化研究，发现其支链氨基酸（如缬氨酸、亮氨酸等）含量丰富，芳香族氨基酸（如苯丙氨酸、酪氨酸）含量较低。说明可以利用魔芋加工副产物生产肽产品，可以将其用于护肤品和日用产品生产中。

(二) 糖类

魔芋加工副产品中的糖类主要是淀粉和葡甘聚糖。采用物理法和溶剂法可去除魔芋加工副产物中的其他成分，将其含有的三甲胺、樟脑、α-蒎烯等化合物去掉，可制成优良饲料、饲料添加剂、基料和添加剂；或用作生产干燥剂、缓释剂和各种抗氧化剂的载体。生产的魔芋干燥剂，吸水容量大（为常用干燥剂一倍左右），且吸湿时间长，不发霉，易加工成型。利用 α-淀粉酶水解魔芋加工副产品，能够加工成燃料乙醇，是利用加工副产品的一种重要途径。

(三) 生物碱

飞粉是魔芋精粉加工过程中产生的一种重要的副产品，占魔芋精粉生产量的 30%～40%，中国魔芋飞粉的年产量为 6 000～8 000t。魔芋飞粉由于有一股刺鼻腥臭味，影响适口性，因而利用率低，随意堆积会污染环境，必须加强其开发利用，实现资源的可持续利用。

魔芋飞粉中含有多种抗营养因子（如单宁、三甲胺及生物碱等），会阻碍人体对营养成分的吸收和利用。此外，飞粉中含有的黄酮、神经酰胺等多种天然活性成分可被开发和利用。目前，魔芋飞粉主要用作饲料添加剂进行利用，也有研究人员将分离出来的生物碱用于跳甲、小菜蛾、斜纹夜蛾等害虫防治，但由于对魔芋加工副产品的分析还处于起步阶段，各种成分种类含量不明确，限制了它的深入开发利用。

（四）脂类

关于魔芋加工副产物中脂类的研究甚少。有关文献报道，魔芋中神经酰胺的含量为 $0.15\% \sim 0.2\%$，逐渐引起人们对魔芋的活性脂质的关注，有部分研究人员对神经酰胺开发利用进行了探索，尚未取得工业化生产利用的成熟技术。

第十章　贵州魔芋产业发展案例

第一节　政府对产业的支持

一、世界银行贷款项目

贵州魔芋产业发展过程中，世界银行贷款项目起到了助推作用。2015年3月、12月，贵州省分别从世界银行获得了两个扶贫项目贷款——世界银行贷款贵州农村发展项目和世界银行贷款贫困片区产业扶贫试点示范项目。世界银行贷款贵州农村发展项目（简称"农发项目"）贷款金额8.5亿元（世行贷款为6.1亿元，中方配套资金2.4亿元），世界银行贷款贫困片区产业扶贫试点示范项目（简称"六期项目"）4.8亿元（其中世行贷款为2.44亿元，中方配套资金2.36亿元），项目以贵州省扶贫办、贵州省财政厅为项目实施管理单位，省扶贫办外资项目管理中心为省级项目办具体组织项目实施。

世界银行贷款贵州农村发展项目，贷款号为8434－CN，贷款协定和项目协定于2015年3月9日生效；世界银行贷款贫困片区产业扶贫试点示范项目，贷款号为8509－CN，贷款协定和项目协定于2015年9月10日生效。项目贷款资金及利息由省级财政承贷承还，不再转贷给项目所属市县，建设期5年（2015—2019年），宽限期6年，还款期29年，具体由省、市、县各级扶贫办外资项目管理中心作为项目执行机构。

在魔芋产业发展方面，世行贷款项目支持了威宁县的梨银惠诚合作社、金种合作社，纳雍县的梅花山合作社，赫章县的营塘合作社、欣禾合作社、长坪合作社，织金县的南星合作社、众发合作社等经营主体发展魔芋产业，累计投入1.2亿余元支持合作社发展，建设了魔芋种植基地1万余亩，建设魔芋干片、精粉加工厂10个，直接带动4 000余贫困群众增收，对贵州魔芋产业起到了推动作用，为毕节市打造成为全省魔芋产业核心区、全国魔芋重点区夯实了基础。

二、其他项目

贵州省魔芋产业发展过程中，省绿色发展基金项目、省蔬菜发展专项资金项目、省500亩以上坝区财政资金补助项目、省中药材产业发展基地建设项目、省科技计划项目、省科普行动计划项目、省优势特色粮食项目等对魔芋企业、科研单位给予了支持，累计投入产业资金1亿元以上，推动了贵州省魔芋种植、加工业的快速发展。

第二节　贵州魔芋产业发展典型案例

一、市场导向的"麻乍模式"

威宁县是贵州省唯一获得中国园艺学会魔芋协会评选的"全国魔芋产业重点县"（截至2022年），得天独厚的土壤、气候、生态资源为产业发展提供了良好条件。2018年8月24日，中国园艺学会魔芋协会副会长崔鸣、明亚中、王玲，秘书长蒋学宽，常务理事丁海兵、杨朝柱、卢俊等组成专家组，先后到麻乍镇、草海镇参观了魔芋种植基地，与相关部门和基地负责人详细交谈，了解当地气候、土壤等情况，并现场介绍和讲解了魔芋种植技术与田间管理技术，介绍了市场销售渠道等，并召开会议，会上听取了当地农牧局关于申请"全国魔芋产业重点基地县"材料的总体汇报，以及鼎诚魔芋公司发展情况和构想，经现场打分通过初审，经会长会商定后准予授予"全国魔芋产业重点基地县"称号。

威宁县有种植魔芋的传统，是贵州魔芋产业发展最适宜区，但长期都是由农户自行发展，产业呈现散、弱、小的格局。贵州威宁鼎诚魔芋科技有限公司对威宁县乃至贵州省魔芋产业发展都起到了助推作用，2018年进驻威宁县麻乍镇并成功探索出"向日葵-魔芋"套种栽培模式，2019年在贵州省农科院生物技术研究所、毕节市中药研究所、威宁县农业农村局等部门的技术支持下，建成2020亩花魔芋集中连片示范基地，2021年扩大到3540亩，攻克了花魔芋集中连片种植关键技术，打破了"花魔芋集中连片种植面积不能超过200亩"的说法，技术全国领先。通过公司规模化生产示范，推动麻乍镇魔芋种植面积从 2018 年不足 0.2 万亩发展到 2022 年全镇 17 个村（社区）都种植魔芋，种植总面积 2.53 万亩，总产值 1.5 亿元，魔芋种植面积在全省乡镇排行第一，实现了种植规模 10 余倍增长，成为全国有名的魔芋产业重镇，有效带动了威宁县魔芋产业发展，也为贵州魔芋产业的快速发展起到了良好的示范带动作用。

麻乍镇魔芋产业发展是贵州省市场导向、政府引导、科技支撑、企业引领的典型案例，对全国魔芋产业发展有指导意义。麻乍镇魔芋产业的高质量发展，得益于镇党委书记马启雄的全力推动，他把魔芋作为老百姓增收致富的好产业来抓，在省、市、县技术部门的支持下，发挥龙头企业带动作用，形成了集种植、加工一体化发展格局，形成了全国有影响力的"麻乍模式"，我们总结为"八魔心法"。

（一）科技引领变"魔术"

魔芋种植技术要求高，特别是占中国 90％以上种植面积和产量的花魔芋，长期受到软腐病、白绢病等危害，使得行业内有"花魔芋集中连片种植面积不能超过 200 亩"的说法，缺乏规模化、标准化种植技术的支撑，制约产业发展。

为攻克魔芋规模化、标准化种植的技术难题，从 2014 年起贵州省生物技术研究所魔芋研究室主任丁海兵就牵头对制约产业发展的关键环节、重大技术问题进行研发，先后联合了毕节市中药研究所、威宁县山地特色农业科学研究所进行技术攻关，集成了"高海拔区域魔芋保墒增温避雨控草技术""种芋包衣技术""魔芋防治补病害综合防控技术""生态控草技术"等成果，为毕节市魔芋产业发展夯实了基础。依托省科技特派员制度，组建了一支强有力的技术队伍，形成了省级技术领衔，市级科技冲锋，县级推动落地的联合科研推广团队，并整合重点乡镇农技服务中心人员、企业技术核心成员成立科技团队，联合开展技术服务、技术培训，有效推动了贵州魔芋产业发展。

通过科技引领，科技团队走村入户进企业，传授魔芋种植技术，宣讲惠民政策，提供咨询帮助，当企业问需开方的"把脉人"，做芋农心中的"田专家"，当农民增收致富的"传经者"，把魔芋论文写在大地上，把科技送到田间地头，推动了贵州省魔芋产业的高质量发展。全省魔芋种植成功率从 2010 年的 20%～30% 上升到 2022 年的 50%～60%，在有科技服务团队支撑的地方，种植成功率在 80%～90%，科技进步为贵州省魔芋发展奠定了基础。

为助推企业发展，专家服务团队还帮助企业申报专利、申请项目、推动宣传，成为魔芋产业的宣传队、传播者、领头羊、增收致富的带头人。贵州威宁魔芋农业科技示范园区建设项目、魔芋草害生态化绿色防控技术研究与示范项目、麻乍镇魔芋科普示范基地科普惠农兴村项目、500 亩坝区项目、中药材发展项目等的落地建设，推动了麻乍镇产业的高质量发展，经营主体的 5 个魔芋专利获得授权证书。科技改变了产业发展方式和产业格局，为麻乍镇魔芋产业在全国魔芋行业内异军突起，成为贵州有名、全国知名的魔芋产业强镇提供了强大支撑。

（二）基地建设筑"魔域"

麻乍镇党委、政府围绕脱贫攻坚和乡村振兴工作大局，以市场需求为导向，推动了魔芋产业从小规模到全镇普及种植的高速推广，经营主体也从单打独斗到抱团发展，在全国魔芋种芋、商品芋生产市场中占据了一席之地。2018 年以来，随着脱贫攻坚的不断深入，麻乍镇采用"政产学研用"融合发展模式，引进鼎诚魔芋公司作为龙头带动，以贵州省农科院生物技术研究所、毕节市中药研究所、威宁县农业农村局为技术支撑，通过标准化生产示范基地建设，推动新品种、新技术、新方法的推广应用，在省、市、县技术单位的支持下，突破了花魔芋规模化种植技术的重大突破。2019 年，在麻乍镇戛利坝成功建设 2 020 亩花魔芋集中连片种植基地，2020 年扩大到 3 540 亩，种植规模、技术标准全国领先。

2022 年麻乍镇以 2.3 万余亩的种植面积，成为全国重要的万亩魔芋乡镇，是全国魔芋产业重点镇，成为贵州魔芋产业的一张名片，为当地带来了大量的客户和订单。

（三）技术研发除"魔咒"

魔芋种植是一个技术活，行业内一直说魔芋是"高投入、高风险、高回报"的"三高"产业，2015 年全国魔芋产业发展研讨会上，贵州省农科院丁海兵同志提出了其为"高投入、高技术、高回报"的"新三高"产业，指出风险源于无法把控技术，加强技术研发推广是产业发展的根基。

麻乍镇发展魔芋产业有天然的自然资源优势，也离不开科技工作者的全力支持。以省农科院为首的贵州魔芋科研技术团队，总结多年科研和生产实践经验，提出了"魔芋晒种失水率不低于20％""种芋全程筐装"的技术要求，编写了《贵州魔芋丰产栽培技术》的培训资料，把魔芋种植关键技术写进资料，将魔芋技术培训课堂搬到田间地头，采取课堂教学讲授、现场研讨交流讲解、魔芋产品展示相结合的方式进行培训，通过魔芋技术专家讲解和现场交流，对魔芋产业发展状况及前景进行分析，重点就魔芋栽培环境与地块选择、种芋选择与消毒、种植密度、种植时间、种植方法、施肥除草、病虫害防治、魔芋收挖与储存等方面进行了详细的讲解培训。魔芋种植经营主体积极学、认真听、仔细看、牢牢记，还采用现场问答的互动模式，交流讨论热烈，学习气氛浓厚，促进了学员对知识的吸收和掌握。魔芋专家们的授课生动形象、通俗易懂，理论与实际高度结合，提高了魔芋种植户的管理技术水平。同时，技术服务团队还成立微信群，用于技术交流和免费发放技术资料，推动了麻乍镇魔芋产业健康发展。

（四）机械生产显"魔功"

魔芋表皮薄、易损伤，在生产中机械化应用率不高，长期以来麻乍镇种魔芋主要以人工种植为主，部分农户用耕牛来配合操作，劳动强度大、效率低、成本高。促进魔芋产业高质量发展，机械化生产是亟须解决的重要问题。

2019年，省农科院专家和贵州威宁鼎诚魔芋科技有限公司主要负责人深入交流了魔芋机械化种植的研发思路，请专业从事农机设计方面的专家绘制了农机改装图纸，将当地马铃薯旋耕机、播种机进行改装，实现魔芋种植的机械化推广应用，让农机成为山区农民魔芋种植的"好帮手"，具有很高的推广应用价值。如今，随着魔芋机械化生产的应用，机械逐渐替代牛耕、锄挖等传统耕作方式，省时省工省力，提高了生产效率，极大地降低了魔芋生产成本。目前，麻乍镇大部分生产环节基本实现了机械化应用，有效增加了农户收入，推动了魔芋产业的长远发展。

（五）魔芋加工添"魔法"

魔芋具有降低"三高"、减肥、提高免疫力、排毒通便等保健功效，受消费者青睐。随着魔芋市场的不断拓展，魔芋种植收益远高于其他传统作物，麻乍镇农户种植魔芋热情高涨。2018 年以来，麻乍镇依托得天独厚的地理条件和自然优势大力发展魔芋种植，种植规模从 2018 年的不足 0.2 万亩扩大至 2022 年的 2.3 万亩，发展势头好。为推动产业持续发展，延长产业链，提高群众种植积极性，鼎诚魔芋公司在岩格村建设魔芋加工厂，于 2019 年 10 月 2 日正式投入生产。该厂目前平均每年可生产加工鲜魔芋 30 吨以上，生产魔芋干片 4 吨左右，解决了当地 30 余农民的就业问题。

麻乍镇党委、政府把魔芋作为调整农业产业结构的重要作物，通过加强科技支撑、企业引领、补齐加工短板，使魔芋产业形成良好的产、供、销产业链条，拓展了群众增收渠道，提高了产品附加值。

（六）产销对接去"魔障"

魔芋种植风险高、难度大，但市场需求量大，价格相对稳定，只要种植成功，销售就有保障，是一个回报较高的产业。随着魔芋种植技术难题的不断攻克，魔芋已经成为麻乍镇家喻户晓的高收益经济作物。为推动魔芋产业高质量发展，麻乍镇着力健全产销稳定对接机制，推动完善的产销对接体系建设，积极协调、调配各方资源力量，实现魔芋产销不愁。培育壮大贵州威宁鼎诚魔芋科技有限公司，为推进魔芋产加销一体化建设做好服务，种植农户与公司签订保底销售合同，形成了加工企业带动，政府主导推进，农业部门技术服务支撑，农民积极参与的产业化格局。

（七）利益联结聚"魔力"

产业发展需要无数经营主体共同参与，需要更多的人才、资金投入才能做强做大。麻乍镇不断创新利益联结机制，通过政策倾斜、项目倾斜、技术倾斜，发挥产业基地、龙头企业、合作社、扶贫项目的带动作用，培育壮大龙头企业，解决芋农产品销售问题。采取"党支部＋公司＋合作社＋基地＋农户"运作模式，将公司、合作社、农户捆绑成"利益共同体"，通过参与土地流转、务工、分红等方式，精准到户到人，改变农户一家一户分散经营状况，形成规模效应；把千家万户的生产经营与市场有机对接起来，既让农民群众在产业发展中分享收益，又让魔芋产业在实践中得到快速发展，实现"双赢"。

（八）对外宣传出"魔效"

魔芋产业链条长，种植收益高、见效快，符合国家大健康产业发展要求，是前景广阔的朝阳产业，对带动农民持续增收有重要作用。麻乍镇魔芋产业在地方党委、政府的支持和龙头企业的带动下，产业得到很好的发展。麻乍镇人民政府聘请威宁县农业农村局刘军林为特约宣传员，通过报刊、网络等媒体宣传的方式，积极宣传魔芋产业，2018 年至 2022 年，先后在农民日报、中央广播电视总台国际在线、贵州日报、多彩贵州网、天眼和众望新闻客户端、毕节日报、威宁新闻等从中央到地方的新闻媒体对产业报道 100 余次，有效提高了麻乍镇乃至威宁县魔芋的品牌影响力，促进魔芋产业持续健康稳定发展，为"麻乍模式"的构建夯实了基础。

二、政府引导的"绿塘实践"

2019 年，大方县绿塘乡在时任党委书记肖顺平的推动下，走上了"魔变之路"，改变了魔芋在农户房前屋后自然生长的局面，走上了万亩魔芋规模化种植的神奇变化之路。大方县绿塘乡依托自身优势，大力推进产业结构调整，通过党委统筹、支部引领、企社联动、村民参与等措施，以魔芋为主导产业，采取"双领办、双入股、双分红"的产业发展模式，探索"四统四联"机制，全力推进党组织领办合作社工作，实现党建引领经济建设高质量发展的格局。

绿塘乡通过引进龙头企业，采取"龙头企业＋基地＋农户"发展模式，2019 年在牛场社区种植 2 000 余亩魔芋，当年 10 月 17 日在全县农业产业结构调整观摩会上经现场测产，亩产达 4 102 千克，按当年市场价格计算，亩产值 28 714 元，亩纯利润超 12 000 元，极大地鼓舞了干部群众士气，增强了绿塘发展魔芋产业的信心和决心。2020 年，绿塘乡党委制定了全乡魔芋产业发展规划，当年种植面积 8 000 余亩，截至 2022 年，绿塘乡魔芋种植面积 12 000 余亩，成为魔芋万亩乡镇。

（一）党委统领联乡村

1. 组建合作联社统筹发展

2020 年 1 月 9 日，在乡党委、政府的大力支持下，联合七个村（社区）的合作社，成立大方县绿塘乡聚财魔芋种植专业合作社联社来推魔芋产业发展，按照"四统一"模式（统一供种、统一技术、统一物资、统一收购），推动全乡党组织领办合作社同步发展，共投入各类资金 5 600 余万元，种植魔芋 12 000 余亩，带动全乡 1 839 户 6 633 人增收，辐射带动周边乡镇种植魔芋 5 000 余亩。建成全国首条机械化、智能化魔芋脱水制种生产线，增强了为周边乡镇提供高品质优质魔芋种能力。

2. 组建生产队伍联户发展

整合在家劳动力积极投身魔芋产业发展，以劳务折资、发放工分票的形式入股合作社，进行抱团发展。实现以户为个体、以生产队为单位，有效地将农户联合起来共同发展。

3. 组建产业跨乡发展

绿塘乡与鼎新乡共同组建魔芋产业联合党总支，围绕"四统四联"模式，连片种植魔芋 17 000 亩，带动 3 815 户农户共同发展。

（二）要素统配联发展

1. 统一生产管理促推进

合作联社对入股的资源、资产、资金等进行统一管理，为促进魔芋产业增收增产夯实基础。同时投入资金 450 万元修建魔芋制种中心，为全乡统一供种提供保障。

2. 统一土地使用促稳定

组织发动群众将土地折价入股到合作社共同发展，群众将土地折价入股面积达 12 083 亩，对群众折价入股的土地按照保底分红方式促进农户增收，土地按 400 元/亩进行分红。

3. 统一技术指导促增收

聘请植保专家作为魔芋产业技术总监，聘用植保专业人才 1 名，解决技术难题 12 个，为实现魔芋产业提质增效提供坚实的技术人才保障。

(三) 经营统管联市场

1. 实现管理规范化

成立魔芋产业发展办公室，调配精干力量 5 名，确保合作社规范管理运行。

2. 实现发展多元化

修建魔芋精深加工中心、组建劳务输出队、修建停车场，通过多元化产业发展，实现多元化发展。

3. 实现产业品牌化

注重产品开发和文化培育，把绿塘打造成为魔芋之乡，积极申请注册"绿塘"商标和"魔芋之乡"地标。2020 年 12 月 10 日，大方县首届"魔芋王"选拔邀请赛在绿塘乡开赛，牛场社区的魔芋种植大户杨华培育的魔芋重达 28.30 千克，拔得头筹，荣获"魔芋王"称号。2021 年 5 月 9 日，绿塘乡举办了"绿塘魔芋"杯职工运动会，活动从开始到结束历时 20 天，其间举办了篮球、拔河、象棋、羽毛球、跳绳等比赛活动，极大地调动了农民群众参与魔芋产业发展的积极性，助力群众增收。

(四) 益统分联群众

1. 多方入股强发展

通过合作联社融资贷款、扶贫项目资金投入、村"两委"干部现金入股、村集体资源资产入股、群众土地折价入股、劳务入股等，推广"公司＋基地＋农户""公司＋合作社＋农户"等多种经营主体加农户的利益机制，进一步推广村社一体、合股联营发展模式，鼓励和支持农户用自家土地、资金、技术及劳动力作为资本投入，与企业、合作社结成利益对子，完善利益分配机制，抱团发展，不断壮大村集体经济，巩固脱贫成效。

2. 规避风险强保障

探索风险共担、利益共享的捆绑发展机制、风险防控资金和财务监管机制，购买魔芋种植保险，聘请专业人员负责账目管理，确保合作社生产经营在阳光下运行。

3. 收益分配强共享

根据《中共毕节市委关于印发毕节市党支部领办村集体合作社运行管理办法（试行）的通知》（毕委〔2020〕18 号）文件，2020 年魔芋产业收益分红共计 186 万元，惠及群众 2 595 户，9 118 人。绿塘乡成立魔芋专班，采取党支部领办合作社发展，在全乡成立合作联社，对全乡 7 个村合作社进行统筹管理，统一资金、采购、种植、技术、销售等。同时，组织干部群众到四川、云南等省考察学习，种植前魔芋专班和村干部要组织参与务工的村民进行田间培训、现场实操，让其掌握种植技术。此外，绿塘乡以"土地流转费＋务工收入＋收入分红"的三重保障确保群众收入。通过让群众流转土地保障"租金"，参与务工保障"薪酬"，入股合作社保障"分红"的形式，把群众与企业、合作社的利益紧密地联结在一起，实现利益共享，合作联社产生效益后，用利润的 70％来分红给土地入股的群众，30％作为村集体经济。

参考文献

REFERENCES

艾玉秀，1987. 南方豆天蛾生物学特性的研究 ［J］. 贵州农学院学报，01：93-96.

陈爱平，2012. 周宁魔芋组织培养研究 ［J］. 宁德师范学院学报，04：355-358.

陈国爱，2016. 魔芋外植体的消毒方法研究 ［J］. 陕西农业科学，62（05）：33-34.

陈建华，王玲，尹桂芳，等，2010. 影响魔芋花药培养褐变因素研究 ［J］. 西南农业学报，23（02）：458-461.

陈利锋，徐敬友，2001. 农业植物病理学（南方本）［M］. 北京：中国农业出版社.

陈清华，崔清梅，罗鸿，等，2019. 我国茶园生态控草研究进展 ［J］. 安徽农业科学，47（08）：22-23，26.

陈葳，2013. 魔芋种植利用与加工技术 ［D］. 重庆：福建农林大学.

陈一心，1986. 中国农区地老虎 ［M］. 北京：农业出版社.

陈艺林，杨子纹，1987. 贵州植物志（第9卷）［M］. 成都：四川民族出版社.

陈永波，赵清华，滕建勋，等，2005. 正交试验优化花魔芋组织培养条件 ［J］. 氨基酸和生物资源，02：29-31.

陈永波，2005. 魔芋的组织培养和工厂化生产技术 ［J］. 氨基酸和生物资源，04：8-10，22.

丁聪，徐飞，朱雅洁，2017. 空心莲子草的国内入侵及控制利用研究进展 ［J］. 山东林业科技，47（06）：93-95.

丁海兵，姜霞，邓宽平，等，2012. 贵州魔芋产业发展现状、存在的问题及对策 ［J］. 贵州农业科学，40（08）：226-230.

董莉环，崔娟，吴磊，等，2017. 酸模叶蓼对大豆生长的影响及其经济阈值 ［J］. 中国农学通报，33（15）：15-20.

董立尧，武淑文，高同春，等，2003. 千金子发生特点与危害及其防除研究进展 ［J］. 中国农学通报，19（001）：55-61.

杜渊，姚许思民，杨怡，等，2018. 花魔芋愈伤组织诱导微球茎的效果研究 ［J］. 现代农业科技，24：44-46，50.

段龙飞，郭邦利，陈国爱，等，2016. 花魔芋实生种子组织培养研究初探 ［J］. 山西农业大学学报，36（09）：639-643.

方祖成，李冬生，汪超，2017. 食品工厂机械设备［M］. 北京：中国质检出版社，中国标准出版社.

费甫华，彭金波，刘二喜，2019. 现代魔芋种植实用技术问答［M］. 武汉：湖北科学技术出版社.

傅和玉，宋建民，1999. 常见农林业害虫的鉴别与防治技术［M］. 北京：中国盲文出版社.

巩发永，2013. 魔芋资源的开发与利用［M］. 成都：四川大学出版社.

顾文，陆云梅，傅华欣，等，2001. 稻田千金子发生危害及防除对策［J］. 上海农业科技，5：2.

顾玉成，吴金平，万进，等，2004. 魔芋不同外植体诱导比较实验［J］. 中南民族大学学报，03：17-19.

郭传友，王中生，方炎明，2003. 外来种入侵与生态安全［J］. 南京林业大学学报，02：73-78.

郭良芝，郭青云，邱学林，等，2001. 酸模叶蓼的生物学特性与危害初步研究［J］. 杂草科学，04：14-16.

郭良芝，郭青云，邱学林，等，2001. 酸模叶蓼田间发生量与油菜籽产量损失关系的初步研究［J］. 青海农林科技，04：17-18.

郭普，2006. 植保大典［M］. 北京：中国三峡出版社.

郭政宏，乐超银，王健，等，2009. 花魔芋组织培养的研究［J］. 安徽农业科学，37（25）：11867-11868.

何发林，乔治华，姚向峰，等，2020. 不同杀虫剂对铜绿丽金龟的室内毒力测定及混配增效药剂筛选［J］. 植物保护，46（04）：228-233，257.

何发林，孙石昂，于灏泳，等，2020. 氯虫苯甲酰胺拌种对3种玉米地下害虫的防治效果［J］. 植物保护，46（01）：253-261.

何家庆，1998. 中国、日本魔芋产业的现状、困因与发展趋势分析［J］. 天然产物研究与开发，4：80-86.

何鑫磊，2002. 魔芋多糖/生物大分子复合物对面粉改良作用的研究［D］. 福州：福建农林大学.

洪海林，饶辉福，余安安，等，2014. 茶园杂草无害化防治技术［J］. 湖北植保，02：37-39.

胡建斌，柳俊，严华兵，等，2004. 魔芋不同类型愈伤组织及分化能力研究［J］. 华中农业大学学报，06：654-658.

胡建斌，2006. 魔芋离体形态发生机制及其繁殖技术［D］. 武汉：华中农业大学.

胡楠，刘海利，王启军，等，2011. 魔芋浅层液体组织培养体系研究［J］. 中国蔬菜，

10：58-63.

胡楠，2011.魔芋浅层液体组织培养及多倍体诱导研究［D］.重庆：西南大学.

胡守洲，李求文，谢瑞礼，等，2002.稻秆潜蝇对杂交水稻制种田的危害与防治措施［J］.种子科技，20（5）：297-297.

胡悦，冉兴宇，张兴国，等，2012.魔芋组培快繁的影响因素［J］.中国蔬菜，08：75-79.

黄丹枫，刘佩瑛，1994.魔芋再生植株形态发生途径的细胞组织学观察［J］.上海农学院学报，01：25-30.

黄丹枫，陆文初，1993.细胞分裂素与魔芋组织培养器官发生研究［J］.西南农业大学学报，06：52-56.

黄丹枫，庄天明，甘晓兵，1994.魔芋组织培养器官发生综合因子的数学分析［J］.上海农学院学报，04：260-265.

黄国洋，2013.农作物主要病虫害防治图谱［M］.杭州：浙江科学技术出版社.

黄莉，2020.甘薯大田期常见虫害的识别、发生与防治技术［J］.园艺与种苗，40（10）：51-53.

黄蕊，2010.魔芋葡甘聚糖提取工艺及其通便功效的研究［D］.成都：四川师范大学.

黄世霞，2004.油菜田看麦娘的生物学特性及其对三种除草剂抗药性的研究［D］.南京：南京农业大学.

黄腾均，贾仲光，秦文阳，2012.茶园间种黑麦草的效益分析［J］.广西畜牧兽医，28（03）：136-137，178.

惠康杰，黄凤琴，杨选民，等，2010.白三叶草在茶园中的应用及种植技术研究［J］.茶业通报，32（02）：54-57.

江新凤，杨普香，石旭平，等，2014.幼龄茶园套种绿肥效应分析［J］.蚕桑茶叶通讯，06：20-22.

蒋智林，2004.甘薯天蛾发育中的某些生理生态特征及机理研究［D］.长沙：湖南农业大学.

解继能，刘新蓉，周明晦，1987.魔芋的组织培养和植株再生［J］.植物生理学通讯，03：37.

孔凡伦，肖亮，王爱霞，1986.白魔芋的组织培养和植株再生［J］.植物生理学通讯，01：41.

李川，2006.白魔芋种子发芽过程中的生理生化研究［D］.重庆：西南大学.

李高见，2020.20％三唑磷乳油防治豆天蛾幼虫田间试验［J］.现代农业，10：25-26.

李恒，1986.天南星科的生态地理和起源［J］.云南植物研究，8（4）：383-381.

李恒，1995.中国植物志（第十三卷第二册）［M］.北京：科学出版社.

李嘉泓，杜娟，顾沛雯，等，2021. 8 种微生物源药剂对葡萄苗圃根结线虫病的防治 [J].
　　西北农业学报，30 (11)：1733 - 1740.

李剑美，谢庆华，张云峰，等，2008. 魔芋组织培养中不同生长阶段同种酶变化的研究
　　[J]. 云南农业大学学报，05：603 - 608.

李磊，2012. 不同种魔芋生物学性状及化学成分比较研究 [D]. 长沙：湖南农业大学.

李琳，王桢，2020. 果蔬干燥技术研究进展 [J]. 中国果菜，40 (03)：9 - 17.

李娜，2006. 改性魔芋葡甘聚糖成膜特性应用研究 [D]. 绵阳：西南科技大学.

李萍，2020. 甘薯主要虫害的识别及防治 [J]. 农业灾害研究，10 (03)：24 - 25.

李祖任，徐爽，廖海民，等，2012. 贵州省烟田杂草优势种调查 [J]. 杂草学报，30
　　(3)：32 - 36.

栗均平，李书民，蒋安，等，2008. 魔芋组培繁殖体液体培养试验初报 [J]. 农业科技通
　　讯，07：55 - 56.

廖倩，胡尚连，曹颖，等，2016. 北川花魔芋愈伤组织与试管微球茎离体诱导研究 [J].
　　种子，35 (05)：87 - 90.

林金成，强胜，2004. 空心莲子草营养繁殖特性研究 [J]. 上海农业学报，20 (004)：
　　96 - 101.

林晓斐，2017. 国务院办公厅印发《中国防治慢性病中长期规划（2017—2025 年)》[J].
　　中医药管理杂志，25 (04)：14.

斉祥根，2012. 花魔芋组织培养快繁体系的建立及其分化机理的研究 [D]. 雅安：四川农
　　业大学.

刘博伟，2020. 化学除草技术在林业育苗中的应用实践分析 [J]. 种子科技，38 (02)：
　　80、83.

刘二喜，2016. 魔芋种质资源分类鉴定技术、引种适应性评价及繁殖特性研究 [D]. 恩
　　施：湖北民族大学.

刘贵周，谢世清，赵庆云，等，2005. 优质魔芋组培快繁技术研究 [J]. 云南农业大学学
　　报，06：47 - 51.

刘贵周，赵庆云，谢世清，等，2003. 魔芋组织培养技术研究进展 [J]. 中国农学通报，
　　19：101 - 102，125.

刘红，2002. 魔芋的药用研究进展 [J]. 湖北民族学院学报，03：35 - 37.

刘金龙，李维群，吕世安，等，2004. 魔芋新品种：清江花魔芋 [J]. 园艺学报，
　　06：839.

刘佩瑛，陈劲枫，1984. 魔芋属一新种 [J]. 西南农学院学报，01：67 - 69.

刘佩瑛，孙远明，张茂玉，2003. 魔芋学 [M]. 北京：中国农业出版社.

刘佩瑛，1987. 魔芋的生物学研究及应用 [J]. 长江蔬菜，05：3 - 6.

刘荣鹏，龙应霞，刘洋，等，2012. 贵州花魔芋的组织培养及植株再生体系 [J]. 贵州农业科学，40（07）：42-47.

刘伟堂，2015. 小麦田牛繁缕（*Myosoton aquaticum* L. Moench.）对苯磺隆的抗性研究 [D]. 济南：山东农业大学.

刘照启，张蔚然，韩鑫，等，2020. 浅谈除草技术 [J]. 农业技术与装备，04：80-81.

柳俊，谢从华，余展深，等，2001. 魔芋离体繁殖研究 [J]. 华中农业大学学报，03：283-285.

卢永星，2021. 烟粉虱的识别与防控 [J]. 湖南农业，07：54-55.

陆红叶，2017. 弥勒魔芋生殖发育特性分析及淀粉合成相关基因 AmAGP 的克隆 [D]. 昆明：云南大学.

吕佩珂，苏慧兰，李秀英，2017. 葱姜蒜薯芋类蔬菜病虫害诊治原色图鉴 [M]. 北京：化学工业出版社.

吕世安，沈艳芬，黄元勋，等，2003. 魔芋组织培养及试管苗快繁原种芋技术研究 [J]. 湖北农业科学，06：68-70.

罗旭辉，刘明香，罗石海，等，2013. 茶园套种圆叶决明对杂草物种多样性的影响 [J]. 热带作物学报，34（12）：2503-2507.

罗远华，朱文丽，伍立锋，等，2006. 大头芋的组织培养 [J]. 热带农业科学，02：16-18.

马崇坚，彭诚聪，2007. 魔芋块茎组织培养及植株再生 [J]. 江苏农业科学，03：103-105.

马继琼，尹桂芳，孙道旺，等，2016. 利用组织培养成芋技术快速构建魔芋杂交品系的探索 [J]. 西南农业学报，29（06）：1398-1403.

马林，张玲，李卫锋，2003. 影响魔芋愈伤组织形成的几个因素 [J]. 广西植物，06：553-557，576.

宁吉喆，2021. 第七次全国人口普查主要数据情况 [J]. 中国统计，05：4-5.

潘登浪，曾宪海，邹积鑫，等，2014. 海南野生疣柄魔芋组培快繁技术 [J]. 热带农业科学，34（10）：67-70.

潘瑞炽，2001. 植物组织培养 [M]. 广州：广东高等教育出版社.

庞杰，张盛林，刘佩瑛，等，2001. 中国魔芋资源的研究 [J]. 资源科学，23（5）：87-89.

彭昌操，2000. 花魔芋愈伤组织诱导研究 [J]. 湖北民族学院学报（自然科学版），03：1-3.

普丽花，陈燕萍，卢丽英，等，2010. 红魔芋不同外植体不定芽诱导的比较研究 [J]. 中国园艺文摘，26（10）：22-23，38.

强胜，曹学章，2001. 外来杂草在我国的危害性及其管理对策［J］. 生物多样性，9（2）：8.

秦正伟，周光来，陈琳，等，2008. 珠芽魔芋不同外植体诱导愈伤组织研究初报［J］. 安徽农业科学，09：3551-3552.

商泽宇，2021. 基于菌糠载体引诱小地老虎颗粒剂的组分研究［D］. 济南：山东农业大学.

沈国军，徐正浩，俞谷松，2005. 空心莲子草的分布、危害与防除对策［J］. 植物保护，03：5-14-18.

宋志红，吴金平，吴润玲，等，2009. 花魔芋试管微球茎休眠解除的研究［J］. 湖北农业科学，48（11）：2767-2769.

苏承刚，张兴国，张盛林，2001. 桂平魔芋组织培养研究［J］. 西南农业大学学报，03：228-229.

苏承刚，张兴国，2003. 南蛇棒魔芋的组织培养与植株再生研究［J］. 西南农业大学学报，05：393-395.

苏承刚，张兴国，2004. 甜魔芋愈伤组织诱导与植株再生研究［J］. 西南农业大学学报，05：601-602.

苏定昌，2010. 脱毒魔芋良种组培快繁试验［J］. 山东农业科学，11：42-43.

粟周群，龙翔，顾艳梅，等，2016. 贵州雷公山区花魔芋种植的适生环境条件分析［J］. 长江蔬菜，20：61-65.

粟周群，龙翔，顾艳梅，等，2017. 雷公山区花魔芋种质资源的生产力分析［J］. 种子，36（05）：55-57.

孙道旺，尹桂芳，李春花，等，2016. 怒江地方花魔芋资源品质与产量增产效率分析［J］. 中国农学通报，32（33）：114-118.

孙天玮，2008. 三种魔芋的主要成分及加工下脚料生物碱研究［D］. 长沙：湖南农业大学.

唐劲驰，赵超艺，黎健龙，等，2008. 茶豆间作对幼龄茶树生长影响［C］. 2008茶学青年科学家论坛论文集. 杭州：中国茶叶学会，208-214.

汪勇，欧昌梅，敖维琼，等，2010. 茶园套种牧草控制杂草试验初探［J］. 湖南农机，37（11）：234-235.

王存堂，杨丽，蒋继丰，等，2008. 魔芋海带丝保健食品的研制［J］. 食品工业科技，11：198-200.

王芳，2005. 魔芋保健食品加工［J］. 中国供销商情投资与营销，03：66.

王贵元，江行，宋志红，2010. 几个组织培养因素对魔芋叶柄愈伤诱导率的影响［J］. 现代园艺，09：3-5.

王凯，张盛林，2016. 白魔芋研究进展及展望 [J]. 南方农业，10 (34)：60-64.

王莉莉，2014. 魔芋葡甘聚糖的提取及其在酸乳中的应用研究 [D]. 合肥：安徽农业大学.

王丽，2008. 白魔芋组织培养和快繁技术研究 [D]. 雅安：四川农业大学.

王玲，房亚南，马继琼，等，2006. 魔芋组织培养中褐变成因的探讨 [J]. 西南农业学报，04：719-721.

王玲，李勇军，房亚南，等，2004. 魔芋组织培养的一步成苗技术研究 [J]. 西南农业学报，05：636-638.

王平华，谢庆华，吴毅歆，等，2001. 白魔芋不同外植体组培分化条件研究 [J]. 西南农业大学学报，01：63-65.

王瑞，2006. 我国严重威胁性外来入侵植物入侵与扩散历史过程重建及其潜在分布区的预测 [D]. 北京：中国科学院植物研究所.

王三根，2013. 植物生理生化 [M]. 北京：中国林业出版社.

王永盛，2002. 茶园铺草技术与作用 [J]. 蚕桑茶叶通讯，02：14.

王玉兰，1997. 魔芋的休眠生理 [J]. 西南农业大学学报，04：98-102.

邬应龙，巩发永，2009. 魔芋加工技术 [M]. 四川：四川科学技术出版社.

巫锡源，2013. 花魔芋高产优质栽培技术 [J]. 东南园艺，1 (02)：46-48.

吴金平，宋志红，刁英，等，2007. 甜魔芋芽鞘分化及植株再生条件的研究 [J]. 安徽农学通报，22：36-37.

吴金平，宋志红，刁英，等，2007. 西盟魔芋组织培养初步研究 [J]. 河南农业科学，11：98-99，114.

吴金平，2005. 利用离体培养技术筛选魔芋软腐病抗原材料的研究 [D]. 武汉：华中农业大学.

吴伦，王鹏，赵帮泰，2011. 优质魔芋精粉湿法加工工艺及设备配套研究 [J]. 四川农机，02：37-38.

吴毅歆，范成明，陈海如，等，2008. 魔芋无毒叶柄离体快繁体系的建立 [J]. 西南农业学报，03：770-774.

习俊梅，2002. 隧道式干燥器的结构和特点 [J]. 南方农机，06：24.

向梅梅，2002. 广东农田杂草上的病原真菌 [J]. 华南农业大学学报，1：41-44.

向佐湘，单武雄，何秋虹，等，2009. 两种生态控草措施对丘陵茶园杂草群落及物种多样性的影响 [J]. 中国生态农业学报，17 (05)：857-861.

谢春梅，赵庆云，杨艳，等，2010. 云南花魔芋优良品种比较试验 [J]. 长江蔬菜，16：33-35.

谢庆华，吴毅歆，谢世清，等，2004. 花魔芋不同外植体分化及生根条件研究 [J]. 云南农业大学学报，06：696-699.

谢庆华，吴毅歆，张勇飞，等，2001. 白魔芋外植体组培分化条件的研究［J］. 云南师范大学学报：自然科学版，21：66-69.

谢庆华，张云峰，严胜柒，等，2005. 不同外植体诱导魔芋微球茎的比较研究［J］. 云南农业大学学报，03：350-355.

星川清亲，1981. 栽培植物的起源与传播［M］. 郑州：河南科学技术出版社.

徐刚，王彩莲，慎玫，等，1994. 魔芋茎尖组织培养和植株再生的研究［J］. 生物技术，01：19-21.

许永琳，秦丽贤，李康业，等，1993. 魔芋飞粉成分分析［J］. 西南农业大学学报，1：77-79.

薛攀，李红伟，2019. 3种食叶天蛾害虫的发生与防治［J］. 现代农村科技，06：30-31.

闫宏，2017. 新乡市平原示范区秋粮作物玉米化学除草技术的研究与应用［J］. 河南农业，28：41.

严华兵，方锋，卜朝阳，等，2011. 魔芋组培苗叶柄切段愈伤组织诱导及植株再生［J］. 南方农业学报，42（02）：121-123.

严家斌，2002. 贵州省魔芋产业的发展现状及对策［J］. 贵州农业科学，30（1）：62-63.

杨宝明，苏艳，李永平，等，2021. 珠芽黄魔芋组织培养与快繁技术研究［J］. 广西林业科学，50（05）：534-538.

杨代明，刘佩瑛，1990. 中国魔芋种植区划［J］. 西南农业大学学报，12（1）：1-7.

杨璐，2020. 农业生产化学除草技术的应用［J］. 广东蚕业，54（12）：85-86.

杨芩，杨艳，杨睿，等，2016. 外植体类型及取材时期对花魔芋组织培养效果的影响［J］. 现代园艺，20：8-10.

杨睿，初美静，雷敏，等，2015. 不同外植体与激素组合对花魔芋组织培养效果的影响［J］. 现代园艺，22：5-7.

叶选英，2002. 浅谈振动流化干燥在魔芋干片加工中的应用［J］. 山区开发，11：38-39.

尹怀中，彭昌家，傅中渝，等，2020. 南充市甘薯病虫害绿色防控技术［J］. 安徽农学通报，26（10）：89-91.

张东华，汪庆平，马晋林，2011. 印度尼西亚食用魔芋资源分布及产业发展［J］. 长江蔬菜，14：9-13.

张东华，汪庆平，2013. 缅甸魔芋（Amorphophallus Muelleri）资源分布及产业基本概况［J］. 热带农业科学，33（04）：46-51.

张东华，2004. 珠芽魔芋［M］. 昆明：云南科学技术出版社.

张辉，李慧玲，张应根，等，2018. 茶园杂草小飞蓬挥发物对茶小绿叶蝉行为的反应 [J]. 茶叶学报，59（04）：223-228.

张盛林，牛义，刘红艳，2006. 小魔芋—大产业—新农村 [C]. 中国农学会. 循环农业与新农村建设：2006 年中国农学会学术年会论文集. 中国农学通报期社，304-307.

张盛林，牛义，刘佩瑛，2006. 中国魔芋粉市场回顾与展望 [J]. 中国食品添加剂，3：78-81.

张兴国，苏承刚，刘佩瑛，1993. 魔芋快繁体系建立和人工种子研制 [J]. 西南农业大学学报，03：71-73.

张兴国，1988. 魔芋组织培养的研究 [J]. 西南农业大学学报，03：345-349.

张云峰，谢庆华，严胜柒，等，2009. 魔芋叶片离体诱导试管微球茎发生的培养条件优化 [J]. 江苏农业科学，04：68-70.

张征兰，黄连超，金聿，1986. 魔芋组织培养与植株再生的研究 [J]. 华中农业大学学报，03：224-227.

赵国华，2014. 食品化学 [M]. 北京：科学出版社.

赵晓珍，段长流，汪勇，等，2017. 贵州茶园间作白三叶草的绿色防控初步研究 [C]. 第十三届全国杂草科学大会论文摘要集，2017.

郑连姬，2004. 魔芋无硫干燥技术的研究 [D]. 重庆：西南农业大学.

郑庆伟，2014. 酸模叶蓼的识别与化学防控 [J]. 农药市场信息，20：1.

中国农业百科全书总编辑委员会昆虫卷编辑委员会，中国农业百科全书编辑部，1990. 中国农业百科全书：昆虫卷 [M]. 北京：农业出版社.

周富忠，吴卓耕，田祚旭，等，2010. 一种新的多叶花魔芋资源 [J]. 长江蔬菜，20：16-17.

周光来，2005. 休眠期花魔芋植株再生外植体的筛选 [J]. 湖北民族学院学报，04：375-377.

周琦，2019. 魔芋飞粉生物碱的抑菌活性及其机理研究 [D]. 西安：陕西师范大学.

周涛，2016. "楚魔花1号"组培快繁体系的建立 [D]. 雅安：四川农业大学.

周玉红，孙晨子，周光来，2011. 珠芽魔芋核型分析 [J]. 现代园艺，17：8-9.

朱文达，曹坳程，喻大昭，等，2008. 小飞蓬对油菜产量性状的影响及其经济阈值 [J]. 华中农业大学学报，02：217-222.

庄承纪，周建葵，1987. 魔芋属植物愈伤组织的诱导和再生植株的研究 [J]. 云南植物研究，03：339-347.

邹涛，柳敏，刘军林，2021. 毕节市魔芋产业发展现状及建议 [J]. 贵州农业科学，49（1）：103-106.

Abramova L M，2012. Expansion of invasive alien plant species in the republic of Bashkortostan, the Southern Urals: Analysis of causes and ecological consequences [J]. Russian Journal of Ecology, 43 (5): 352 - 357.

Al-Ghamdi K M, Stewart R K, Boivin G, 1993. Note on overwintering of *Polynema pratensiphagum* (Walley) (Hymenoptera: Mymaridae) in southwestern Quebec [J]. The Canadian Entomologist, 125: 407 - 408.

Bi-Cheng Dong, Rui-Hua Liu, Qian Zhang, Hong-Li Li, Ming-Xiang Zhang, Guang-Chun Lei, Fei-Hai Yu, 2017. Burial depth and stolon internode length independently affect survival of small clonal fragments [J]. PLoS ONE, 6 (9).

Edi, SANTOSA, Nobuo, *et al.* 2003. Cultivation of *Amorphophallus muelleri Blume* in Timber Forests of East Java, Indonesia [J]. Japanese Journal of Tropical Agriculture, 47: 190 - 197.

Latson L N, Jenkins J N, Parrott W L, Maxwell F G, 1977. Behavior of the tarnished plant bug, Lygus lineolaris on cotton, Gossypium hirsutum L. and horseweed, Erigeron canadensis [J]. Mississippi Agricultural & Forestry Experiment Station Technical bulletin, 85: 1 - 5.

Ma B, Hibbing M E, Kim H S, Reedy R M, Yedidia I, Breuer J, Breuer J, Glasner J D, Perna N T, Kelman A, Charkowski A O, 2007. Host range and molecular phylogenies of the soft rot enterobacterial genera Pectobacterium and Dickeya. Phytopathology [J]. 97: 1150 - 1163.

Santosa E, Sugiyama N, Hikosaka S, *et al*, 2005. Intercropping Practices in Cacao, Rubber and Timber Plantations in West Java, Indonesia [J]. Japanese Journal of Tropical Agriculture, 49: 21 - 29.

Tang R, Liu E X, Zhang Y Z, Schinnerl J, Sun W B, Chen G, 2020. Genetic diversity and population structure of *Amorphophallus albus*, a plant species with extremely small populations (PSESP) endemic to dry-hot valley of Jinsha River [J]. BMC Genetics, 21: 102.

Tremmel C D, Peterson K M, 1983. Competitive subordination of a piedmont old field successional dominant by an introduced species [J]. American journal of botany, 70: 1125 - 1132.

Yang J, Sun W B, 2017. A new programme for conservation of plant species with extremely small populations in south-West China [J]. Oryx—The International Journal of Conservation, 51: 396 - 397.

贵州魔芋品种

矮化黑秆花魔芋种芋

矮化黑秆花魔芋植株

矮化黑秆花魔芋种植基地

矮化黑秆花魔芋球茎

矮化黑秆花魔芋展品

矮化黑秆花魔芋子芋繁殖能力强

大田采收

大田测产

魔芋良种生产

种芋采收

魔芋组培苗生产

魔芋脱毒球茎

魔芋良种繁育基地

种芋生长情况

魔芋良种繁育基地鸟瞰图

魔芋标准化规模化基地建设

优良种芋选种

晒种处理

种芋包衣

机器开沟

魔芋播种

魔芋净作基地

向日葵－魔芋
套种基地

机器采收

人工除草

魔芋分级储运

魔芋栽培模式及新技术

高海拔区域魔芋保墒增温避雨控草
覆膜技术示范

两年制栽培技术

生态控草－荞麦控草效果

枯枝落叶覆盖控草技术

鱼腥草－魔芋套种控草技术

玉米－魔芋套种栽培模式

高粱－魔芋套种栽培模式

向日葵－魔芋套种栽培模式

猕猴桃－魔芋套种栽培模式

香椿－魔芋套种栽培模式

瓜蒌－魔芋套种栽培模式

紫苏－魔芋套种栽培模式

苹果－魔芋套种栽培模式

桑树－魔芋套种栽培模式

樱桃－魔芋套种栽培模式

松林下魔芋种植基地

魔芋主要病害及冷害

魔芋软腐病叶片症状

魔芋软腐病植株症状

白绢病菌丝

白绢病菌核

低温冷害对叶片影响

日灼病症状

淹水危害

化学防控

魔芋精粉加工

魔芋去皮清洗

魔芋干片加工

魔芋干法加工

魔芋湿法加工

魔芋精粉

魔芋精粉装袋

魔芋胶加工设备

魔芋食品

魔芋豆腐

魔芋干

魔芋米

素虾仁

魔芋自嗨锅

酸汤魔芋粉

魔芋爆肚

凉拌魔芋爆肚

魔芋丝结

魔芋精粉月饼

贵州魔芋产业的社会贡献

带动农民增收

组建服务产业的技术指导团

田间培训

世行贷款项目培训

跨省区的行业交流活动

"魔芋王"选拔邀请赛

集成了机器采收技术

获得贵州省级农业科技园区称号

雷山县魔芋厂公交站牌

贵州省魔芋协会牵头探索农业产业设计学